T0123397

Sammlung Metzler
Band 298

Detlef Kremer

Prosa der Romantik

Verlag J.B. Metzler
Stuttgart · Weimar

Die Deutsche Bibliothek – CIP-Einheitsaufnahme

Kremer, Detlef:
Prosa der Romantik / Detlef Kremer.
– Stuttgart ; Weimar : Metzler, 1996
(Sammlung Metzler ; Bd. 298)
ISBN 978-3-476-10298-0
NE: GT

ISBN 978-3-476-10298-0
ISBN 978-3-476-03994-1 (eBook)
DOI 10.1007/978-3-476-03994-1
ISSN 05583667

SM 298

© 1997 Springer-Verlag GmbH Deutschland
Ursprünglich erschienen bei J. B. Metzlersche
Verlagsbuchhandlung und Carl Ernst Poeschel
Verlag GmbH in Stuttgart 1997

Inhalt

I. Einleitung

1. Zusammenhang und Modernität der Romantik

Gegenüber der in der älteren Forschung verbreiteten Trennung in eine progressive Frühromantik und eine restaurative Spätromantik geht der vorliegende Versuch einer Gesamtdarstellung der Prosa der deutschen Romantik von einem spannungsvollen Gesamtzusammenhang der Romantik aus. Er reicht von den frühen Schriften Tiecks, Friedrich Schlegels und Novalis' aus den 1790er Jahren bis hin zur späten Prosa Hoffmanns und Arnims aus den 1820er Jahren und weiter bis hin zu Eichendorffs und Tiecks Texten aus den 1830er Jahren, die ihre romantische Kontur zunehmend verlieren. Für die frühe Phase der Romantik bei Schlegel und Novalis läßt sich eine starke Abhängigkeit von philosophischen Vorgaben der Aufklärung bzw. des frühen Deutschen Idealismus beobachten. Von hier aus wird die starke Theorieorientiertheit der Romantikforschung seit den 1960er Jahren verständlich. Der Akzent auf die Frühromantik äußert sich darin, daß eine Dominanz an Forschungsbeiträgen zum theoretischen (poetischen, geschichtsphilosophischen etc.) Werk, vor allem Schlegels und Novalis', vorliegt. Bis in zwei jüngere Gesamtdarstellungen zur Romantik setzt sich diese Tendenz fort (vgl. Behler 1992a; Schanze 1994). Der vorliegende Band zur Prosa der Romantik macht es sich demgegenüber zur Aufgabe, dieses Verhältnis nicht einfach umzukehren, sondern den Zusammenhang von poetologischer Reflexion in der frühen Romantik und den Prosatexten der Romantik insgesamt zu bestimmen und zu dokumentieren.

Bei aller Theorieorientiertheit der sog. Romantischen Schule um Novalis und Schlegel sind *sie* es doch, die die programmatischen Weichen einer Abkoppelung der Literatur von anderen Aussagesystemen stellen. Tieck, Brentano, Arnim und später Hoffmann und Eichendorff stehen deutlich in dieser Programmatik, sie entwickeln romantische Prosa jedoch unabhängig und z.T. im Gegenzug zu den Vernunftpostulaten der idealistischen Philosophie (vgl. Bohrer 1987). Sie lenken den Blick auf die Nacht- oder Rückseite des rationalen Diskurses, auf Angst, Schrecken, Kreatürlichkeit, Wahnsinn etc. Daß es dabei immer wieder zu motivischen Überschneidungen mit Vorgaben der Natur- und Geschichtsphilosophie kommt, ändert daran prinzipiell nichts. Schlegel und Novalis haben parallel zu

1

Tiecks literarischen Arbeiten in ihren Fragmenten und Zeitschriften-Aufsätzen die poetologischen Voraussetzungen der Romantik geschaffen, ohne sie selbst künstlerisch vollständig einzulösen. Hinter dem theoretischen Reflexionsniveau einer progressiven Universalpoesie bleibt das literarische Erscheinungsbild der *Lucinde* oder des *Heinrich von Ofterdingen* zurück. Werner Vordtriede schränkt deshalb am Ende seiner Novalis-Studie von 1963 seinen Ausgangspunkt, daß »mit Novalis etwas absolut Modernes beginnt, was ungeheuer weit wirkt« (Vordtriede 1963, 30), dahingehend ein, daß er diese Modernität nur ideell antizipiert, nicht aber künstlerisch verwirklicht habe: »Die kühnsten seiner ästhetischen Erkenntnisse sprach er nur als Idee aus und hat sie im eigenen Werk nicht verwirklicht« (ebd., 183). Er hat aber sehr genau gesehen, daß beides, theoretischer Entwurf und literarische Konkretisierung, im Prozeß der Romantik geschieht, der ebenso eine spannungsreiche Einheit beschreibt wie alle anderen Epochenbegriffe auch. Zu ihr gehören metaphysische, zum großen Teil noch religiöse Rückbezüge ebenso wie radikale Veränderungen der literarischen Formensprache. Sie auseinanderzudividieren, zieht unweigerlich einen einseitigen, verkürzten Begriff der Romantik nach sich. Weder läßt sich die spätere romantische Literatur auf eine Versinnlichung idealistischer Geist- oder Geschichtsphilosophie reduzieren, noch darf man in ihr schon den vollendeten Ästhetizismus oder ein surrealistisches Fest der »écriture« (Momberger 1986, 77) vorwegnehmen.

Es hängt von den Erkenntnisvoraussetzungen ab, wie man das Verhältnis von Romantik und Moderne abwägt. Optionen auf Inhalte oder ideengeschichtliche Aspekte führen in der Regel dazu, die Differenz zwischen beiden zu betonen. Ingrid Strohschneider-Kohrs (1960; 1970) und Wolfgang Preisendanz (1963; 1970) gehen von der Voraussetzung aus, daß romantische Literatur über den Begriff der allegorischen Repräsentation auf die Geltung eines transzendenten, metaphysischen Rahmens bezogen bleibt. Hierin sieht Preisendanz die grundlegende Differenz zwischen einer immer noch auf Metaphysik bauenden Romantik und einem ästhetizistischen Formalismus der Moderne: »Wer die poetologischen Spekulationen und Experimente der Romantik mit der modernen Dichtung verbindet, der tut es über Abgründe hinweg« (Preisendanz 1970, 72; vgl. Strohschneider-Kohrs 1970, 78; Janz 1973, 46).

Unter eher formalen Gesichtspunkten wird man nicht umhin können, die Kontinuität stärker in den Vordergrund zu stellen. Walter Benjamin hat die Modernität der frühromantischen Ästhetik Schlegels und Novalis' über ihre poetologischen Entwürfe zur formalen Struktur des romantischen Kunstwerks begründet. Seine

1920 erschienene Arbeit über den *Begriff der Kunstkritik in der deut-schen Romantik* findet in der frühromantischen Forderung nach »Re-flexivität« und radikaler struktureller Autonomie des Kunstwerks (Benjamin I.1, 71f) die revolutionäre Begründung literarischer Mo-dernität. Benjamins Behauptung deckt sich mit Ergebnissen des Russischen Formalismus und, vermittelt über Roman Jakobson, des frühen Strukturalismus. Sehr weitgehend fällt die These der Moder-nität der Romantik bei Maurice Blanchot aus. Die Selbstreflexivität des romantischen Textes nimmt er gleichzeitig als Zusammenhang von Früh- und Spätromantik und als Element seiner Modernität: »Die Romantik, der Anfang der poetischen Bewußtwerdung, ist kei-ne schlichte literarische Schule, und auch nicht nur ein wichtiges Moment der Kunstgeschichte: sie eröffnet eine neue Epoche« (Blan-chot 1987, 116; frz. Original 1969). Als Nachweis romantischer Modernität nimmt er – ähnlich wie Michel Foucault (vgl. Foucault 1974, 76) – die »intransitive Sprache« des romantischen Textes, »de-ren Aufgabe nicht im Sagen der Dinge [...] besteht, sondern im (sich) Sagen« (Blanchot 1987, 116).

Bei aller formalästhetischen Modernität sind aber die Erzählun-gen Arnims und Hoffmanns, Brentanos und Tiecks sowohl seman-tisch als auch in ihrer Schreibweise deutlich im Rahmen der literari-schen Romantik ausgewiesen. Sie lassen sich nur in der Spannung von moderner Selbst- und Schriftreflexivität und der Geltung einer romantischen Semantik verstehen, die ebenso metaphysische, natur-philosophische wie immer noch religiöse Bezüge herstellt. Übrigens nimmt auch Preisendanz am Ende seines erwähnten Beitrags zur ro-mantischen Poetik die scharfe Trennung zwischen Romantik und Moderne selbst wieder ein gutes Stück zurück, wenn er in A.W. Schlegels *Vorlesungen über schöne Literatur und Kunst* einen materia-len Begriff von Sprache entdeckt, der nicht mehr auf Repräsentation von Welt bezogen bleibt, sondern Sprache als eigendynamische »Matrix und Operation« (Preisendanz 1970, 74) versteht. Dies ist aber keineswegs eine einsame Erkenntnis Schlegels, sondern fester Bestandteil der literarischen Praxis der romantischen Schriftsteller. Die Begründung ästhetischer Modernität geht mit einer starken Ak-zentuierung der literarischen Form und der Weigerung einher, auf Positionen diskursiven Wissens reduzierbar zu sein. Bohrer hat wie-derholt darauf verwiesen, wie sich eine ästhetische Subjektivität der Moderne in Distanz und zum Teil im Gegenzug zu Vernunftpostu-laten der idealistischen Philosophie etabliert. Er rekonstruiert ein »ästhetisch-katastrophisches Bewußtsein«, das »ästhetische und so-ziale Moderne« (Bohrer 1987, 88) unversöhnlich auseinanderdivi-diert. Die Unterscheidung dieser beiden Projekte der Moderne trägt

dem Umstand Rechnung, daß sich die Literatur, wie andere gesellschaftliche Bereiche um 1800, als autonomes Subsystem zu organi-
sieren beginnt. Dies kann nur gelingen, wenn die Literatur Profile
entfaltet, die nur sie selbst auszeichnen und keinem anderen System
subsumierbar sind.

2. Das Autonomiepostulat und die romantische Prosa

Der Modernisierungsschub der Gesellschaft gegen Ende des 18.
Jahrhunderts erzeugt einen Ausdifferenzierungsdruck, der auch die
Kunst-, Kultur- und Wissenssysteme zu starken Abgrenzungsleistun-
gen zwingt. Die Selbstbeschreibung der Literatur läuft über die Behauptung und Begründung ästhetischer Autonomie im Unterschied
zur Zweckbestimmung der Wissenschaften und zur moralischen
Funktionalität der Literatur der Aufklärung. Wenn man das Postulat
literarischer Autonomie in seinem Absolutismus mit Recht bezwei-
feln muß und selbst wieder auf einen sozialgeschichtlichen Problem-
bestand beziehen kann, so muß doch eingeräumt werden, daß sich
romantische Literatur seit der Wende zum 19. Jahrhundert weniger
denn je in die Regelhaftigkeit theoretischer Diskurse zurücküberset-
zen läßt. Die behauptete Autonomie der romantischen Literatur ist
darin ernstzunehmen, daß sie das vorgegebene Sprachsystem in poetische Schrift transformiert und diesen Vorgang literarischer Transformation immer auch in seinen formalen Bedingungen reflektiert
und mitthematisiert. Sie lenkt den Blick auf das, was ihre Eigenart
im Ensemble der Aussagesysteme bestimmt: ihre ästhetische Form
und die zugrundeliegende Technik der Schrift. Die theoretischen
Voraussetzungen einer Selbstreferenzialisierung der romantischen Literatur liegen in der Autonomieästhetik des ausgehenden 18. Jahrhunderts. Schlegel und Novalis können bei Kants *Kritik der Urteilskraft*, Moritzens *Über die bildende Nachahmung des Schönen*, Schillers *Ästhetischen Briefen* etc. anknüpfen. Manfred Frank hat diesen
Vorgang produktiver Rezeption in zahlreichen Schriften dokumentiert (vgl. Frank 1989a). Das Scheitern einer operativen Poetik der
Aufklärung im Verlauf der Französischen Revolution hat die theoretische Durchsetzung des Autonomiepostulats in der Romantik sicher beschleunigt.

Die Autonomisierung des romantischen Textes regelt sich neben
der expliziten Selbstreflexivität zum anderen über eine weitreichende
allegorische Durchformung und Verrätselung der Schrift, die eine
semiotische Komplexität, bisweilen Hermetik erreicht, die sich be-

grifflichen Reduktionen entzieht. Die Behauptung von literarischer Autonomie kann nicht über ein bestimmtes Bewußtsein überprüft werden. Es kommt darauf an, die poetologischen und semiotischen Folgen des Autonomiepostulats als formalen und semantischen Bestand in den literarischen Texten zu beschreiben, der es erlaubt, die Prosa der Romantik als eine spannungsvolle Einheit darzustellen.

Für eine Darstellung der romantischen Prosa bieten sich verschiedene Möglichkeiten an. Eine Gliederung nach Gattungen sähe sich mit dem Problem konfrontiert, daß die frühromantische Poetik gerade die Vermischung der Gattungen zum Programm erklärt hat. Zwar läßt sich ohne großen Aufwand eine oberflächliche Unterscheidung von längerer und kürzerer Prosaform, Roman und Erzählung, legitimieren, wobei letztere noch in Richtung auf Märchen und Novelle ausdifferenziert werden müßte. Aber weder kann man auf dieser Grundlage befriedigende, alle Unterscheidungen berücksichtigende Allgemeinbegriffe der Gattungen Novelle, Märchen, Roman etc. gewinnen, noch hat man der Tatsache Rechnung getragen, daß die allermeisten romantischen Prosatexte Mischformen mit märchenhaften, novellistischen etc. Elementen darstellen. Gerade das Beispiel der Novellentheorie, die in der Goethezeit intensiv geflegt wird, zeigt, welche analytischen Kompromisse man machen muß und welche Unbestimmtheiten man in Kauf nehmen muß, um eine einheitliche und distinkte Gattung der Novelle zu behaupten. Die ›unerhörte Begebenheit‹, den ebenfalls als Unterscheidungskriterium eingeführten narrativen Wendepunkt und den notorischen ›Falken‹ im Sinne eines leitmotivischen Requisits wird man in jeder romantischen Erzählung in der einen oder anderen Ausprägung finden.

Für das Märchen wiederholt sich diese Schwierigkeit in der höchst problematischen Abgrenzung von Volks- und Kunstmärchen, die zwar eine ungefähre Gruppierung, aber keine durchgängige Unterscheidung ermöglichen, weil die Grenzen zwischen beiden fließend sind. Auch für die Romanform haben sich Differenzierungen eingespielt, die vorläufige Orientierungen erlauben. Bildungsroman, Liebesroman, historischer Roman etc. sind eingeführte Kategorien, die vorläufig praktikabel, wohl kaum aber analytisch überzeugend sind. Ihre mangelnde Überzeugungskraft verstärkt sich angesichts der romantischen Romane, die zumeist alles in einem und gleichzeitig sind: Liebes-, Bildungs- und historischer Roman.

Aus dem theoretischen Anspruch an den romantischen Roman, »progressive« Universalpoesie« (Schlegel KA II, 182) zu sein, resultiert die Forderung, enzyklopädischer Gesamt-Roman zu sein. *Heinrich von Ofterdingen, Franz Sternbalds Wanderungen, Die Chronika*

des fahrenden Schülers, Der Goldene Topf oder *Die Elixiere des Teufels*
usw. handeln in jeweils zu bestimmenden Abmischungen zugleich
von Liebe, von Bildung zum Künstler, von Geschichte und von Psychologie. Eine Gliederung nach Prosagattungen würde dem zentralen romantischen Universalitäts-Dispositiv zuwiderlaufen. Es empfiehlt sich deshalb eher eine Strukturierung nach den zentralen semantischen, besser: diskursiven Blöcken, auf die sich die romantische Prosa insgesamt und in ihren einzelnen Ausprägungen beziehen
läßt: romantische Liebe, Bildung zum romantischen Künstler, die
entzweite Psyche und romantische Bilder der Geschichte, mit ihren
Leitdifferenzen: Erfüllung und Tod, Genie und Exzentriker, Individualität und Wahnsinn, Verklärung und Verlust.

Die Prosagattungen werden in der Geschichte der Ästhetik und
Poetik erst relativ spät theoretisch reflektiert und in den Kanon auf-
genommen. Zumal von klassizistischer Warte aus reichen die poetologischen Vorbehalte gegenüber dem Roman bis in die Ästhetik des
Deutschen Idealismus, so daß noch Schiller den Romanschreiber als
Halbbruder des Dichters bemitleidet. Besteht der Klassizismus auf
einer strikten und systematischen Trennung der Gattungen, vor allem Drama, Lyrik und Epos, so liegt es nahe, daß das frühromantische Interesse an der Stil- und Gattungsvermischung die relativ offene Form des Romans ins Zentrum rückte. Anders als August Wilhelm Schlegel oder Schelling, die eine »Verwischung der Gattungs-
grenzen« (Hoffmeister 1990, 123) ablehnten, korreliert Friedrich
Schlegel die Romanform mit dem äußerst wichtigen Begriff des
Chaos als Imagination des Universums: »Das Wesentliche im Roman ist die chaotische Form« (Schlegel, Literarische Notizen, 184).
In einem anderen Fragment der *Literarischen Notizen* bestimmt er
den Roman als »ein gebildetes künstliches Chaos« (ebd., 146).
Schlegel und Novalis favorisieren den Roman, weil er als offene prozessuale Form in der Lage ist, alle übrigen Formen zu integrieren,
»alle getrennte Gattungen der Poesie wieder zu vereinigen« (Schlegel
KA II, 182), ohne eine restriktive Gattungshierarchie zu etablieren.
Der Roman kommt als heterogene Einheitsfigur in den Blick, die
eine Gattungsdifferenzierung und mit ihr Gattungstheorie aufhebt.
Das macht den Roman und die kürzeren Prosaformen zum exklusiven Gegenstand frühromantischer Poetologie und darüber hinaus zu
denjenigen literarischen Formen, die das Bild der Romantik bis heute entscheidend prägen.

Die hier vorgelegte Gesamtdarstellung der Prosa der deutschen
Romantik verfolgt die romantische Begründung ästhetischer Autonomie über eine Reihe formaler Figuren, deren Ensemble das Bild
einer literarischen Modernität erstellt, die in und mit der Romantik

beginnt. Romantische Prosa wird als Kombination von progressiver Universalpoesie (II), Theorie und Praxis der Imagination (III), ästhetischer Selbstreflexion (IV), Natur- und Schriftmagie (V) und Neuer Mythologie (VI) entwickelt. An diese formalen Figuren sind diejenigen semantischen Komplexe angelagert, die das Porträt der romantischen Prosa vervollständigen: passionierte Liebe (VII), Bildung zum Künstler (VIII), die Nachtseiten der Psyche (IX) und die Reflexion der Geschichte (X). Ein Abriß der germanistischen Forschungsgeschichte der Romantik und ein punktueller Nachweis der literarischen Nachwirkung der romantischen Prosa bis in die Gegenwart hinein beschließen den Band.

II. Progressive Universalpoesie

1. Transzendentalpoesie

Die weitreichenden Bausteine zu einer Theorie der romantischen Poesie finden sich in den Fragmenten und Essays, die Friedrich Schlegel für die Zeitschrift *Lyceum der schönen Künste* und für die gemeinsam mit seinem Bruder August Wilhelm Schlegel herausgegebene Zeitschrift *Athenäum* verfaßt hat, und in den etwa gleichzeitigen fragmentarischen Aufzeichnungen Friedrich von Hardenbergs, die nur zum kleineren Teil (»Blüthenstaub«) im *Athenäum*, zum größeren Teil posthum (*Allgemeines Brouillon*) publiziert wurden. Das *Athenäum* erschien zwischen 1798 und 1800 mit zwei Jahresheften in drei Jahresbänden. Schlegels wichtigste Beiträge zu einer Theorie der romantischen Universal- bzw. Transzendentalpoesie entstammen den sog. Athenäums-Fragmenten, die im zweiten Stück des ersten *Athenäum*-Bandes erschienen sind (vgl. Behler 1983).

Im 238. Fragment prägt Schlegel den Neologismus »Transzendentalpoesie« in Anlehnung an das transzendentale Reflexionsniveau der frühen Philosophie des Deutschen Idealismus: »Es gibt eine Poesie, deren eins und alles das Verhältnis des Idealen und des Realen ist, und die also nach der Analogie der philosophischen Kunstsprache Transzendentalpoesie heißen müßte« (Schlegel KA II, 204; vgl. Behler 1957, 212f). In Immanuel Kants Begründung des Begriffs einer transzendentalen Reflexion bedeutet dieser eine Untersuchung der Bedingung der Möglichkeit von Erkenntnis. Philosophie kann in diesem Sinne niemals einfach materiale Aussagen treffen, ohne ihre formalen Voraussetzungen überprüft und mitbedacht zu haben. Noch schärfer formuliert, ist die kritische Unterscheidung der Formstrukturen des Denkens unverzichtbarer Ausgangspunkt von materialen Aussagen. In *Grundlage der gesamten Wissenschaftslehre* (1794) modifiziert Johann Gottlieb Fichte Kants Philosophie in dem Sinne, daß die unterschiedlichen Vermögen des Denkens (praktische und reine Vernunft, Urteilskraft) in einer reflexiven Aktivität vereint und neu begründet werden. Ort dieser schöpferischen Aktivität ist das absolute Ich, das nicht mit einem empirischen Ich verwechselt werden darf, sondern als allgemeines Konstrukt der Identität von Subjekt und Objekt Voraussetzung jeder Erkenntnis und Erkennbarkeit von Welt ist. Wie bei Fichte Erkenntnis der Welt nur als Erkenntnis des Ich möglich ist, kann in seinem Verständnis Transzendentalphilosophie nur zugleich Philosophie und Philosophie der Philosophie sein. Seine Wissenschaftslehre ist kritische Methodologie idealistischer Philosophie »in der Form des sich wissenden Wissens« (Janke 1966, S. 99).

Insbesondere von dieser reflexiven Wendung läßt Schlegel sich im Athenäums-Fragment 238 inspirieren, wenn er romantische Transzendentalpoesie als »zugleich Poesie und Poesie der Poesie« (Schlegel KA II, 204) bestimmt (vgl. Heine 1985). Er fordert von der romantischen Poesie in diesem Sinne nichts weniger als die Kombination von künstlerischer Komposition und ihrer gleichzeitigen theoretischen Selbstreflexion, die Vereinigung »einer poetischen Theorie des Dichtungsvermögens mit der künstlerischen Reflexion und schönen Selbstbespiegelung« (Schlegel KA II, 204). Schlegel hat damit einerseits »den Radius der Transzendentalphilosophie überschritten und das kunstvolle reflexive Denken als ein wesentliches Element der Poesie anerkannt« (Behler 1992a, 246), andererseits hat er die literarische Kunst im Zeichen der Romantik auf eine theoretische Selbstreflexion verpflichtet. Von beiden Bereichen aus lädt Schlegels Konzept der Transzendentalpoesie zur wechselseitigen Grenzüberschreitung, zur Vermischung von Philosophie und Poesie ein. Für die philosophische Darstellung bedeutet dies eine Abkehr vom System und eine Hinwendung zu offenen, essayistischen Formen, für die die Gedankenentwicklung, etwa im Sinne des Sokratischen Dialogs, wichtiger ist als der fertige Gedanke. Philosophie tendiert bei Schlegel zum Fragment. Seine Bezugsautoren der späten Aufklärung sind Hamann, Herder und Lessing (vgl. ebd., 254), bedingt auch Lichtenberg (vgl. Gockel 1979a, 26f). Für die romantische Literatur bedeutet diese Vermischung die weitreichende Verpflichtung auf eine Reflexion ihrer ästhetischen und medialen Voraussetzungen. Im transzendentalpoetischen Text der Romantik verbindet sich die künstlerische Metamorphose von Ich und Welt mit einer Reflexion über die Bedingungen der Möglichkeit von literarischer Kunst. Er ist nicht nur Darstellung von Ich und Natur, sondern immer auch ein ästhetiktheoretischer Beitrag über Struktur und Funktion literarischer Imagination. Er gibt gleichsam neben einem literarischen Entwurf von Welt die Kriterien und die Perspektive an, unter der er dies tut, und zusätzlich noch einen technischen Leitfaden zu seinem Gebrauch durch mögliche Leser. Der romantische Text bekommt in Schlegels transzendentalpoetischer Fassung zur Aufgabe, Beobachtung von Welt und, untrennbar damit verbunden, Selbstbeobachtung zu sein.

Trotz seiner Distanz zur zeitgenössischen Philosophie stimmt

Brentano mit Schlegels Vorstellung der romantischen Transzendentalpoesie weitgehend überein. In einem »allgemeinen Gespräch über das Romantische«, im zweiten Teil des *Godwi*, führt der Titelheld die reflexive Brechung der Wahrnehmung aus: »Das Romantische ist also ein Perspectiv oder vielmehr die Farbe des Glases und die Bestimmung des Gegenstandes durch die Form des Glases« (Brentano II, 258f). Gegenüber dem klassizistischen oder realistischen Kunstwerk wird die romantische Poesie dadurch bestimmt, daß sie nicht nur einen »Gegenstand« bezeichnet, sondern auch die subjektive Art und Weise dieser Bezeichnung: »denn die romantischen Dichter haben mehr als bloße Darstellung, sie haben sich selbst noch stark« (ebd., 260). Der hierin enthaltene Akzent auf die Subjektivität romantischer Imagination korrespondiert mit einer Form der doppelten Reflexion, die erstens Reflexion von Welt und zweitens Selbstreflexion bedeutet. Den späteren literarischen Avantgarden des 19. und 20. Jahrhunderts läßt sich ablesen, daß diese Doppelung weit über die Romantik hinausgeht und eine epochale Wirkung auf wichtige Linien der modernen Literatur gehabt hat.

Die Doppelreflexion läuft auf eine Spannung hinaus, die Schlegel im bekannten 116. Athenäums-Fragment am prägnantesten bezeichnet: »Die romantische Poesie ist eine progressive Universalpoesie« (Schlegel KA II, 182). Im gleichen Fragment führt er diese apodiktische Aussage im transzendentalen Sinne blumig weiter aus: »Und doch kann auch sie am meisten zwischen dem Dargestellten und dem Darstellenden, frei von allem realen und idealen Interesse auf den Flügeln der poetischen Reflexion in der Mitte schweben, diese Reflexion immer wieder potenzieren und wie in einer endlosen Reihe von Spiegeln vervielfachen« (ebd., 182f). Der Kommentar ist nicht daran interessiert, die Ausgangsspannung aufzulösen. Im Bild einer schwebenden Reflexion verpflichtet er umgekehrt romantische Poesie auf die Paradoxie einer unabschließbaren Universalität. Romantische Literatur habe gleichermaßen universal und unabschließbar zu sein. Als unmittelbare Folge der transzendental inspirierten Verdoppelung der Reflexion entledigt sich der philosophische Begriff des Universalismus sowohl seines systematischen Anspruchs als auch seiner Letztbegründbarkeit. Er verwandelt sich in einen reflexiven Prozeß, der nurmehr vorläufige Unterbrechung, aber gewiß kein Ende mehr zuläßt (vgl. Menninghaus 1987).

Es entsteht ein fragmentarischer Universalismus, der die Festigkeit und Abschließbarkeit des traditionellen metaphysischen Universalismus verflüchtigt und in Richtung auf Skeptizismus und Nihilismus überschreitet. Novalis spricht in diesem Sinne von dem Zwang der reflektierenden Energie, sich dauernd über die Schultern zu blikken, ohne einen Fixpunkt zu bestimmen (vgl. Novalis II, 698). In existenzieller Hinsicht wird diese reflektierende Energie virulent, weil Schlegels »progressive Universalpoesie« nicht auf das Gebiet der Literatur eingegrenzt bleibt, sondern darüber hinaus auf eine wechselseitige Durchdringung mit dem Leben angelegt ist. Die Bestimmung der romantischen Poesie vollzieht sich auch in Richtung auf das Leben in reflexiven Wendungen: »Sie will [...] die Poesie lebendig und gesellig, und das Leben und die Gesellschaft poetisch machen« (Schlegel KA II, 182).

Als Korrektiv der unabschließbaren ästhetischen Bewegung kommt bereits in der Frühromantik die christliche Religion in den Blick, deren festgefügte Ordnung in der Lage ist, sowohl nihilistische als auch ästhetizistische Konsequenzen der doppelten Reflexion abzuwenden. Von Novalis' Affinität zum katholischen Christentum und Schlegels späterer Konversion zum Katholizismus bis hin zu Görres' und Eichendorffs rigorosem Katholizismus zieht die christliche Religion eine deutliche Spur durch die romantische Literatur, um die ambivalenten Folgen der frühromantischen Doppelreflexion und »progressiven Universalpoesie« ethisch aufzufangen oder immerhin abzumildern (vgl. Frühwald 1986; C. Behler 1987; Schreier 1988). Eichendorff geht in seinem spätromantischen Versuch *Über die ethische und religiöse Bedeutung der neueren romantischen Poesie* (1847) so weit, romantische Poesie als ästhetischen Ausdruck katholischen Glaubens zu verstehen und nur diejenige Literatur zur Romantik im eigentlichen Sinne zu rechnen, die sich explizit der symbolischen Ordnung des Katholizismus versichert. Selbstverständlich widerspricht ein solchermaßen ideologischer Begriff von Romantik sowohl der frühromantischen Poetologie als auch der komplexen Gestalt späterer romantischer Literatur. Ausformuliert werden die nihilistischen Konsequenzen der unendlichen Reflexion schon früh in Tiecks Briefroman *William Lovell* (1795), in Jean Pauls Romanen und in Klingemanns Satire *Nachtwachen von Bonaventura* (1804), die alle deutlich in einer Tradition des spätaufklärerischen Skeptizismus stehen (vgl. Schönert 1970; Kremer 1985).

Aber auch die fragilen, häufig genug zwischen Genialität und Wahnsinn scheiternden Identitätsversuche der späteren romantischen Künstlerhelden verweisen auf die biographischen Folgen einer doppelten und deshalb unabschließbaren Reflexion, die Diffusion weit wahrscheinlicher erscheinen läßt als Identität. Jedenfalls versichern sich weder Hoffmanns noch Arnims oder Tiecks Helden des festen katholischen Bodens, um die existenziellen Folgen der doppelten Reflexion aufzufangen. Gleiches gilt für Brentanos *Godwi* (1800/02) und für diejenigen Helden seiner Erzählungen, wie den fahrenden Schüler aus der *Chronika* (1818) oder Kasperl und Annerl (*Geschichte vom braven Kasperl und schönen Annerl* (1817)), die inhaltlich zwar einen Bezug zum christlichen Glauben herstellen, de facto aber an ihrer inneren Zerrissenheit und Beschädigung zugrundegehen.

2. Ironie

Schlegels Formel einer »progressiven Universalpoesie« beinhaltet eine Paradoxie von Universalanspruch und Unabschließbarkeit, die eine Reihe von formalen Figuren nach sich zieht, deren Einheit darin besteht, die Folgen dieser Paradoxie ästhetisch umzusetzen. Ironie, Fragment, Vermischung der Gattungen im romantischen Gesamtkunstwerk, Kontrast von Erhabenheit und Groteske. In jeder einzelnen dieser Figuren und in ihrem Zusammenspiel manifestiert sich der selbstreflexive Grundzug romantischer Poesie. Keine von ihnen ist dazu angelegt, die paradoxe Konstellation der doppelten Reflexion zu überwinden. Sie sind vielmehr ästhetischer Ausdruck des Paradoxen (vgl. de Man 1984). Was Schlegel als Bestimmung der romantischen Universalpoesie insgesamt ansieht, ihren Prozeßcharakter und ihre begriffliche Nichtreduzierbarkeit, wiederholt sich bei jeder einzelnen Figur: »ja das ist ihr eigentliches Wesen, daß sie ewig nur werden, nie vollendet sein kann. Sie kann durch keine Theorie erschöpft werden« (Schlegel KA II, 183). Die konzeptionelle Voraussetzung dieser Figuren, ihre ambivalente Sperrung gegenüber begrifflicher Identifikation, stellt natürlich auch ihre theoretische Rekonstruktion vor eine immer nur annäherungsweise lösbare Aufgabe. Die Begriffe der frühromantischen Poetik lassen sich nicht kategorisieren oder schematisieren. Sie sind so angelegt, daß ihr begrifflicher Kern von einer metaphorischen Vagheit umgeben ist, die erreicht, daß ersterer nur in einem Spiel von Ambivalenzen zu entwikkeln ist. Sie sind gleichzeitig diskursiv und unterlaufen die Diskursivität metaphorisch und assoziativ, werden der äußeren Form nach in Definitionen eingebunden, die allerdings in zahllosen weiteren scheinbaren Definitionen verschoben und verändert werden (vgl. Gockel 1979a, 29).

Den prägnantesten Ausdruck hat die romantische Doppelreflexion, die sich auf keine Seite festlegen lassen will, in der Form der Ironie gefunden, die als romantische Ironie Epoche gemacht und die »wehmütige oder melancholische Ironie« (Behler 1992a, 252) des 19. und 20. Jahrhunderts vorbereitet hat. Ihr eigentlicher Theoretiker ist Friedrich Schlegel, während bei den übrigen frühromantischen Poetologen, wie August Wilhelm Schlegel, Wackenroder oder Novalis, eher eine gewisse Distanz zum Begriff der Ironie zu bemerken ist. Die Erzählungen Tiecks oder Hoffmanns geben jedenfalls eine sehr viel genauere Vorstellung von dem, was Schlegel als romantische Ironie verstand, als etwa Novalis' doch eher auf einen sentimentalen Ernst verpflichteter *Heinrich von Ofterdingen*. Die weitreichende Bestimmung der Ironie gibt Schlegel im 48. Lyceums-Fragment: »Ironie ist die Form des Paradoxen« (Schlegel KA II, 153). Diese Bestimmung deutet an, daß der Begriff der romantischen Ironie der rhetorischen Tradition entstammt, in der die Figur der Ironie eine Aussage bezeichnet, die das genaue Gegenteil von dem meint, was sie tatsächlich beinhaltet. Aber Schlegels Konzept der Ironie und des Paradoxen geht über die rhetorische Tradition hinaus. Es handelt sich um einen ästhetischen Begriff, und das heißt bei Schlegel, er bezeichnet die ästhetische Funktion des paradoxen Kontrastes von Universalität, Unabschließbarkeit und fragmentarischer Begrenzung (vgl. Strohschneider-Kohrs 1960; Behler 1985; Oesterreich 1994). In den Vorlesungen aus den späten 1820er Jahren über die *Philosophie der Sprache und des Wortes* bezieht Schlegel die Ironie auf den »scheinbaren Widerspruch« von »Beschränkung« und der »Idee eines Unendlichen« (Schlegel KA X, 357). Allerdings findet sich diese sehr allgemeine Bestimmung romantischer Ironie schon in den frühen Fragmenten Schlegels. Im 69. Stück der *Ideen* heißt es: »Ironie ist klares Bewußtsein der ewigen Agilität, des unendlich vollen Chaos« (Schlegel KA II, 263).

Charakteristisch für die romantische Ironie ist immer wieder der Umstand, daß sie als Konsequenz eines Widerspruchs beschrieben wird – hier Klarheit und Chaos – , der letztlich als einer von Endlich/Unendlich und von Zustand/Bewegung aufgefaßt wird. Schlegel hat in dem berühmten Lyceums-Fragment 42 die weitgefaßte philosophische Dimension der Ironie betont, die nicht auf »ironische Stellen« beschränkt bleibt »wie die Rhetorik« (ebd., 152), sondern aus einer spezifischen Form philosophischer Reflexion begründet wird: »Die Philosophie ist die eigentliche Heimat der Ironie, welche man logische Schönheit definieren möchte: denn überall wo in mündlichen oder geschriebenen Gesprächen, und nur nicht ganz systematisch philosophiert wird, soll man Ironie leisten und fordern« (ebd.). Der Begriff der logischen Schönheit ist wegen seiner Herkunft aus der rationalistischen Systemästhetik des 18. Jahrhunderts (G.A. Baumgarten) sicherlich nicht sehr glücklich gewählt, dennoch bringt er zum Ausdruck, daß es Schlegel weniger um einen bestimmten Gehalt als um eine formale Bewegung der philosophischen Reflexion geht, deren Elastizität gerade durch den Zweiklang und Wechsel von Begriff und Bildlichkeit garantiert ist. Er deckt sich mit dem ansonsten im Deutschen Idealismus favorisierten Begriff der ›intellektuellen Anschauung‹, der die erkenntnistheoretische Verbindung von Sinnlichkeit und Vernunft, Kunst und Philosophie, plastischer zum Ausdruck bringt. Romantische Ironie bezeichnet in Schlegels Verständnis keine spezifische Aussage, sondern das Verhältnis der Schwebe oder der Verschiebung zwischen Aussagen in einer Darstellungsform, die poetisch-assoziative Bildlichkeit mit philosophischer Diskursivität verbindet. Deshalb kann das Paradigma romantischer Ironie natürlich nicht, wie etwa bei Schelling, Systemphilosophie heißen. Schlegels Begriff der Ironie bezeichnet ein reflexives Szenario, das dem ontologischen Prinzip des ›Chaos‹, der daraus abgeleiteten erkenntnistheoretischen Dimension des Witzes und seiner fragmentarischen Darstellungsform verpflichtet ist (vgl. Gokkel 1979a, 26). Systemdenken identifiziert Schlegel mit dem Prädikat einer toten Buchstäblichkeit, während der lebendige Geist auf der Seite des fragmentarischen Witzes zu finden ist. Der philosophiegeschichtliche Bezugspunkt der romantischen Ironie, daran läßt das 42. Lyceums-Fragment keinerlei Zweifel, liegt in der lebendigen, dialektischen Form des Sokratischen Dialogs, dessen gesprächsweise Gedankenführung auch in der schriftlichen Form dieser Philosophie bei Platon bewahrt ist.

An den unterschiedlichsten Stellen trägt die romantische Literatur einen Konflikt von Stimme und Schrift, Oralität und Literalität aus. Es ist gewiß nicht übertrieben zu behaupten, daß sie sich in diesem Konflikt zumeist für die lebendige Stimme entschieden hat, genauer gesagt: für den Nachhall oder die Simulation der lebendigen Stimme in der Schrift, die romantische Literatur doch allererst ist. Schlegels Bezug auf das Sokratische Gespräch, um der romantischen Ironie Kontur zu geben, ist wesentlich von der Vorstellung von Bewegung, Nichtfestlegbarkeit und der Abwehr von Erstarrung und Tod motiviert, die er in jeder vollendeten Niederschrift fürchtet, vor allem natürlich dann, wenn sie die Form des Systems angenommen hat. Gegenüber der Aufklärung des 18. Jahrhunderts zeichnet sich die romantische Literatur durch eine Tendenz aus, orale Formen zu reintegrieren. Diese Tendenz zur Reoralisierung läßt sich anhand zahlreicher Erzählungen und auf unterschiedlichen Ebenen beobachten. Die Aufnahme von Liedern in romantische Prosatexte etwa hat nur zum kleineren Teil mit dem frühromantischen Programm der Gattungsmischung zu tun. Hauptsächlich sollen die häufigen eingefügten Lieder bei Tieck, Fouqué oder Hoffmann, vor allem aber bei Brentano und Eichendorff die Präsenz der lebendigen Stimme in der Erzählung sichern. Eine weitere Funktion der Oralisierung kommt den integrierten Binnenerzählungen zu, die die lebendige Figur des Erzählers simulieren und die Narration auch auf einer Meta-Ebene als Prozeß und Verschiebung offen halten. Die weitreichenden Beispiele für eine unendliche Verschiebung und Überlagerung von Erzählungen und Erzählern stellen Brentanos *Godwi* und mehr noch die beiden Romane Arnims dar: *Armut, Reichtum, Schuld und Buße der Gräfin Dolores* (1810) und *Die Kronenwächter* (1817). Ein Sonderfall der Verzweigung und Multiplikation der Erzählung liegt dann vor, wenn die Erzählungen nach dem historischen Vorbild von Boccaccios *Decamerone* zu einem Novellenzyklus oder einer Erzählsammlung zusammengebunden werden. Dabei ist es für Tiecks *Phantasus* (1810), Hoffmanns *Serapionsbrüder* (1819/21) und für Wilhelm Hauffs Märchensammlungen *Die Karawane* (1826), *Der Scheik von Alessandria und seine Sklaven* (1827) und *Das Wirtshaus im Spessart* (1828) charakteristisch, daß jede erzählte Geschichte an die lebendige Stimme eines Erzählers zurückgebunden wird. Hauffs Simulation der vergegenwärtigten Stimme geht soweit, daß die Erzählungen und Rahmenerzählung durch gemeinsame Figuren miteinander verzahnt sind.

Auch im narrativen Zusammenhang romantischer Erzählungen wird die Stimme häufig als dasjenige Moment thematisiert, das in der Lage ist, die festgefügte Form der Schrift, den toten Buchstaben, erneut in Bewegung zu bringen und in einem Prozeß zu öffnen, um eine »mögliche Erstarrung im Literaten« (Oesterle 1991, 105) zu verhindern. Anschauliches Beispiel dafür ist das ambivalente Zusammenspiel von weiblicher Stimme und männlicher Schrift in Hoffmanns *Goldenem Topf*, wo die poetische Niederschrift als unmittelbares Ergebnis der souffllierten Rede simuliert wird (Kremer 1994b, 56). Besonders dramatisch stellt sich die Ambivalenz von Stimme und Schrift in Brentanos früher Erzählung *Die Chronika des fahrenden Schülers* dar. Im Vordergrund steht bei Brentano eine christliche Apologie der lebendigen Rede und des Gesprächs unter Gleichgesinnten. In platonischer sowie christlich-lutherischer Tradition setzt er auf die Unmittelbarkeit des geistigen Austauschs in der Rede, der keinen Umweg über verzerrende Formen nimmt. Selbst der irritierende Sachverhalt der Flüchtigkeit der Rede gegenüber der Dauer der Schrift wird mit einigem metaphorischem Aufwand zum »schöne[n] Tod einer schönen Rede« aufgewertet, deren »Ewigkeit« in der »Heiligkeit und Würde ihres Inhalts« besteht,

»die in den lebendigen Boden der zuhörenden Seelen fallen und Gutes entzünden in alle Ewigkeit; ihre Sterblichkeit aber ist der Klang des Worts, das da schallt und verstummt, damit ein andres folge, und damit der Gedanke ganz hingebaut stehe, wie der Bogen einer Brücke, leicht aufwärtssteigend und niedersinkend, oben drüber gespannt der ewige Bogen des Himmels und unten hin strömend das treibende wilde Wasser« (Brentano II, 556).

Alles Äußere und Formale der Rede wird preisgegeben, um im Gegenzug den Geist, den Gedanken, den Inhalt als das Eigentliche zu retten. Aus dieser platonischen bzw. lutherischen Sicht muß der geschriebene Buchstabe – mehr noch als der verschallende Klang der Rede – notwendig als tote äußerliche Form erscheinen, die es im hermeneutischen Akt des Verstehens zu verbrennen gilt. Mit einer ganz ähnlichen Option auf die Hermeneutik des Geistes leitet Achim von Arnim seinen historischen Roman *Die Kronenwächter* ein: »Nur das Geistige können wir ganz verstehen und wo es sich verkörpert, da verdunkelt es sich auch« (Arnim II, 13).

Der romantischen Apologie des lebendigen Geistes steht jedoch die Breite und Insistenz gegenüber, mit der die angeblich tote Schrift nicht nur praktiziert, sondern selbst auch immer wieder zum Thema der Schriften gemacht wird. Besonders kontrastiert sie mit der Vehemenz, mit der die Schrift und Bücher als Objekte der Begierde und des erotischen Austauschs zwischen Liebenden behauptet werden. So wird auch die Ambivalenz von Leben und Tod, Oralität und Literalität, zum Austragungsort von romantischer Ironie, da sie eine Re-Oralisierung nur im Medium der Schrift vollziehen kann. Am Ende von Brentanos *Chronika*, die mit der Apologie auf die Rede begann und die von einem Loblied auf Zunge, Lippen und Mund begleitet wurde, steht die »Begierde« (Brentano II, 591) des »Schönen Bettlers«, lesen und schreiben zu lernen, um im »edelste[n] Kleinod« seiner verführerischen Mutter, im Stammbuch seiner Familie lesen zu können. Seine »Begierde« kommt erst zur Befriedigung, wenn der Körper der Jungfrau, die ihn Lesen und Schreiben lehrte, in einer erotisch-skripturalen Konstellation die größtmögliche Nähe zu diesem Buch gefunden hat. Daß diese Vereinigung nur im Tode möglich ist, geht weniger zulasten der Schrift als der weiblichen Körperlichkeit(vgl. Kapitel VII). Denn die Schrift des »Schönen Bettlers« setzt sich als unmittelbare, magische Körper-Schrift fort: »und auf seiner Geliebten lag das Buch aufgeschlagen, wo sie hingeschrieben hatte, daß sie ihn liebte, und wie er so auf das Buch weinte, sah er Zeilen zwischen den andern erscheinen. [...] da weinte er immer mehr und ritzte sich die Adern und schrieb ein kurzes Lied von seinem Untergang« (Brentano II, 594).

Von ihren philosophischen Voraussetzungen her kann man die romantische Ironie als die Fähigkeit »der Unterscheidung und Ver-

16

mittlung unüberbrückbarer Gegensätze verstehen, denn sie hält das Bewußtsein von dem Paradox wach, daß das Unendliche sich im Endlichen manifestiert« (Hoffmeister 1990, 131). Für eine Bestimmung der romantischen Ironie ist ihr Bezug zur Universalität unverzichtbar. Wenn Schlegel Ironie als »Experiment« charakterisiert, dann mit dem notwendigen Zusatz »universelles Experiment« (Schlegel KA XVIII, 90). Romantische Ironie soll den sichtbaren Nachweis des Unendlichen im endlichen literarischen Kunstwerk führen und ist damit auf eine innere Ambivalenz verpflichtet, die weniger ihre theoretische Grenze als ihre praktische Produktivität im Sinne eines unendlichen literarischen Prozesses beschreibt: »Als das Wissen vom unendlichen Zusammenhang alles Lebendigen ist sie zugleich Ausdruck der Unmöglichkeit, von diesem Zusammenhang adäquat reden zu können. [...] So wird Ironie die latente Sprachhaltung des Endlichen, das vom Unendlichen reden will« (Gockel 1979a, 28).

Da Schlegels Ironiebegriff durchaus auch auf eine Lebensweise hin formuliert ist, muß hier wenigstens noch einmal in Erinnerung gerufen werden, mit welchen unlösbaren Schwierigkeiten die ethischen oder existenziellen Anforderungen romantischer Ironie diejenigen Romantiker konfrontierte, die sich ihnen gestellt haben. Rückversicherung bei festen Orientierungspunkten oder Exzentrizität/Wahnsinn stellen die zweifelhafte Alternative dar. Am Ausgang der Romantik hat Sören Kierkegaard die katastrophischen Konsequenzen der existenziellen Fassung romantischer Ironie zusammenfassend beschrieben (vgl. Anz 1956).

3. Fragment

Der Begriff der »progressiven Universalpoesie« zeigte bereits, daß der Universalitätsanspruch der Frühromantik nicht auf einen systematischen Abschluß hin orientiert ist, sondern auf Unabschließbarkeit. Anders als die Philosophie des Deutschen Idealismus, anders als Kant oder Hegel, anders aber auch als Schelling, dessen Naturphilosphie der Romantik sehr nahe steht, liegt die frühromantische Philosophie nicht in Form von Systemen vor, sondern in Form einer unübersichtlichen Menge von einzelnen Fragmenten und Fragmentsammlungen. Vom punktuellen, bisweilen kaum die äußere Form des Satzes wahrenden Aphorismus oder Aperçu reicht das fragmentarische Repertoire Schlegels und Novalis bis hin zum ausformulierten längeren Essay. Charakteristisch für das frühromantische Fragment ist eine Durchsetzung der philosophischen Aussage mit poetischen Bildern und Unschärfen und eine experimentelle Erprobung von Ideen und heuristischen Einfällen, die weniger am logischen Abschluß eines Gedankens als an der elastischen Gedankenentwicklung orientiert ist. »Heterogenität, Inkonsequenz, Verworrenheit, ja Unverständlichkeit sind aus dieser Sicht nicht nur erlaubte Abweichungen des Fragmentstils, sondern notwendige Kriterien, die seinen ästhetischen Wert begründen« (Ostermann 1994, 282).

Unter den einzelnen Fragmenten herrscht nicht eine Regel der Ausschließlichkeit, sondern eine Polyphonie von Möglichkeiten, ganz so wie der philosophische Essay die verschiedenen Ansichten eines Gegenstandes oder eines Sachverhaltes gleichgewichtig durchspielt und zwischen Begriff und Bild in der Schwebe hält. Es darf von daher nicht verwundern, daß Schlegels fragmentarische Definition des Fragments selbst wiederum den Weg der begrifflichen Annäherung über ein Bild geht. Das 206. Athenäums-Fragment lautet: »Ein Fragment muß gleich einem kleinen Kunstwerke von der umgebenden Welt ganz abgesondert und in sich selbst vollendet sein wie ein Igel« (Schlegel KA II, 197).

Für Schlegels Bestimmung des Fragments ist zunächst das Vorbild des Kunstwerkes auffällig und die aus der Ästhetik übernommene Vorstellung von Autonomie im Sinne einer Unabhängigkeit nach außen und einer in sich geschlossenen Vollendung nach innen. Das beigefügte Bild eines Igels stützt diese Vorstellung. Es bietet zudem über die implizierten Stacheln des Igels eine Assoziation auf die kritischen Stachel des frühromantischen Fragments, das – und hier löst sich der Vergleich auf – jedoch keineswegs organischen, sondern höchst artifiziell-reflexiven Ursprungs ist. Das Bild des Igels leitet die Vorstellung des Fragments in Richtung auf eine in sich abgeschlossene Einheit, d.h. es betont den Akt der Absonderung, ohne für die innere Vollendung des Fragments irgendwelche Vorstellungshilfe anzubieten. Und die ist es gerade, die, anders als ein Igel, über sich selbst hinausweist und mit der Umwelt, aus der es sich gelöst hat, wieder in Verbindung tritt. Im 297. Athenäums-Fragment führt Schlegel im Hinblick auf seine Vorstellung vom Kunstwerk aus, was sich auf die Bestimmung des Fragments rückübersetzen läßt: »Gebildet ist ein Werk, wenn es überall scharf begrenzt, innerhalb der Grenzen aber grenzenlos und unerschöpflich ist, wenn es sich selbst ganz treu, überall gleich, und doch über sich selbst erhaben ist« (ebd., 215). Die äußere Begrenzung und innere Grenzenlosigkeit berührt sich mit Moritz' Begriff des autonomen Kunstwerks und Kants Rede vom unendlichen Reflexionspotential. Man kann sich das Konzept des frühromantischen Fragments in Anlehnung an das in sich geschlossene Modell der Leibnizschen Monade vorstellen, das zwar ein einzelnes ist, als solches aber, ähnlich dem physikalischen Atom, universales Strukturmodell. Hierin kommen zwei wesentliche Bestimmungen des Fragmentarischen zusammen, die bei Leibniz vorweggenommen sind. Es muß über Individualität verfügen, die Schlegel als autonome Selbstbestimmung im Sinne des poetischen Kunstwerks und allgemeiner noch im Sinne des individuellen Namens mystischer, speziell kabbalistischer Sprachtheorie versteht (vgl. Kapitel V). In den *Philosophischen Lehrjahren* heißt es: »Ein Fragment ist ein selbstbestimmter und selbstbestimmender Gedanke« (Schlegel KA XVIII, 305).

Hinzu kommt, daß die autonome Individualität auf Unendlichkeit ausgerichtet ist: »Fragmente sind auf das Universum gerichtet« (Gockel 1979a, 32). Erst dann erfüllt sich die ambivalente Spannung der progressiven Universalpoesie, die schon Schlegels Ironiekonzept als mögliche oder unmögliche Vermittlung von Endlichem und Unendlichem bestimmte, auf der Ebene der fragmentarischen Darstellungsform. Die Universalität, das Ganze, bleibt unerreichbare Voraussetzung des Fragments (vgl. Krüger 1988). Schlegels Vorstellung des Ganzen als Chaos beruht in erkenntnistheoretischer Hinsicht auf der intellektuellen Anschauung des Witzes, der sich nur in Fragmenten äußern kann, Fragmenten allerdings, die im Einzelnen ein Bild des Ganzen erscheinen lassen: »Nicht das System ist das Ganze. Das Einzelne soll das Ganze erscheinen lassen« (Gockel 1979a, 32).

Wenn Schlegel den Witz als »fragmentarische Mystik« (Schlegel KA XVIII, 90) charakterisiert, dann betont er damit einerseits seine Nähe zu analogischen Kombinationsverfahren, etwa der Kabbala oder der Theosophie, löst sich andererseits aber von der metaphysischen Versöhnungssemantik der Mystik und betont den differentiellen Aspekt des Fragmentarischen. Der Witz erscheint bei Schlegel als oberste erkenntnistheoretische Funktion der intellektuellen Anschauung, die sich der fragmentarischen Form bedient, um ein Miniatur-Bild des Universums zu stellen, als »punktuelles Aufblitzen der Einheit von Einheit und Unendlichkeit im Endlichen« (Frank 1989a, 294f). Auf der Ebene der Reflexion übernimmt der Witz die Rolle des poietischen Genies. Er bezeichnet ein synthetisches Vermögen, gewissermaßen eine »exoterische Ausfaltung« (Gockel 1979a, 27) mystischen Analogiedenkens, das in der Lage ist, unterschiedlichste und disparateste Dinge aufeinander zu beziehen: »Die ars combinatoria des Witzes erweist sich als jene überraschende Kunst des Denkens, die noch da Vermitteltes erkennt, wo das Trennende überwiegt« (ebd.). Daß dieser Witz bisweilen willkürliche Züge annimmt und zu kaum mehr objektivierbaren Meinungen führt, hat Hans Blumenberg dazu veranlaßt, Schlegel und Novalis eine Art Beziehungswahn zu bescheinigen, in dem dann in der Tat alles mit allem oder mit gar nichts mehr, was das gleiche meint, zusammenhängt.

Aus Schlegels wechselseitiger, durchweg ambivalenter Koppelung des Endlichen mit dem Unendlichen kann deutlich werden, warum der frühromantische Universalitätsanspruch die Form des Fragments wählt und warum gerade aus dem miniaturhaften Bruchstück die romantische Forderung nach Totalität erwächst, die sich am eindrücklichsten in der romantischen Phantasie vom »absoluten Buch« (Schlegel KA II, 265) niederschlägt, jener profanen Bibel, die Novalis und Schlegel als Integral der Literatur- und Bildungsgeschichte wiederholt entworfen haben. Im 95. Fragment der *Ideen* stellt Schlegel sich die Frage: »Oder gibt es ein andres Wort, um die Idee eines unendlichen Buchs von der gemeinen zu unterscheiden als Bibel, Buch schlechthin, absolutes Buch?« Anstelle einer Antwort entwirft er das Projekt eines romantischen Gesamttextes in Analogie zum Zusammenhang der klassischen Literatur:

»Alle klassischen Gedichte der Alten hängen zusammen, unzertrennlich, bilden ein organisches Ganzes, sind richtig angesehen nur ein Gedicht, das einzige in welchem die Dichtkunst selbst vollkommen erscheint. Auf eine ähnliche Weise sollen in der vollkommnen Literatur alle Bücher nur Ein Buch sein, und in einem solchen ewig werdenden Buche wird das Evangelium der Menschheit und der Bildung offenbart werden.« (Schlegel KA II, 265)

Offensichtlich handhabt Schlegel dieses absolute Buch als Metapher eines romantischen Gesamtprojekts, das, insofern es »progressive Universalpoesie« ist, einer Idee der unendlichen Annäherung untersteht. Sein Projekt einer romantischen Literatur verdankt sich nicht einer poetologischen Norm, sondern einer ästhetisch-geschichtsphilosophischen Idee, die jeden einzelnen romantischen Text auf einen Prozeß der unendlichen, infinitesimalen Annäherung einrichtet, so daß die Idee der Romantik nur als Prozeß zu verstehen ist, der niemals an ein geglücktes Ende führen kann, da ein romantisches Ende immer nur ein vorläufiges sein kann. Ähnlich wie die zeitgenössische Geschichtsphilosophie Geschichte als einen unendlichen Steigerungsbegriff entwirft, der nicht mehr von einem Ende, sondern von einem »offenen Horizont« (Koselleck) her gedacht ist, verpflichtet Schlegel das Projekt der Romantik auf einen offenen Prozeß, in dem jeder einzelne Text als Moment der unendlichen Annäherung gleichzeitig auch Monument eines notwendigen Scheiterns wird.

Auf höchster ästhetischer Ebene läßt Schlegel jeden romantischen Text als Fragment der Idee der Romantik erscheinen. In ihrer Summe schreiben sie an jenem absoluten Buch, als das Schlegel den romantischen Gesamttext metaphorisch entwirft. Schlegels Dialektik von Einzelnem und Allgemeinem legt aber auch jeden konkreten romantischen Text, vor allem natürlich jeden romantischen Roman, darauf fest, dem Anspruch nach »absolutes Buch« zu sein.

Von den philosophischen Voraussetzungen und Intentionen am stärksten auf dieses Projekt bezogen ist sicherlich Novalis' *Heinrich von Ofterdingen*. Gerade der enzyklopädische Allgemeinheitsanspruch dieses Romans ist es, der ihn notwendig auf eine fragmentarische Struktur der Unabschließbarkeit festlegt. Die enzyklopädische und gleichermaßen integrale Summe der Literatur in einem einzelnen, aber eben absoluten Buch ziehen zu wollen, heißt, es auf ein Paradox zu verpflichten, das sich in kompositioneller Hinsicht eben als Fragment, als fragmentarischer Roman äußert, unabhängig davon, zu welcher Länge er anwächst. In dieser Hinsicht setzt *Heinrich von Ofterdingen* ein Signal für die Literatur der Moderne, das noch in Musils *Mann ohne Eigenschaften* nachhallt. Der Unabschließbarkeit von Novalis' Roman, seiner im alltäglichen Sinne fragmentarischen Form, korrespondiert andererseits eine Reihe von Miniaturen, Fragmenten im engeren Schlegelschen Sinne, die sich aus dem narrativen Prozeß des Romans herauskristallisieren und das enzyklopädische Gesamtprojekt in einer Art mise en abîme spiegeln. Frühwald spricht deshalb von der »*arabesken* Einheit des Romans« (Frühwald 1965, 243; vgl. Uerlings 1991, 419-431). Neben dem provenzalischen Buch des Einsiedlers, das der gleichen Poetik untersteht wie der *Heinrich von Ofterdingen* insgesamt, muß hier besonders das integrierte Märchen von Eros und Fabel erwähnt werden, das den ersten und einzig fertiggestellten Teil des Romans beschließt. Der ästhetisch-geschichtsphilosophische Entwurf des Romans, Natur und Geschichte, Freiheit und Notwendigkeit, Endliches und Unendliches in einem zukünftigen goldenen Zeitalter zu versöhnen, strukturiert auch die bisweilen rätselhafte, jedenfalls nicht auf einen Begriff zu reduzierende allegorische Bildwelt des Klingsohr-Märchens. Das geheimnisvolle Figurenensemble und sein nicht minder geheimnisvolles Beziehungsgeflecht antizipiert ein im positiven Sinne vollendetes Chaos, in dem alle geschichtlichen Unterscheidungen und Begrenzungen in einem märchenhaften Einheitsbild aufgehoben erscheinen.

Vielleicht kann die durchgängige Option der Romantik auf das Unendliche auch den Hang der späteren Romantik zur kleineren Erzählung und zur Novelle und vor allem die Tendenz zur fragmentarischen Struktur des romantischen Romans erklären. In der Forschung besteht kein Zweifel darüber, daß die kürzeren Formen wie Kunstmärchen und Novelle als wichtigste Prosagattungen der Romantik einzuschätzen sind (vgl. Greif 1994, 241ff; Hoffmeister 1990, 126ff). Gemäß der romantischen Poetik einer Doppelung von Welt und imaginären Welten, die im übrigen Märchen und novellistische Erzählung häufig bis zur Ununterscheidbarkeit zusammenrückt, eignet den kurzen Prosatexten eine Inkommensurabilität, die sie in eine fragmentarische Beziehung zur Unendlichkeit und zum Gesamttext der Romantik stellen. Insbesondere die Novelle bietet sich hier an, da sie von ihrem Gattungskonzept her ein einzelnes, aber keineswegs beliebiges, sondern eben individuelles, fragmentarisches Ereignis in Aussicht stellt, das immer auf einen Gesamtzusammenhang bezogen ist.

Nicht zufällig haben die meisten Romane der Romantik große Schwierigkeiten mit einem narrativ und kompositionell einsehbaren Ende. Schon ganz oberflächlich betrachtet, sind sie Fragment geblieben. Sie finden keinen Abschluß. Schlegels oder Novalis' ästhetische Figur der Unabschließbarkeit wiederholt sich auf der Ebene der Romankomposition. Die gattungstheoretisch schwer bestimmbaren Kurzromane der Frühromantik umgehen dieses Kompositionsproblem durch eine arabeske bzw. episodenhafte Struktur. Schlegels *Lucinde* (1799) baut sich aus einer Vielzahl heterogener, arabesk miteinander verbundener Kleinformen auf, deren Einheit weniger auf einer narrativen Ebene liegt als in einer, wie Heine etwas spöttisch sagte, »unerquicklichen Zusammensetzung von zwei Abstraktionen, Witz und Sinnlichkeit« (Heine V, 408; vgl. Polheim 1966). Der Erstdruck der *Lucinde* ist zwar als erster Teil gekennzeichnet, einen zweiten Teil hat es jedoch nicht mehr gegeben. Klingemanns *Nachtwachen von Bonaventura* (1805) ordnen sich in einer gegen die Chronologie eingerichteten Folge von Episoden, deren narrative Klammer nur oberflächlich gesehen durch die Biographie des Helden Kreuzgang gegeben ist. Den eigentlichen Bezugspunkt stellt eine tief im Skeptizismus der Spätaufklärung gegründete philosophische Haltung, die in dem Maße, wie sie nihilistische Züge annimmt, jede Form der Sinngebung einer bitteren Satire preisgibt. Die Episoden des Nachtwächters enden deshalb konsequent mit dem Wort »Nichts«, was aber alles andere als ein Abschluß darstellt, denn es handelt sich um das endlos wiederholbare Echo des Universums, daß kein Gott und kein Sinn sei.

Bei den längeren Romanen der Romantik erweist sich, daß die Intention auf Unendlichkeit die ganz profane Konsequenz zeitigt, daß das jeweilige Ende kein kompositioneller Abschluß, sondern lediglich ein zufällig an dieser Stelle gesetzter Abbruch ist. Von der Grundkonzeption her sind sie auf endlose Verzweigung/Verschiebung aus- oder als Endlosschleife eingerichtet. Der Prototyp des historisierenden romantischen Künstlerromans, Tiecks *Franz Sternbalds Wanderungen* (1798), bleibt Fragment. Brentanos *Godwi* erfüllt die fragmentarische Form mustergültig. Auf einen ersten Band, der an polyphoner Radikalität der Perspektive und Figurenführung nichts zu wünschen übrig läßt, folgt ein zweiter Band, der die Briefkomposition des ersten aufgibt, statt dessen den ›Autor‹ des Textes in das unübersichtliche Figurenarsenal einführt, die an sich schon kaum auszumachende Handlungsführung in immer neuen narrativen Verzweigungen verstellt, nach dem 31. Kapitel eine »Fragmentarische Fortsetzung dieses Romans« anfügt, »während der letzten Krankheit des Verfassers, teils von ihm selbst, teils von seinem Freunde« (Brentano II, 389) erzählt, um dann bis zum 39. Kapitel weiterzugehen und schließlich, nach dem Tod des fiktiven Autors ein weiteres Fragment anzufügen, in dem der wirkliche Autor selbst beim Namen genannt wird, Clemens Brentano (ebd., 450): »Einige Nachrichten von den Lebensumständen des verstorbenen Maria. Mitgeteilt von einem Zurückgebliebenen« (ebd., 447). In gleicher Weise bleibt die unveröffentlichte Urfassung von *Die Chronika des fahrenden Schülers* (1802 – 1805/06) Fragment, ebenso wie die spätere, aus dem Jahre 1818 datierte Fassung der *Chronika*.

Auch Achim von Arnims Romane folgen einer fragmentarischen Struktur. Zwar hält sich sein Roman *Armut, Reichtum, Schuld und Buße der Gräfin Dolores* (1810) äußerlich an ein biographisches Schema und endet entsprechend mit dem Tod und der Verklärung der Heldin. Von seiner inneren narrativen Form her erfüllt er aber sehr wohl den frühromantischen Entwurf einer Poetik des Fragmentarischen. Einer Lektüre der *Gräfin Dolores* mutet Arnim eine ganze Flut motivischer Verzweigungen oder episodischer Verschachtelung zu. Eichendorff hat es in *Ahnung und Gegenwart* deshalb als »Geschichte mit den tausend Geschichten« (Eichendorff II, 135) gelobt. Die Geschichte der Gräfin Dolores und ihrer Schwester Klelia dauert gerade drei kleine Kapitel oder knapp zehn Seiten, als sie von einer anderen Geschichte überlagert wird, die noch einmal den gleichen Raum einnimmt. Diese Geschichte vom französischen König Hugo Capet ist mit der Handlung nur willkürlich vermittelt, insofern sie einem antiquarischen Buch aus dem Vermächtnis des Vaters entstammt, das der Heldin zufällig in die Hände fällt. In jeder erzählten Geschichte findet Arnim so viele unerledigte Möglichkeiten und Anspielungen, daß es ihm als erzählerisches Sakrileg erschiene, ihnen nicht in immer neuen Verzweigungen nachzugehen. In jeder

Erzählung läßt er seine Figuren auf Bücher oder Gemälde treffen, die sofort ihr Recht anmelden, erzählt zu werden. In der Flut der verzweigten Geschichten und integrierten Bruchstücke löst sich nicht nur jede homogene Handlung auf, in Arnims Romanen kommt es zudem zu einer weitreichenden Überlagerung und Verwischung unterschiedlicher Fiktionsebenen, die bei Zeitgenossen einen Eindruck des »willkürlich Gemachten« (Köpke 1855, 203) hinterließen.

Einen Mangel an organischer Vermittlung der Teile mit dem Ganzen hat auch Goethe im Blick, wenn ihm zu Arnims Prosa nur das Bild eines »Fasses« einfällt, »das überall ausläuft, weil der Böttcher vergessen hat, die Reifen festzuschlagen« (Herwig 1969ff, 799). Goethes von einer klassizistischen Position aus erhobener Vorwurf des Unfertigen verkennt, daß das Einheitskriterium des romantischen Fragments nicht auf der Ebene der (homogenen) Handlungsentwicklung zu finden ist, sondern auf der konstruktiv tieferliegenden Ebene eines bildlich-ideellen Komplexes, der, in dem Maße wie er auf Unendlichkeit gerichtet ist, nicht auf den Begriff zu bringen ist. Das, was Schlegel in diesem Sinne unter ›Individualität‹ versteht, bezieht sich ja gerade auf die heterogene Autonomie des einzelnen Fragments, das »inkommensurabel und offen für jede Beziehung zugleich« (Gockel 1979a, 32) ist. Arnims *Gräfin Dolores* besteht aus beinahe einhundert eigenständigen Einzelteilen, die vom eingefügten kurzen lyrischen Gedicht bis hin zum dreißig Seiten langen Binnen-Roman *Hollins Liebeleben*, einer Überarbeitung und Kürzung seines Romanerstlings aus dem Jahre 1802, alle Register der romantischen, fragmentarischen Gattungsmischung ziehen.

Daß dies keine Folge kompositorischer Nachlässigkeit ist, sondern genau kalkulierter ästhetischer Effekt, der seine Voraussetzung in der frühromantischen Poetik hat, muß gegenüber der klassizistischen Kritik geltend gemacht werden. Symptomatisch sei hier auf eine Stelle der *Gräfin Dolores* verwiesen, an der Arnim erneut die Integration eines heterogenen Erzählfragments legitimiert. Die Gräfin findet in »ihren längst vergessenen deutschen Büchern« eine Episode, die sich über ihre Ähnlichkeit mit den gegenwärtigen Geschehnissen aufdrängt, erzählt zu werden, wenngleich sie die »Geschichte unterbricht.« Die Unterbrechung, durch den gesamten Roman schon narratives Prinzip, wird poetologisch genau in der Weise legitimiert, wie Schlegel das romantische Fragment bestimmt: als etwas Einzelnes, das nicht auf der Ebene des narrativen Prozesses vermittelt ist, das seine Individualität vielmehr darin erweist, daß es einen tieferliegenden Bezug zur Unendlichkeit herstellt:

24

»Was ist uns denn in einer Geschichte wichtig, doch wohl nicht, wie sie auf einer wunderlichen Bahn Menschen aus der Wiege ins Grab zieht, nein die ewige Berührung in allem, wodurch jede Begebenheit zu unserer eigenen wird, in uns fortlebt, ein ewiges Zeugnis daß alles Leben aus Einem stamme und zu Einem wiederkehre. Warum sind doch die Leser meist so ungeduldig, warum muß ich hier Ereignis auf Ereignis zusammendrängen [...]« (Arnim I, 575).

Zwar besteht auch Arnims nächster Roman *Die Kronenwächter*, zumal als ein historischer Roman, aus einer Folge von Ereignissen, charakteristisches Strukturmerkmal ist aber nicht die narrative Ereignisabfolge, in der sich der feudale Machtanspruch mittelalterlichen Kaisertums zu Beginn der Neuzeit als anachronistisch erweist, sondern eine fragmentarische Konstruktion, die im Detail in einer mosaikhaften Abfolge von Geschichten besteht und insgesamt in zwei Romane zerfällt. Kennzeichnend für Arnims fragmentarische Konstruktion ist die Aufspaltung bzw. Verdoppelung der Figuren, die dem personalen Einheitsentwurf des Bildungsromans entgegensteht. Die fragmentarische Einheit dieses mit sagenhaften Elementen durchzogenen Historienromans (vgl. Lützeler 1989, 653ff) liegt eben weder auf der Ebene der Handlung noch derjenigen der Person. Er zerfällt in einen ›Berthold-‹ und einen ›Anton-Roman‹. Die Einheit der fragmentarischen Konstruktion der *Kronenwächter* liegt in einer poetischen und historischen Reflexion über die Legitimität von politischer Herrschaft zwischen Adel und Bürgertum (vgl. ebd., 658ff), ohne daß sie sich begrifflich vereinheitlichen ließe. Sie zerlegt die politische Legitimitätsidee vielmehr in unterschiedliche Aspekte (mythische, esoterische, christliche, mythische und märchenhafte) und vollzieht dies in verschiedenen heterogenen Kleinformen (vgl. Kapitel X).

Eine Destruktion des Bildungsromans und der autobiographischen Form unternimmt E.T.A. Hoffmann in seinem letzten und nach den *Elixieren des Teufels* zweiten Roman *Lebens-Ansichten des Katers Murr nebst fragmentarischer Biographie des Kapellmeisters Johannes Kreisler in zufälligen Makulaturblättern* (1820/22). Ganz abgesehen davon, daß Hoffmanns *Kater Murr* rein äußerlich Fragment geblieben ist – der am Ende des zweiten Bandes angekündigte dritte Band erschien nicht mehr –, deutet der Titel bereits auch den inneren kompositionellen Charakter des Fragmentarischen an. Die auch bei Arnim zu verzeichnenden satirischen und grotesken Momente spitzt Hoffmann auf einen Kontrast von Künstler und (ambitioniert philisterhaftem) Tier zu. Wie in zahlreichen anderen Erzählungen (*Meister Floh, Neueste Nachrichten von dem Hunde Berganza* etc.) bedient Hoffmann sich hier einer der zentralen Figuren der Tradition

25

der Groteske: der Konfrontation von Mensch und Tier (vgl. Bachtin 1987, 345ff).

In deutlicher Anspielung auf Laurence Sternes *The Life and Opions of Tristram Shandy, Gentleman* (1760-67) unterläuft Hoffmann das Fortschreiten der Romanhandlung durch ein ständiges Abschweifen, Verschieben und Zurückschreiten. Anders als im *Tristram Shandy*, der noch von einem wenn auch äußerst launigen »zusammenhängenden Erzählfluß« geprägt ist, dominiert im *Kater Murr* »von Beginn an das Fragmentarische« (Steinecke 1992, 965), und zwar auf höchster kompositioneller Ebene. Die im Titel von Hoffmann behauptete Zufälligkeit der Konstruktion ist selbstverständlich genauestens kalkuliert und notwendig auf die Funktion des Fragmentarischen bezogen. Die satirische Bildungs- und Lebensgeschichte des ambitionierten Katers wird immer wieder mitten im Satz unterbrochen durch ebenfalls mitten im Satz beginnende Fragmente der Künstler-Biographie Johannes Kreislers, die durch »(*Mak. Bl.*)« als Abkürzung für »Makulatur Blatt« gekennzeichnet sind. Der jeweils folgende Abschnitt der Murr-Geschichte ist mit »*M. f. f.*« für »Murr fährt fort« etikettiert und führt den abgebrochenen Satz syntaktisch korrekt und vollständig zum Ende. Die Geschichte des Katers ist kontinuierlich durchgeschrieben und wird nur durch die diskontinuierlichen Fragmente der Kreisler-Biographie destruiert. Die ironische Erklärung des Herausgebers, der bildungsbeflissene und des Schreibens mächtige Kater habe für seine Autobiographie ein anderes Buch, eben die Lebensgeschichte Kreislers, zerrissen und »teils zur Unterlage, teils zum löschen« mißbraucht, und der Drukker habe diese Fragmente »aus Versehen mit abgedruckt« (Hoffmann V, 12), darf selbstverständlich nicht darüber hinweg täuschen, daß es sich hier um ein sehr genau durchdachtes Spiel mit einer fragmentarischen Konstruktion handelt.

Den poetologischen Ansprüchen des frühromantischen Fragmentbegriffs wird Hoffmanns *Kater Murr* dadurch gerecht, daß er die angesprochene Paradoxie von Endlichkeit und Unendlichkeit als Notwendigkeit und gleichzeitige Unmöglichkeit von subjektiver Identität ausführt und die Linearität eines aufklärerischen und später humanistischen Bildungsbegriffs einerseits durch Verdoppelung und Unterbrechung aufhebt und andererseits durch eine kreisförmige Konstruktion des gesamten Romans in sich selbst zurücklaufen läßt: »Die deutlichste strukturelle Entsprechung findet diese zentrale Kreisbewegung in der [...] Tatsache, daß das erste Fragment dort beginnt, wo das letzte endet« (Steinecke 1992, 966). Einer zyklischen Struktur bedienen sich auch diejenigen romantischen Romane, denen äußerlich nichts Fragmentarisches anhaftet. Vor allem Hoffmanns *Die Elixiere des Teufels* (1815/16) kann zeigen, wie sehr einer in zeitlicher und lokaler Hinsicht kreisförmigen Abschlußfigur ein Moment der Unruhe innewohnt, das den Abschluß immer wieder in einer Wiederholung aufhebt. Seine *Prinzessin Brambilla* (1820) hat Hoffmann durch eine karnevaleske Wiederholungsstruktur als Endlosschleife angelegt, die den Schluß nur als erneuten Anfang zuläßt. Einzig vielleicht Eichendorffs *Ahnung und Gegenwart* (1815), der seine Komposition ebenfalls einer sehr genauen Kreisform, der Reise des Grafen Friedrich in die eigene Kindheit, verdankt, erreicht einen verbindlichen und versöhnlichen Abschluß, indem er seinen Helden gleichsam in einem heilsgeschichtlichen Akt aus dem verwirrenden Wiederholungszwang des Romans und der Verführung der Frauen in einem Kloster rettet.

4. Vermischung der Gattungen

Die Vermischung von Poesie und philosophischer Reflexion, grundlegendes Merkmal der Transzendentalpoesie, wiederholt sich auf der Ebene der Gattungspoetik als umfassende Vermischung der Formen, Gattungen und Stile und führt bei Novalis und Friedrich Schlegel zu einer eindeutigen Präferenz des Romans. Schlegels Vorstellung des romantischen Romans erfüllt die Anforderungen des Fragmentarischen mustergültig, weil er alle Gattungsunterschiede in einer universalen Form zusammenführt, die immer aber konkrete Erscheinung bleibt und als solche sinnliche Annäherungen an die Idee des poetischen Universums gibt. Wenn Schlegel im *Gespräch über die Poesie* den Roman als »romantisches Buch« (Schlegel KA II, 335) definiert, dann bedient er sich nur oberflächlich einer Tautologie. Es gilt, den Roman als diejenige Über-Gattung zu etablieren, die den fragmentarischen Universalismus der Romantik am besten zum Ausdruck bringt. Was Schlegel und Novalis für den Roman einnimmt, ist seine synthetische Entgrenzungsleistung der Gattungen: »Es muß Ihnen nach meiner Ansicht einleuchtend sein, daß und warum ich fodre, alle Poesie solle romantisch sein; den Roman aber, insofern er eine besondre Gattung sein will, verabscheue« (ebd.). Nicht als einzelne Gattung empfiehlt sich der Roman, sondern als unendliche, offene poetische Summenbildung, die prinzipiell alle diskursiven und poetischen Formen integrieren kann. Im *Gespräch über die Poesie* heißt es weiter: »Ja ich kann mir einen Roman kaum anders denken, als gemischt aus Erzählung, Gesang und andern Formen« (ebd., 336).

In der frühromantischen Option auf Stil- und Gattungsvermischung schwingt eine Vorstellung vom Gesamtkunstwerk mit, die in dieser Wortprägung zwar erst bei Richard Wagner auftaucht, der Sache nach aber in Schlegels und Novalis' Rede von der »absoluten Poesie« enthalten ist, ebenso wie in Schellings bzw. Hegels oder auch Schleiermachers Vorstellung der höchsten imaginativen Kunstform. Es lassen sich zwei Begriffe des Gesamtkunstwerks unterscheiden: ein additiver, der sich als Summe einzelner Kunstgattungen versteht, und ein totalisierender, der eine Gattungshierarchie behauptet und sich für den Primat einer Gattung ausspricht. Sowohl die systematischen Anstrengungen Hegels und Schellings als auch die fragmentarischen Überlegungen Schlegels, Novalis' oder auch Hölderlins stimmen darin überein, daß die Poesie gleichzeitig Summe und höchste Gestalt der Kunst sei (vgl. Kremer 1994a, 11f).

Schellings dynamische Konstruktion der Kunstgattungen orientiert sich ähnlich wie später bei Hegel an der wachsenden Fähigkeit der jeweiligen Kunstform zur Idealisierung und Symbolisierung. Die bildenden Künste bleiben der »realen Seite der Kunstwelt« (Schelling II, 456) soweit verpflichtet, daß ihre Teilhabe an der Idealität und Absolutheit des Geistes immer wieder unterbrochen wird. Erst die »immaterielle« sprachlich-symbolische Form der Poesie erscheint als das »entsprechendste Symbol der absoluten oder unendlichen Affirmation Gottes« (ebd., 311). Als Fazit des ästhetischen Primats der Poesie hält Schelling im Paragraph 74 der *Philosophie der Kunst* (1802/03) fest: »Die redende Kunst ist die ideale Seite der Kunstwelt« (ebd., 314). In seinen *Vorlesungen über die Ästhetik* entwickelt Hegel einen Begriff der Kunstgeschichte, der ähnlich wie bei Schelling von der Vorstellung einer wachsenden Entmaterialisierung und Spiritualisierung bzw. Idealisierung der Kunstformen inspiriert ist. Seiner historischen Grobgliederung in symbolische, klassische und romantische Kunstformen ordnet Hegel eine Stufenleiter jeweils charakteristischer Gattungen zu. Anfangs- und Endpunkt des geschichtsphilosophischen Kursus der Kunst bezeichnet der Geist, der sich zunächst in der ›rohen‹ Form der Architektur vergegenständlicht, um sich schließlich über die klassische Skulptur und die romantische Form der Malerei und Musik bis hin zur ebenfalls romantischen Poesie zu »vergeistigen«. »Die Dichtkunst ist die allgemeine Kunst des in sich freigewordenen, nicht an das äußerlich-sinnliche Material zur Realisation gebundenen Geistes, der nur im inneren Raume und der inneren Zeit der Vorstellungen und Empfindungen sich ergeht« (Hegel XIII, 123).

Hegels und Schellings Konstruktion der verschiedenen Kunstformen wiederholt sich im Aufbau der poetischen Gattungen: auf die

Indifferenz des Epos folgt die Differenz der Lyrik und die Identitätsbildung des Dramas, namentlich der Tragödie, die »die höchste Erscheinung des An-sich und des Wesens aller Kunst ist« (Schelling II, 515). Anders als die Frühromantiker halten Schelling und Hegel am klassizistischen Primat der Tragödie fest, und ihre Vorstellung vom Gesamtkunstwerk beruht nicht auf einer Gattungs- oder Stilmischung, sondern umgekehrt auf einer strikten Trennung und einem hierarchischen Modell, das der Tragödie – bei Schelling in Ansätzen auch der Oper (vgl. ebd., 564) – die größte gedanklich-philosophische und politisch-öffentliche Vermittlungsfunktion zubilligt.

Im Gegensatz dazu laufen die Visionen des Gesamtkunstwerks der frühromantischen »Universalpoesie« über die Form des Romans, deren relative Offenheit und Beweglichkeit am besten in der Lage ist, dem selbstgestellten Anspruch auf Progressivität gerecht zu werden. Schlegel bestimmt dessen Eignung zum Gesamtkunstwerk aus seiner Form und dem Grad seiner Selbstreflexivität. Er erkennt, daß die Selbstreflexion der Prosa eine immanente Tendenz zur Selbstüberschreitung und Unabschließbarkeit entfaltet. Denn: selbstreflexive Prozesse haben »kein natürliches Ende mehr« (Luhmann 1981, 21; vgl. Luhmann 1992, 75). In der romantischen Bestimmung der Poesie als »progressiver Universalpoesie« kommt genau dieser Kern von Selbstreflexivität zum Ausdruck: Unabschließbarkeit. Und die hat mit dem Problem drohender Formlosigkeit zu tun, der Schlegel einerseits mit seinem Begriff des Fragmentarischen und andererseits mit seinem Entwurf der neuen Mythologie des »künstlichsten aller Kunstwerke« begegnet (vgl. Kapitel VI).

Schlegel konzipiert das romantische Prosakunstwerk als formales Gebilde von hoher semiotischer Verdichtung, dessen präzise äußere Begrenzung mit einer unendlichen Reflexionstiefe und einer inkommensurablen Bildkomplexität kommuniziert. Idealiter stehen in ihm alle Zeichen in einem Verhältnis der Verwandlung und Verschiebung zueinander. Der Vorzug der Prosaform gründet in ihrer Fähigkeit, losgelöst von weitergehenden Gattungsbegrenzungen das Prinzip der romantischen Poesie am weitestgehenden einzulösen: sich begrifflicher Identifikation oder semiotischem Stillstand dadurch zu entziehen, daß in ihr alles »Beziehung und Verwandlung« (Schlegel KA II, 318), Metamorphose und Bewegung wird. Diese Vorstellung gipfelt im Roman, weil er von seinen formalen Voraussetzungen her dem Primat der Unendlichkeit am nächsten kommt, als epische Großform alle möglichen heterogenen Einzelgattungen und -formen integrieren kann und dem enzyklopädischen Anliegen der Frühromantik, alles zu sagen, dem Gesamtkunstwerk des »absoluten Buches«, am besten entspricht.

Schon ein flüchtiger Blick auf die romantischen Romane vom frühen Tieck und Brentano bis hin zu Arnim, Eichendorff und Hoffmann bestätigt, daß sie sich von den ästhetischen Spekulationen der Frühromantik inspirieren ließen. Das gilt für ihre fragmentarische Struktur wie für ihre Integration heterogener Formen. Auffälligstes Merkmal ist dabei sicherlich die Aufnahme von Liedern, Märchen und Novellen in den Roman. Die Integration von Briefen, fiktiven autobiographischen Fragmenten zeichnet den romantischen Roman in gleicher Weise aus wie eine Neigung zur dramatischen Vergegenwärtigung in dialogischen Sequenzen. Daß er sich zu geschichtsphilosophischen, ästhetiktheoretischen und poetologischen Passagen öffnet, gehört von Tiecks *Sternbald*, Brentanos *Godwi* und Novalis' *Heinrich von Ofterdingen* über Eichendorffs *Ahnung und Gegenwart* (1815) und *Dichter und ihre Gesellen* (1835), bis hin zu Hoffmanns *Kater Murr* und bedingt sogar noch zu Tiecks ganz spätem historischen Roman *Vittoria Accorombona* (1840) ebenso zum durchgängigen Erscheinungsbild des romantischen Romans wie seine narrative Verzweigung und episodische Überkomplexität. In dieser Hinsicht können Arnims Romane *Gräfin Dolores* und *Die Kronenwächter* als Muster des romantischen Romans angesehen werden. In ihnen finden sich nicht nur alle aufgezählten Formen und Techniken, sie treiben überdies eine Tendenz zur Intertextualität und archivarischen Bestandsaufnahme der literarischen Tradition ins Extrem, die die Romantik insgesamt kennzeichnet. Die manieristische Ästhetik des »wunderlichen Prinz(en) von Palagonien« (Arnim I, 565) ist mit ihren »Chimären«, ihrer »Ordnungslosigkeit«, ihren mosaikartig zusammengelöteten Fensterscheiben und ihrer »Vermischung« des »ganz Ungleichartigen« (ebd. 566f) in vielen Punkten poetisches Selbstporträt von Arnims Prosa.

Neben dem geläufigen, auf Autonomie pochenden Originalitäts-Dispositiv muß für die Romantik ein erhebliches Maß an ganz bewußt praktizierter Intertextualität in Rechnung gestellt werden. Vermutlich ist die Romantik die erste literarische Bewegung, die sich nicht nur in ein umfassendes Verhältnis der Textverarbeitung zur gesamten Schrifttradition rückt, sondern die diesen Vorgang immer auch selbst reflektiert und zum Ereignis des Textes werden läßt (vgl. Frühwald 1981, 367; Graevenitz 1987; Oesterle 1991, 105ff; Kremer 1993, 9ff). Schon in der Diskussion der fragmentarischen Struktur des romantischen Romans zeigte sich, daß Arnims Prosa die Elemente der Romantik radikal ausformuliert. Gleiches wiederholt sich im Hinblick auf die komplexe Integration heterogenster Formen und Überlieferungen. Arnim gehört zu den romantischen Schriftstellern, die, wie Albert Béguin vermutet hat, besser als andere wissen, »daß nicht sie allein die Autoren ihres Werks sind« (Béguin 1972, 310). Die gesamte europäische Schrifttradition von der Antike bis in die jüngst vergangene Gegenwart (vor allem Goethe) kann ihren Anspruch auf Miturheberschaft für Arnims Prosa geltend machen. Er bekennt sich explizit zu einer literarischen Zitat- und Montagetechnik, auf die Lévi-Strauss' Begriff der »bricolage«, der ethnologisch-strukturalistischen Bastelei, schon zutrifft. In einer Erzählung aus der Novellensammlung von 1812, *Die drei liebreichen Schwestern*, hat Arnim den Traditionsdruck einer »modernen« Schreibsituation in einer Fußnote zu der »Kannitverstan«-Anekdote bemerkt: »Vor den guten Erzählern kann jetzt niemand seine eigne Geschichte unverändert behalten« (Arnim III, 790). In einer späteren Erzählung, *Holländische Liebhabereien*, 1820 geschrieben, 1826 in der Sammlung *Landhausleben* veröffentlicht, führt Arnim den jungen niederländischen Dichter Jan Vos ein, der sich bei all seinen poetischen Erfindungen von einem Philologen namens Hemkengriper den Künstlernamen »Secundus« geben lassen muß, da ihm auf dem Felde der Kunst stets irgendein »Primus« vorangegangen ist. Alles, was er schreibt, führt der Philologe auf eine Quelle zurück, in der gleiches oder ähnliches bereits geschrieben steht. Neben der satirischen Intervention gegen das jugendliche Originalgenie und den kleinlichen Philologen realisiert seine Erzählung genau den intertextuellen Bezug auf Tradition, indem er das romantische Prinzip der Metamorphose auf seinen antiken Quellentext, Ovids *Metamorphosen*, zurückführt und Fragmente davon seinem Text inkorporiert.

Mit wachsendem Alter verhält sich die Romantik auch in der Weise selbstreflexiv, daß sie ihre eigene Geschichte intertextuell verarbeitet. Neben Hoffmanns *Kater Murr* (vgl. Steinecke 1987, 948) muß hier vor allem die späte Novelle Tiecks *Des Lebens Überfluß* (1839) erwähnt werden, in der Tieck eine selbstironische Bilanz der Romantik zieht. Tieck läßt sein spätromantisches Liebespaar eine poetische Dachkammer beziehen und Schritt für Schritt die »Treppe« zur Außenwelt abreißen, um in der reinen Luft der Phantasie ein romantisches »Märchen« zu leben (Tieck XII, 235; vgl. Oesterle 1983; Kremer 1989b). Losgelöst von der Welt und getrennt von seiner Bibliothek, liest der Dachstuben-Poet der Gattin aus seinem Tagebuch vor. Sein Entschluß, es »rückwärts« (ebd., 196) zu lesen, verweist auf den Umstand, daß Tiecks Erzählung als eine parodische Re-Lektüre der Romantik angelegt ist. Sie verbindet Stilparodien mit Motivzitaten. Die romantische Liebe und Ehe (ebd., 200) wird ebenso fragmentarisch erwähnt wie die »geheimnisvolle Offenbarung« des mystischen romantischen Staates (ebd., 299) und das Konzept der Naturschrift (ebd., 199), des Traums und des Märchens in der Frühromantik. Sogar der romantische Antijudaismus findet eine kurze Erwähnung (ebd., 223). Der aphoristische, in rhetorischen Fragen sich inszenierende Stil des jungen Friedrich Schlegel wird parodiert (ebd., 200f), ebenso die Schwere der Transzendentalphilosophie (ebd., 236f). Das Pferd der Begeisterung, Pegasus, erhält seinen Auftritt neben Hoffmanns Kater (ebd., 217) und einem gewissen »Taugenichts« (ebd., 222f). Auch die wichtigen Bezugspunkte in der Frühen Neuzeit bleiben nicht unerwähnt: Shakespeares »Zauberer« aus dem *Sturm* (ebd., 210f, 214), dessen Exil im spätromantischen Dachstübchen nachgebildet ist, und Cervantes' *Don Quijote*. Zur kursorischen Re-Lektüre der Romantik paßt es, daß die imaginative Existenz im Oberstübchen durch politischen »Tumult« aufgehoben (ebd., 193, 244ff) und in einer biedermeierlichen »Lesebibliothek« (ebd., 249) archiviert wird.

5. Vermischung der Töne: Groteskes und Erhabenes

Die Gattungsvermischung ist nicht dem romantischen Roman vorbehalten und sie ist auch nicht auf die deutsche Romantik beschränkt (vgl. Hoffmeister 1990, 123ff). Auch andere Gattungen unterstehen diesem Prinzip. Zentraler literarhistorischer Bezugspunkt aus der beginnenden Neuzeit ist die von den Romantikern sogenannte Tragikomödie Shakespeares und der tragikomische *Don Quijote* des Cervantes. Über den Begriff des Tragikomischen läßt sich eine weitere Technik der romantischen Prosa einführen, die ebenfalls aus der Aufgabe der Vermittlung des Endlichen und des Unendlichen entsteht: die Vermischung und Verwirrung der (rhetorischen) Stillagen, die für die romantische Prosa ihren exemplarischen Ausdruck in der Kontrastierung von Komik und Pathos, Groteskem und Erhabenem findet. Explizit, aber relativ spät hat Victor Hugo in der Vorrede zu seinem Drama *Cromwell* (1827) den durchgeführten Kontrast von Erhabenem und Groteskem, »le sublime et le grotesque« (Hugo I, 425), als zentrales Kennzeichen romantischer Poesie beschrieben und von der homogenen, erhabenen Stillage des Klassizismus abgegrenzt. Erst im romantischen Zweiklang von Pathos und Groteske sind nach Hugo die Extreme menschlicher Existenz zwischen Gottähnlichkeit und Tier abgesteckt. Bezogen auf Hugo kommentiert Wolfgang Kayser: »Denn wie das Erhabene [...] den Blick auf eine höhere, übermenschliche Welt lenkt, so öffnet sich im Lächerlich-Verzerrten und Monströs-Grauenvollen des Grotesken eine unmenschliche Welt des Nächtlichen und Abgründigen« (Kayser 1957, 61). Hugos für die französische Romantik programmatische Forderung des Zweiklangs von Erhabenem und Groteskem ist für die Prosa der deutschen Romantik schon von Anfang an konstitutiv.

Der Kontrast einer erhabenen künstlerischen Selbstbeschreibung und den schauerlichen, angstbesetzten Abgründen des eigenen Innern und der eigenen Kindheitserinnerungen ist von den frühen Märchen Tiecks her bekannt. Er strukturiert den Grundkonflikt von Hoffmanns erster Prosaveröffentlichung *Ritter Gluck* (1809), seiner berühmten Nachtstücke *Der Sandmann* (1816) und *Das öde Haus* (1817) sowie seines ersten Romans *Die Elixiere des Teufels*. In Brentanos *Geschichte vom braven Kasperl und schönen Annerl* führt er gegenläufig zu den kindlichen Diminutiva des Titels zu einer blutigen Katastrophe, in der die enthusiastisch behauptete und in der Erzählung allgegenwärtige »Ehre« nur durch den Tod aller Familienmitglieder auf unheimliche Weise bestätigt werden kann. Zahlreiche Erzählungen Arnims nehmen im Konflikt von Erhabenheit und ihrer grotesken Verkehrung in die körperlichen und tiefenpsychologischen Niederungen des Unheimlichen und der Angst katastrophische Züge an: *Isabella von Ägypten, Melück Maria Blainville, Seltsames Begegnen und Wiedersehen, Die Majoratsherren*, um nur einige der wichtigeren zu nennen.

Gleiches gilt für zwei weitere sehr bekannte romantische Erzählungen, Fouqués Märchen *Undine* (1811) über den Tod des untreuen Ritters Huldbrand und Adelbert von Chamissos phantastische Novelle *Peter Schlemihls wundersame Geschichte* (1814), die über das Motiv des verlorenen Schattens, einer Dämonisierung der beginnenden Geldmoderne und einer daraus resultierenden Vereinsamung des Helden/Künstlers auf zahlreiche romantische Erzählungen und darüber hinaus Einfluß gehabt hat (Hoffmanns *Die Abenteuer der Sylvesternacht* (1814) aus den *Fantasiestüken*, Hauffs *Das kalte Herz* (1828); Ludwig Bechsteins *Die Manuscripte Peter Schlemihl's* (1851) etc.). Einem pointierten Konflikt von erhabenem Pathos und grotesker, in Gesten und Gebärden zugespitzter Körperlichkeit gewinnen auch die meisten Erzählungen Heinrich von Kleists ihre Dynamik und ihren häufig katastrophischen Schluß ab. Bei Eichendorff trifft dies eigentlich nur für seine Erzählung über die Französische Revolution, *Das Schloß Dürande* (1837), zu. In seinen anderen Erzählungen wird die drohende Katastrophe heilsgeschichtlich entschärft und abgewendet.

Günter Oesterle hat in einer Analyse von Arnims *Majoratsherren* davor gewarnt, das Groteske vom Bösen zu lösen: »Wer das Groteske vom Thema des Bösen trennt, verharmlost es« (Oesterle 1988b, 25). Zustimmend, aber auch korrigierend und ergänzend sei die Warnung hinzugefügt: Wer das Groteske vom Thema des Heiteren ablöst, engt es unzulässig auf *einen* Aspekt ein und verkennt, daß nicht nur die Romantiker zwei Erscheinungsweisen des Grotesken kennen: das Unheimliche und das Heiter-Skurrile, die zudem häufig noch gemischt auftreten. Die weitgehende Ausblendung der heiter-spielerischen Strukturen und den damit verbundenen Akzent auf das dämonische Lachen der romantischen Groteske zeichnete schon Wolfgang Kaysers Versuch über das Groteske aus, der stark auf die moderne Erfahrung der absurden Welt bezogen war (vgl. Kayser 1957, 198f). Das Groteske konvergiert bei Kayser zum Absurden. Groteske *Gestaltung* läßt sich aber nicht durch eine (weltanschauliche) *Haltung* zum Bösen oder zum Absurden charakterisieren, sondern durch ein Zusammenspiel bestimmter *formaler* Kompositionsmerkmale, die Michail Bachtin in seinem Buch *Rabelais und seine Welt* (dt. 1987) weit stärker berücksichtigt als Kayser. Für eine Übertragung der frühneuzeitlichen Groteske auf die Literatur späterer Zeiten hat Bachtin den Begriff der »Karnevalisierung« (Bachtin 1990, 63) der Literatur vorgeschlagen und anhand von Gogol und Dostojewskij überprüft. Tieck und Hoffmann kommen als Kandidaten einer *romantisierten* Groteske in den Blick. Um Arnim muß dieser Kreis immerhin erweitert werden. Für die Übertragung von Beschreibungsmerkmalen frühneuzeitlicher Groteske auf Erzählungen der Romantik müssen historische Korrekturen vorgenommen werden. Bachtin hat im Hinblick auf Dostojewskij von einer Dämpfung und Reduktion des Lachens gesprochen. Das ausgelassene Lachen der frühneuzeitlichen Groteske wird im 18. und 19. Jahrhundert »gedämpft« (ebd., 66) und verändert sich in ein Lachen, das dem Leser oder Betrachter sprichwörtlich im Halse stecken bleibt.

Bereits in der Romantik gerät das groteske Lachen in ein Spannungsfeld aus Heiterkeit und Dämonischem, Skurrilität und Unheimlichem. Neben der Ausblendung einiger Merkmale der von Bachtin beschriebenen frühneuzeitlichen Groteske läßt sich in der Prosa der Romantik eine Formalisierung von Merkmalen beobachten, die sie von der gelebten Volkskultur distanziert. Gleichzeitig muß ein Grad der Zivilisierung hervorgehoben werden, der die drastische und obszöne Thematisierung frühneuzeitlicher Körperlichkeit abmildert. Dieser zivilisatorischen Zensur fallen alle sogenannten skatologischen Motive zum Opfer, das breite Ausmalen des Sexuellen und der Ausscheidungen. Allenfalls einige wenige Texte Arnims neigen zu einer gewissen Drastik auch im Bereich des Sexuellen, etwa wenn in *Isabella von Ägypten* der Alraun – phallisches Substitut des gehenkten Vaters – die junge Heldin sexuell initiiert, indem er ihr mit seinem scharfen Bart »fast die Haut aufriß« und eine »sonderbare Bewegung ihres Blutes« (Arnim III, 647) bewirkte. Zumeist bleibt es jedoch bei obszönen Anspielungen auf die Geschlechtsreife der Heldin, womit die Kupplerin Braka und die Bordellbesitzerin Nietken ihr Geschäft zu machen hoffen.

Was in formalisierter, d.h. immer auch ästhetisierter Weise an grotesken Elementen in den Erzählungen der Romantik überlebt, ist im einzelnen: die Vermischung menschlicher und tierischer Züge in der grotesken Gestalt; die Konfrontation des Menschen mit seinem maschinellen oder marionettenhaften, jedenfalls toten Spiegelbild; der Hang zur Bildhäufung, zu Figurenverwandlung und Figurenverdopplung; damit eng verbunden der Hang zu Maskeraden, Maskenbällen und, vor allem in Hoffmanns *Prinzessin Brambilla*, zum Karneval; hinzu kommt die ganz zentrale Figur der Inversion, die alle normalen, alltäglichen Bezüge phantastisch verkehrt (vgl. Kremer 1995).

Der karnevalistische Akt der Verkleidung und Maskerade trägt das groteske Körperdrama, von dem Bachtin spricht, in der Romantik als Komödie, bisweilen auch als Tragikomödie aufgehobener und verwirrter Identität aus. Seiner ersten literarischen Buchpublikation, den *Fantasiestücken* (1813-15), stellt Hoffmann die Vermischung menschlicher und tierischer Züge als Option auf Jacques Callot und die Ästhetik der Groteske voran:

»Die Ironie, welche, indem sie das Menschliche mit dem Tier in Konflikt setzt, den Menschen mit seinem ärmlichen Tun und Treiben verhöhnt, wohnt nur in einem tiefen Geiste, und so enthüllen Callots *aus Tier und Mensch geschaffne groteske Gestalten* dem ernsten tiefer eindringenden Beschauer, alle die geheimen Andeutungen, die unter dem Schleier der Skurrilität verborgen liegen« (Hoffmann II/1, 18).

Was Hoffmann an Callots Stichen fasziniert, ist die Verkehrung gewohnter Beziehungen, die Art, das Bekannte zu verfremden und das Fremde als das Geläufige zu behandeln, etwas – wie Hoffmann sagt – »fremdartig Bekanntes«, also im rhetorischen Sinne ein Oxymoron zu gestalten.

Sowohl die Figuren- und Dinghäufung als auch die Kreuzung von Mensch und Tier sind explizit anti-klassizistische Effekte. Wenn der Klassizismus auf einer sehr allgemeinen Ebene als ein Bezug auf das Erhabene und eine Abstinenz gegenüber der Groteske zu verstehen ist, dann läßt sich, wie Victor Hugo es in seiner Vorrede zu *Cromwell* andeutet, umgekehrt das Romantische zu einem großen Teil als eine heterogene Komposition aus Groteskem und Erhabenem verstehen. Hoffmanns Interpretation der Stiche Callots beinhaltet einen Selbstkommentar zahlreicher seiner Erzählungen, vor allem der *Prinzessin Brambilla*:

>Schaue ich deine überreichen aus den heterogensten Elementen geschaffenen Kompositionen lange an, so beleben sich die tausend und tausend Figuren, und jede schreitet, oft aus dem tiefsten Hintergrunde, wo es erst schwer hielt, sie nur zu entdecken, kräftig und in den natürlichsten Farben glänzend hervor. – Kein Meister hat so wie Callot gewußt, in einem kleinen Raum eine Fülle von Gegenständen zusammenzudrängen, die *ohne den Blick zu verwirren*, neben einander, ja ineinander heraustreten, so daß das Einzelne, als Einzelnes für sich bestehend, doch dem Ganzen sich anreiht« (Hoffmann II/1, 17).

Hoffmann beschreibt minutiös die Situation des Lesers vor dem Figurenkarussell der *Prinzessin Brambilla*, mit der einen Ausnahme, die bereits Heine bemerkte: Bisweilen wird es dem Leser unmöglich, sich den Blick nicht verwirren zu lassen. Dies ist wichtig festzustellen, denn die unübersichtliche, manieristische Figuren- und Requisitenhäufung setzt sich als eine zentrale Kompositionsfigur der Groteske durch.

Die groteske Kontrastierung und Vermischung tierischer und menschlicher Züge zieht sich quer durch die Erzählungen der Romantik. Nur bei den Autoren, die überhaupt eine Distanz zur grotesken Gestaltung durchhalten, wie Novalis und Eichendorff etwa, spielen sie keine Rolle. Für Eichendorff muß eine Ausnahme gemacht werden: Seine humorvolle Erzählung *Aus dem Leben eines Taugenichts* (1826) parodiert ihre Figuren, indem sie diese zu jeweils charakteristischen Vögeln verkehrt, eine Technik übrigens, die Arnim schon in den *Majoratsherren* mit einem grotesken Effekt eingesetzt hat. Bei Eichendorff entstehen jedoch keine Grotesken, sondern Karikaturen. Den breitesten Raum nimmt die Kontrastierung von Mensch und Tier in der Prosa Hoffmanns ein. Neben den offensichtlichen Tierfiguren (der Hund Berganza, der Affe Milo, Meister Floh und der Kater Murr) stehen jene skurrilen Gestalten, die sich als phantastische Mischwesen zu erkennen geben und dem Menschlichen ebenfalls eine Spur des Tierischen einschreiben: Ritter Gluck, Belcampo/Schönfeld, Klein Zaches etc. Gemeinsames Charakteristikum der grotesken Gestalten ist ihre faszinierende Ungreifbarkeit. Sie verwischen die Grenze zwischen der erhabenen Würde des Menschen und den Niederungen seiner Kreatürlichkeit. Sie untergraben Identität, indem sie zwischen menschlichen und tierhaftphantastischen Ausdrucksformen ständig wechseln. Sie gehören einer Zwischenwelt an, in der sich die Räume verwirren (vgl. Momberger 1986, 108-115). Noch der gänzlich unsymphatische, gnomische Klein Zaches hat teil an Hoffmanns Neigung für diese irritierenden Zwischenwesen. Die kleine Zecke, die »knurrte und murrte beinahe wie ein Kater« (Hoffmann III, 599), ist die Personifikation der grotesken Inversion, der vollendete Parasit, der selbst über keine Identität verfügt, wie ein Chamäleon aber unwillkürlich die Identitäten seiner Umwelt annimmt oder wie im alchemistischen Experiment die Farbe und Gestalt der Dinge verändert, dabei nur »Zinnober« redet, der allen Anwesenden sogleich als größter Tiefsinn erscheint. Auch zwischen dem Kater Murr und dem Kapellmeister Kreisler hat Hoffmann eine Beziehung der chiastischen Verkehrung installiert, die bewirkt, daß der künstlerische Enthusiasmus Kreislers mit dem burschenschaftlichen Geniebewußtsein des Katers kollidiert (vgl. Scott 1827, zit. b. Kayser 1957, 82; Kofman 1985).

Die groteske Tradition der Konfrontation von Mensch und Tier führt Edgar Allan Poe um die Mitte des 19. Jahrhunderts in den *Tales of the Grotesque and Arabesque* fort. Die beiden Erzählungen *The Murders in the Rue Morgue* (1841) und *The Black Cat* (1843) zeigen allerdings, daß der Einbruch des Rätselhaften und des Grauens nicht in der Schwebe bleibt, wie bei Hoffmann, sondern daß er zur detektivisch-kriminalistischen Analyse provoziert. Er wird zum Ausgangspunkt für die Spuren-Suche und Aufklärung des Rätselhaften.

Eine dem Tiermotiv ähnliche inverse Funktion übernimmt die häufige Kontrastierung des Menschen mit Bildern des Anorganischen: Versteinerungen, Maschinen oder Marionetten. Die Konfrontation des Menschen mit der Dingwelt, die den lebendigen Leib in eine groteske Relation zum Tod einbindet, verfügt in der Ästhetik der Groteske über eine lange und breit gefächerte Tradition. Das Motiv der Versteinerung steht in der Romantik in einem engen Zusammenhang mit dem Bildbereich des Unterirdischen und des Bergwerks, der es zu einer metaphorischen Anspielung auf die psychischen Innenwelten befähigt. Von hier aus drängt sich der romantische Befund einer inneren Versteinerung auf, der am sinnfälligsten im Bild des »kalten Herzens« wird und durchgängig mit den Verlockungen des Geldes und des Materiellen zusammenhängt. In Tiecks Märchen *Der Runenberg* (1802) steht das erhabene Liebesereignis des Helden Christian auf den Höhen des Runenberges in Kontrast zu den Niederungen seiner Vorliebe für das »kalte Metall«: »Allgütiger Gott! rief der Vater aus, ist der fürchterliche Hunger in ihn schon so fest hinein gewachsen, daß es dahin hat kommen können? So ist sein verzaubertes Herz nicht menschlich mehr, sondern von kaltem Metall« (Tieck VI, 201)). Der »verwüstende Hunger nach dem Metall« (ebd., 202) läßt alles Lebendige aus ihm abfließen und degradiert ihn zu einer toten »Maschine« (ebd., 203).

Daß die romantischen Imaginationen des kalten Herzens und der inneren Versteinerung ihren sozialgeschichtlichen Bezugspunkt in der frühen kapitalistischen Gesellschaft haben, in der alle Gebrauchswerte zu Tauschwerten abstrahiert und alle lebendigen Beziehungen in »tote« Geldbeziehungen verwandelt werden, liegt auf der Hand (vgl. Frank 1989b, 79). Die groteske Inversion der lebendigen Menschenseele zu einer toten »Geldseele« (Frank 1978) reicht von Tiecks *Runenberg* über Arnims geldgierigen Alraun in *Isabella von Ägypten*, das nämliche Galgenmännlein in Fouqués *Geschichte vom Galgenmännlein*, das für »unermeßlich vieles Geld« eben die »Seele seines Besitzers für seinen Herrn Luzifer« (Fouqué 1981, 11) einfordert, über Hoffmanns *Die Bergwerke zu Falun*, *Das steinerne Herz* und bis hin zu Tiecks *Der Alte vom Berge* und Hauffs Märchen *Das kalte Herz* (1827), in dem der arme Kohlen-Peter nicht mehr arm sein, sondern endlich »Geld [haben will] wie Heu« (Hauff II, 234). Dafür muß er bei einem gewissen »Holländer-Michel« sein lebendiges Herz gegen ein steinernes Herz eintauschen, und nur der Intervention eines guten Geistes und einem »Kreuzlein aus reinem Glas« (ebd., 323) kann er es verdanken, daß er dem »Grauen« (ebd., 241) des Geizes, der Geldgier und der Gefühllosigkeit am Ende wieder in seine bescheidene Köhler-Existenz entkommen kann.

Die Verteufelung moderner kapitalwirtschaftlicher Beziehungen wird in der Romantik bisweilen zum Einfallstor für offenen oder versteckten Antijudaismus, insofern die Juden traditionell auf die Rolle des Händlers und Geldwechslers festgelegt waren. Der hartherzige, geldgierige Jude wird dann zum Schreckbild einer ›kalten‹, versachlichten Welt, in der alle menschlichen Beziehungen verschwinden, wenn ihm nicht, wie in Hauffs Märchen ein christliches Kreuz entgegengehalten wird. Beiläufig taucht das Zerrbild des geizigen, häßlichen Juden bei fast allen Romantikern auf. Arnim hat sich mit einigen Beiträgen zur »Deutschen Tischgesellschaft« in Berlin besonders hervorgetan. In seinen Erzählungen nimmt das antijudaistische Moment nur eine Randstellung ein. Eine Ausnahme bildet hier eine der exemplarischen Texte grotesker Gestaltung in der Romantik, *Die Majoratsherren*. Im Zentrum dieser Erzählung steht »ein grimmig Judenweib, mit einer Nase wie ein Adler, mit Augen wie Karfunkel, einer Haut wie geräucherte Gänsebrust, einem Bauche wie ein Bürgermeister« (Arnim IV, 122). Diese Frau mit Namen Vasthi erscheint als Drahtzieherin von ausgesprochen blutrünstigen jüdischen Ritualen, als Todes- und Würgeengel, dem die eigene Tochter zum Opfer fällt. Günther Oesterle hat in seinem Beitrag

»Illegitime Kreuzungen« versucht, den antijudaistischen Aspekt in Arnims Erzählung dadurch zu relativieren, daß Arnim andererseits derjenige unter den Romantikern sei, der die hebräische Mythologie sorgfältig und durchaus positiv rezipiert hat (vgl. Oesterle 1988b). Diese Einschätzung läßt sich anhand etlicher anderer Erzählungen Arnims überprüfen, die eine relativ genaue Kenntnis der sogenannten christlichen Kabbala zeigen, also der christlichen Rezeption der jüdischen Kabbala seit der Renaissance (vgl. Kapitel V). Allerdings bleibt die irritierende Ambivalenz von positiver Kabbala-Rezeption und Antijudaismus in Arnims *Majoratsherren* bestehen. Alle grotesken Motive (Kreuzung von Mensch und Tier, Degradation, Maskerade etc.) laufen in der Verkehrung von Leben und Tod im jüdischen »Totenopfer« (Arnim IV, 131) zusammen, in dem die »Schönheit« in Gestalt der Tochter Esther dargebracht wird, das aber auf gesellschaftlich ökonomischer Ebene triumphiert. Mit einem kritischen Seitenblick auf eine Liberalisierung des Judengesetzes läßt Arnim am Ende seine häßliche Jüdin reüssieren. Sie hat das »ausgestorbene Majoratshaus durch Gunst der neuen Regierung zur Anlegung einer Salmiakfabrik« (ebd., 146f) gekauft: »und es trat der Credit an die Stelle des Lehnrechts« (ebd., 147).

An der romantischen Kontrastierung des lebendigen Menschen mit dem Toten arbeiten auch die beiden anderen rekurrenten Motive der Maschine und der Marionette. In der berühmtesten romantischen Erzählung über einen Automaten-Menschen, in Hoffmanns *Sandmann*, dient die Puppe namens Olimpia ähnlich wie die Motive der Versteinerung dazu, die Beziehung von Leben und Tod grotesk zu verkehren. Ein begehrlicher Blick des jungen Dichters Nathanael in sein narzißtisch verschobenes Spiegelbild verkehrt die Verhältnisse. Seine höchst lebendige Verlobte Clara erscheint ihm als »lebloses, verdammtes Automat« (Hoffmann III, 32) und die Puppe im Gegenzug als »Strahl aus dem verheißenen Jenseits der Liebe« (ebd., 40; vgl. Kayser 1957, 77f, Kremer 1993, 143ff). Das erhabene poetische Pathos Nathanaels verhallt in den Niederungen seiner eigenen Psyche, und das »Fantom [seines] eigenen Ichs« (Hoffmann III, 23), der Automat Olimpia, bindet ihn bis hin zum Wahnsinn in die Zirkel seiner eigenen Wahrnehmung, aus der nur noch der Tod hinausführt. Exemplarisch läßt Hoffmann seinen ver-rückten Helden am Ende in den »Abgrund« stürzen und berücksichtigt damit ein strukturelles Merkmal romantischer Groteske: das Öffnen eines Abgrundes, in dem sich die Orientierungen des Alltags verwirren. Wie sich im Grotesken die Dinge des Alltags vermischen, erscheint auch dieser Abgrund als phantastischer Ort der Auflösung und Metamorphose. Er verweist auf denjenigen nächtlichen Abgrund, in den sich das Bewußtsein im Schlaf verliert: den Traum. Traumkonfigurationen erscheinen bei Hoffmann immer wieder als Quintessenz des Grotesken.

Sigmund Freud hat anhand dieser Erzählung das angstbesetzte Erlebnis des Unheimlichen als Verkehrung des ehemals Heimlichen beschrieben (vgl. Freud 1947, 231). Zwischen beiden steht der Mechanismus der Verdrängung, der in der Prosa der Romantik bereits reflektiert wird. Viele der grotesken Inversionen von heimlich und unheimlich, Leben und Tod in romantischen Erzählungen basieren auf einer sehr feinfühligen Einsicht in die neurogenen, identitätauflösenden Konsequenzen der Verdrängung psychischer Beschädigungen. Die offensichtlich erotische Komponente der grotesken Überantwortung des lebendigen Leibes an den Tod kommuniziert von Tiecks *Runenberg* bis hin zu Hoffmanns Erzählungen *Der Sandmann, Das öde Haus, Die Bergwerke zu Falun* usw. und ganz offensichtlich auch in Eichendorffs *Das Marmorbild* mit der antiken Tradition der verführerischen, kalten, weil steinernen Frau Venus (oder Medusa) (vgl. Kapitel VII). Hoffmanns Imagination des Automaten-Menschen, auf die er noch einmal in seiner schwächeren Erzählung *Die Automate* zurückgreift, muß im Zusammenhang mit alchemistisch-esoterischen Vorlieben (vgl. Kapitel V) und einer zeitgenössischen Diskussion um die Möglichkeit von künstlichen Menschen gesehen werden. Wie das Motiv des steinernen Geld-Herzens bringt auch das Maschinen-Motiv einen sozialpsychologischen Befund von Instrumentalisierung, Entfremdung und Identitätsspaltung zum Ausdruck. Ebenso gilt dies für das Motiv der Marionette, die die tänzerische Beweglichkeit des menschlichen Körpers an eine tote Gliederpuppe überantwortet. Sie gehört zum zentralen Repertoire grotesker Komposition, da sie das Leben als Tod und umgekehrt den Tod als künstliches Leben einsichtig macht.

Hoffmanns literarischer Karneval um die Prinzessin Brambilla handelt von solchen künstlichen Papp- und Gliederfiguren, die nicht sterben können, weil sie längst tot sind, aber auf der Ebene literarischer Imagination zu äußerster Lebendigkeit gelangen. Mit der Zergliederung, Zerstörung und Wiederauferstehung seiner marionettenhaften Kunstfiguren zitiert Hoffmann die Exzentrizität und »Zerstückelung« (Bachtin 1987, 234) des grotesken Leibes in der Frühen Neuzeit. Hier wie dort lassen sich die abgetrennten Körperteile leicht wieder zusammenfügen, ohne daß ein Schaden zurückbliebe. Gegenüber dieser Tradition der Groteske hat die Exzentrizität der *Prinzessin Brambilla* allerdings nichts mit »hervorquellenden Augen«, »aufgerissenem Mund« und abgetrennten Leibesgliedern zu tun. Wenn in Hoffmanns Capriccio irgendetwas aus einer Figur hervorquillt, dann höchstens ein fleisch- und blutloses Bündel verschiedener Rollen, die sich sofort selbständig machen. Die »Grenzen des Leibes« (Bachtin 1990, 16) werden fortwährend überschritten, aber dabei entstehen keine Wunden, weder tatsächliche noch imaginäre, sondern Fragmente von Marionettenfiguren, die als schattenhafte Bewegungen leichtfüßig durch den Text geistern und sich in ihm verlieren. Hoffmanns karnevaleskes Figurenkarussell organisiert sich hier und in anderen Erzählungen nach dem Modell eines zügellosen Tanzes. Sein Prinzip ist Verwirrung und Verweigerung von Identität. Das ästhetische Credo der tanzenden Gliederpuppe lautet: »Nichts ist langweiliger, als festgewurzelt in den Boden jedem Blick, jedem Wort Rede stehen zu müssen!« (Hoffmann III, 870)

Hoffmanns tanzende Prinzessin zitiert Kleists fechtenden Bären und das Bild der Marionette aus dem Essay *Über das Marionettentheater*, den Hoffmann kannte (vgl. Hoffmann 1967 II, 81; Strohschneider-Kohrs 1960, 408). Über die zentralen Beispiele des Gliedermanns und des Zweikampfs mit dem Bären kommuniziert Kleists Essay auch mit der Tradition der Groteske. Paul de Man hat den Bären als Über-Leser und gleichzeitig allegorischen Selbstkommentar des Textes gelesen, der »seine Kommentatoren zu einer immer schon besiegten Schar harmloser Würstchen« (de Man 1988, 225) degradiert. Der mit solcherlei Vorbehalt ausgerüstete Text, der – wie Kleist selbst einräumt – mit »Paradoxen« (Kleist II, 339) arbeitet, schafft sich die vorteilhafte Ausgangsposition, auf jede Lektüreaussage mit einer Drehung und einem »Ja, aber ...« zu antworten, jedem Verständnissatz einen nicht gesagten Gegensatz vorrechnen zu können.

Wie im Wettkampf zwischen Hase und Igel multipliziert sich der Text und ist im »hermeneutischen Ballett« (de Man 1988, 224) dem Leser immer einen entscheidenden Schritt voraus. Kleists Vorliebe für erhabene Gewalten läßt dieses Ballett zu einem großen Teil als offenen Kampf erscheinen, der mit dem Tod droht. Vom heiteren Tanz der *Prinzessin Brambilla* geht keine tödliche Bedrohung aus. Zwar führt sie auch den Fechtkampf vor, den der eitle Held mit seinem Doppelgänger führt, er bleibt aber blutloser Karnevalskrieg und als solcher zu sehr auf ein ironisches Augenzwinkern mit seiner eigenen Künstlichkeit bezogen, als daß er eine agonale Schwerkraft entwickeln könnte. Daß Karneval und Maskenbälle auch in anderen romantischen Erzählungen katastrophische Züge annehmen können, zeigt etwa Tiecks Märchen *Liebeszauber* (1811), der mit den »Freuden des Karnevals« (Tieck VI, 211) beginnt, dann aber von »scheußlichen Larven« und »höllischen Dämonen« (ebd., 240) bevölkert und von der rituellen Schlachtung eines Kindes erschüttert wird, bevor er sein blutiges Ende in Mord und Totschlag findet. Auch Arnims *Majoratsherren* handelt, wie gesagt, von einem rituellen Totenopfer, das sich aus einer grausigen Maskerade und »grotesken Verkleidungen« (Arnim IV, 134) entwickelt (vgl. Poe II, 693). Durchweg negativ besetzt sind Maskenbälle und Karneval bei Eichendorff, der seine männlichen Helden zwar den Verwirrungen der Maskeraden aussetzt, nicht aber, um es zu einer Katastrophe kommen zu lassen, sondern um zu zeigen, daß hier »Charaktermasken« anzutreffen sind, jedoch kein »Charakter« (Eichendorff II, 108), und daß hinter jeder Maske letztlich Tod und Teufel lauern. Eichendorffs »Marionetten« sind immer nur »Karikaturen« (ebd., 60) und philiströse Gegenbilder seiner romantischen Helden. Seine Maskenbälle verweisen allegorisch auf eine entfremdete Welt, die sich von Gott entfernt hat. An der grotesken Komik der Maskerade ist Eichendorff nicht interessiert. Entsprechend zeichnen sich seine Texte durch eine weitgehende Abstinenz gegenüber grotesker Darstellung aus. Ganz anders Hoffmanns *Prinzessin Brambilla.* Nach dem Kleistschen Vorbild macht Hoffmanns Text sich die Schwebe von Simulation und Faktischem zu eigen und verführt den Leser zu einem Scheinkampf, den er, der Leser, niemals gewinnen kann, weil er fortwährend zu spät kommt. Hoffmanns literarischer Karneval endet mit einem grotesken Blick der Helden in einen Spiegel, in dem sie sich »in verkehrter Abspiegelung« (Hoffmann III, 824) sehen, was die Ver-Rückungen geraderückt und die Höhen des Erhabenen und die komischen Niederungen selbstironisch ausbalanciert. Die oben beschriebene Scheu gegenüber einem Abschluß und die Neigung zur zyklischen Struktur berühren sich in Hoffmanns *Prinzessin Brambilla* mit dem Karneval, der »jedem endgültigen Ende Feind ist« (Bachtin 1990, 68).

Hoffmann berücksichtigt die grotesk-karnevaleske Inversion von Ende und Neuanfang und bietet die Feier der ironischen Selbsterkenntnis als jährlich wiederkehrenden Zyklus an. Als ein literarischer Karneval kann die *Prinzessin Brambilla* nicht nur auf der Oberfläche des Motivischen und der imaginierten Welt gelten, sie kann es auch in dem tieferen Sinn, daß sie selbst sich einem möglichen Leser als jährlich wiederkehrender Karneval anbietet, in dem die normale Alltagswelt eine phantastische, d.h. exzentrische Gestalt annimmt und darin erträglich wird. In einer ständigen Verwirrung und Maskerade von Figuren, einer Kontrastierung von Alltäglichkeit und Phantastik und einem durchgängigen Stil-Wechsel von Erhabenheit und Groteske bzw. Ironie etabliert sich Hoffmanns Text als Zeichenbewegung, die den Sinn in sich selbst zurücklaufen läßt. Die zentrale groteske Figur der Verkehrung, die in der *Prinzessin Bram-*

billa in den unterschiedlichsten Formen erscheint, findet ihren wichtigsten literarischen Bezugspunkt bei Hoffmann in der weitgehenden Inversion des Sinns. Auf einer allgemeinen stilistischen Ebene bezeichnet die groteske Inversion ein »Erzählprinzip [...], das Hoffmanns Werk von Beginn an durchzieht« und in *Prinzessin Brambilla* und *Kater Murr* kulminiert: »der abrupte Wechsel der Schreibweisen, der (mit einem Begriff der Schulrhetorik) ›Töne‹« (Steinecke 1992, 960).

III. Theorie und Praxis der Imagination

1. Imagination und Mimesis

Die Behauptung ästhetischer Autonomie stützt sich neben dem Universalitätsanspruch romantischer Poesie wesentlich auch auf eine Theorie und literarische Praxis der Imagination, die den mimetischen Abbildkonzepten des 18. Jahrhunderts diametral gegenüber steht (vgl. Frank 1989a). Die Oppositionsformel ›Mimesis vs. Imagination‹ darf nicht darüber hinwegtäuschen, daß beide ästhetischen Prinzipien vielfach miteinander verknüpft sind. Sie bezeichnen relative Grenzwerte künstlerischer Ausdrucksmöglichkeiten. Selbst der schlichteste Naturalismus in der Kunst kommt nicht ohne ein Mindestmaß an Phantasie und perspektivischer Gestaltung aus, ebenso wie jede noch so willkürliche Imaginationsleistung an einen mimetischen Grundzug gebunden bleibt. Hinzu kommt, daß ›Mimesis‹ oder auch ›Imitatio‹ in ihren historischen Ausprägungen niemals als reine Abbildung verstanden wurden, sondern immer schon auf ein bestimmtes Regulativ der Nachahmung bezogen waren. Das gilt für die Poetik des Aristoteles ebenso wie für die christliche Tradition im Mittelalter und die poetischen bzw. dann ästhetischen Reflexionen der Neuzeit, einschließlich ihrer transzendentalphilosophischen Varianten. Der historische Wandel der Regeln der Nachahmung ergibt sich über die Veränderung des zugrundeliegenden Wirklichkeits- bzw. Naturbegriffs, dessen also, was Gegenstand der Nachahmung ist oder sein soll (vgl. Blumenberg 1969, 11ff).

Das 18. Jahrhundert stellt hierzu mit seiner kaum überbietbaren Konjunktur ästhetischer Theorien, die sowohl die Ästhetik als philosophische Disziplin als auch eine praktische Kunstkritik etablierte, das vielleicht interessanteste Beispiel. Die Entwicklung des Nachahmungsbegriffs ist in zahlreichen Einzelanalysen und auch in Gesamtdarstellungen sehr genau untersucht (vgl. Grimminger 1980; Zelle 1995). Um eine historische und systematische Folie des romantischen Imaginationskonzeptes zu erstellen, kann man sich deshalb darauf beschränken, einige wichtige Stationen ergebnisartig festzuhalten.

Entsprechend ihres ontologisch abgesicherten Begriffs der ›vernünftigen Moralität‹ bedeutet ›imitatio naturae‹ in der Wolff-Schule nicht naive Widerspiegelung sinnlich faßbarer Wirklichkeit, sondern

»Verwandlung der Natur zur Moralität der Kunst« (Grimminger 1986, 116f; vgl. Frank 1989a, 41ff). Gottscheds *Critische Dichtkunst* von 1730 versteht Nachahmung der Natur als Nachahmung des Wahrscheinlichen und des Möglichen, dessen Konturen durch den Ordnungsbegriff vernünftiger Moralität vorgegeben sind. Insofern weichen auch Bodmer und Breitinger nicht von den theoretischen Grundlinien Leibniz' oder Wolffs ab, auch sie verstehen poetische Nachahmung als Entwurf möglicher Welten, der den Gesetzen des Wahrscheinlichen verpflichtet bleibt. Nur verschieben sie den Möglichkeitsbegriff Gottscheds in der Weise, daß Poesie nicht länger nur als sinnliches Vehikel zur Demonstration der Vernunft und des Sittengesetzes dient.

Die sensualistisch inspirierten Wirkungsästhetiken des mittleren 18. Jahrhunderts, die sich auf den Abbé Dubos oder Shaftesbury als Vorläufer berufen können, beziehen ihren Nachahmungsbegriff auf einen erweiterten Begriff der Natur, der sinnliche Erfahrungsdaten und individuelle Gefühlsnuancen einschließt. Sie bereiten ein vitalistisches Konzept der Natur vor, das es seit den 1770er Jahren ermöglicht, die Figur des poietischen Genies ins Zentrum der Ästhetik zu rücken. Mit dem poietischen Genie, das sich nur an das autonome Gesetz der Subjektivität gebunden fühlt und künstliche Welten aus dem eigenen Innenleben herausbildet, kommt ein traditioneller Nachahmungsbegriff an seine Grenzen. Das Kraftgenie des Sturm und Drang bleibt zwar einem intersubjektiven Vitalismus verpflichtet, macht aber eine Zweideutigkeit offenbar, die dem Begriff der ›imitatio naturae‹ anhängt. Zwischen der ›natura naturata‹ und der ›natura naturans‹ entscheidet es sich eindeutig für letztere und versteht Kunst als Darstellung/Entäußerung und als Wirkungszusammenhang von Subjektivität (vgl. Blumenberg 1969, 185).

Gegen Ende des 18. Jahrhunderts lassen sich im wesentlichen zwei theoretische Strategien unterscheiden, mit der Figur des poietischen Genies umzugehen: Rückbindung der Subjektivität an ein allgemein verbindliches objektives System, das nicht mehr in erster Linie ontologisch, sondern historisch ist, oder Radikalisierung des subjektiven Autonomieanspruchs. Den ersten Weg beschreiten – nach Kant – Hegel und Schelling, die je auf unterschiedliche Weise Kunst an einen objektiven Ideengehalt zurückbinden, den sie jedoch nicht mehr als etwas außer ihr Liegendes durch Nachahmung wiedergeben, sondern der sich in ihr exklusiv vergegenständlicht (vgl. Henrich 1969, 130). Fichte hingegen pointiert die transzendentale Subjektivität auf die hauchdünne Spitze eines produzierenden Ichs, das sich in völliger Freiheit verobjektiviert und damit den Bereich des Nicht-Ich realisiert. Zwar kommt die romantische Poesie, die sich mehr oder weniger explizit auf Fichte bezieht, nicht ohne einen im weitesten Sinne mimetischen Zug aus, mit dem traditionellen Begriff der Naturnachahmung hat sie jedoch nichts mehr gemein. Sie sucht keinen »Bezug zu einer vorgegebenen Wirklichkeit«, sondern sie arbeitet an der »Erzeugung einer *eigenen* Wirklichkeit« (Blumenberg 1969, 10), der autonomen, imaginären Realität der Kunst. Sie läßt sich auch nicht als eine »Nachahmung der schöpferischen Natur im Künstler« (Heselhaus 1969, 185) begreifen. Die poetische ›natura naturans‹ ist im romantischen Verständnis Voraussetzung der Imagination, Gegenstand ist sie nur in dem Sinne, daß sie in die autonome Bildsprache der Kunst transformiert wird. Schlegel nennt diesen weißen Fleck poetischer Produktivität »Witz«, Novalis verbirgt ihn des öfteren in der Metapher vom Zauberer oder Magier.

Selbstverständlich stellt sich im Akt romantischer Imagination auch ein Wirklichkeitsbezug her, er macht aber keineswegs ihre Eigenart aus. Wichtiger als Referenz wird die Realisierung eines selbstreferentiellen Zeichensystems, dessen Sinn erst über das Zusammenspiel der einzelnen semiotischen Elemente zu ermitteln ist, bevor er insgesamt wieder auf Welt bezogen werden kann. Romantische Poesie neigt zur Verrätselung und Hermetik, sie muß deshalb die Möglichkeit der Entschlüsselung berücksichtigen, sie muß die Position des hermeneutisch geschulten Lesers mitdenken. Wenn nicht mehr ein bestimmtes Nachahmungsverhältnis zu einer gegebenen Wirklichkeit Maßstab der Lektüre ist, dann muß dieser noch auszubildende Leser vor allem über ausreichend imaginative Fähigkeiten verfügen, um die Phantastik des romantischen Textes handhaben zu können. Bereits Novalis weiß, daß der »wahre Leser« als »erweiterter Autor« zu verstehen ist, nicht jedoch als Reproduktion des Autors, sondern als jemand, der sich der »freyen Operation« (Novalis II, 399) des Lesens gewachsen zeigt. Ästhetische Autonomie muß auf die Rolle des Lesers ausgedehnt werden: »Wie ich und was ich lesen soll, kann mir keiner vorschreiben.« Und weiter: der Leser »macht eigentlich aus einem Buche, was er will« (ebd.).

Den frühromantischen Einsichten in die Technik des Lesens zeigen sich die späteren romantischen Erzählungen zumeist gewachsen. In der Prosa Hoffmanns und Arnims ist die Position des Lesers immer mitreflektiert. Um die Spannung zwischen »freyem Autor« und »freyem Leser« jedoch nicht bis zur Beliebigkeit auseinanderbrechen zu lassen, treffen die romantischen Texte Vorkehrungen, um die Lektüre auf bestimmte Bahnen zu lenken. Dieses Interesse läßt sich weniger den typischen Leseransprachen, dem ironischen Spiel mit einem möglichen Leser, ablesen, als der Integration des Lesers und des Lesens in den fiktiven Raum des literarischen Textes. Angesichts der Lektüre des Helden von Eichendorffs *Ahnung und Gegenwart*, die von einer wechselseitigen Durchdringung von Kunst und Natur geprägt ist, führt der »freye Autor« aus, wie er sich seine Leser vorstellt:

> »Und das sind die rechten Leser, die mit und über dem Buche dichten. Denn kein Dichter gibt einen fertigen Himmel; er stellt nur die Himmelsleiter auf von der schönen Erde. Wer, zu träge und unlustig, nicht den Mut verspürt, die goldenen, losen Sprossen zu besteigen, dem bleibt der geheimnisvolle Buchstab ewig tot, und er täte besser, zu graben oder zu pflügen, als so mit unnützem Lesen müßig zu gehen« (Eichendorff II, 94).

Der moralische, vom Christentum geprägte Vorbehalt gegenüber müßiger Lektüre findet sich auch bei Tieck, allerdings wird er hier anders bewertet. Er zeigt sich stärker an den imaginativen und erotischen Aspekten des Schreibens und Lesens interessiert. Schreiben und Lesen bezeichnen die beiden grundlegenden Akte der poetischen Phantasie. Die chiffrierte Transformation einer inneren Vision des schreibenden Autor-Ichs in die festgefügte Ordnung der Schrift bedarf der ständigen Rückübersetzung durch ein Leser-Ich. Die Imagination des Autors rechnet mit derjenigen des Lesers. Beide Leistungen, das Schreiben wie das Lesen poetischer Texte, beruhen auf höchst komplizierten psychischen Operationen, die wechselseitig aufeinander bezogen bleiben und den Tatbestand der Halluzination erfüllen. Die *Phantasus*-Märchen Tiecks haben diesen magischen, halluzinatorischen Akt der Lektüre fast alle zum Gegenstand. *Der blonde Eckbert* beginnt damit, daß die weibliche Hauptfigur Bertha lesen lernt. Ihre »Phantasien«, die vom Vater als »Müßiggang« disqualifiziert wurden, bekommen eine deutliche Richtung. »Wunderbare Geschichten« aus »alten geschriebenen Büchern« (Tieck VI, 134) öffnen die enge alltägliche Kinderwelt in verlockende Phantasiewelten, in denen es zumeist um Liebe geht: »Ich hatte auch von Liebe etwas gelesen, und spielte nun in meiner Phantasie seltsame Geschichten mit mir selber« (ebd., 135). Erst jetzt kann ihre märchenhafte Wanderung beginnen, die kein anderes Ziel hat als »den schönsten Ritter von der Welt« (ebd.), der im blonden Eckbert Gestalt annehmen wird. Ähnlich führt Arnim die erotische Initiation seiner Isabella von Ägypten auf ihre obsessive Lektüre in den vom Vater ererbten Schriften zurück. Auch sie verspürt den dringenden Wunsch, sich in ein Gebilde der Phantasie zu verwandeln. Sie möchte, als Synonym für eine phantastische Existenz, ein »Gespenst« werden: »Ich bin heute bei meines Vaters Büchern gewesen und habe da so schöne Geschichten gefunden, daß ich gern ein Gespenst werden möchte« (Arnim III, 629).

Arnim und Tieck haben ihre Figuren nicht nur den entscheidenden Brennpunkt literarischer Phantasie entdecken lassen, sie haben sich in diesem Satz gleichsam selbst porträtiert: der – ebenso wie seine Helden – einsame Autor, der sich in Phantasien über die Liebe entwirft, der Autor, der phantastische Geschichten mit sich spielt, sich zum Phantasma verflüchtigt und dabei seine poetischen Figuren im wahrsten Sinne des Wortes zum Leben erweckt. In dem Fall, daß der Autor zum Gespenst wird und seine Phantome reale Existenz erlangen, in diesem Fall hat sich romantische Imagination selbst übertroffen, und Novalis zum Beispiel scheut sich nicht, von der größten Zauberei zu sprechen: »Der *größeste Zauberer* würde der seyn, der sich zugleich so bezaubern könnte, daß ihm seine Zaubereyen, wie fremde, selbstmächtige Erscheinungen vorkämen – Könnte das nicht mit uns der Fall seyn« (Novalis II, 401). Die »selbstmächtigen Erscheinungen« romantischer Phantasie laufen letztlich in der Perspektive des einsamen Autors, des großen Zauberers, zusammen oder – was von einer anderen Seite her das gleiche meint – im Blick des Lesers, von dem eine kaum geringere Zauberei verlangt wird.

Aus der Perspektive romantischer Imagination kann man sich über eine Poetik der Naturnachahmung jedenfalls nur wundern. Und Unverständnis zeigt man für die Poeten, die sich dem Prinzip der Nachahmung verpflichtet fühlen, jene »Naturjäger«, die »auf Sonnen-Auf- und Untergänge von hohen Bergen, auf Wasserfälle und Naturphänomene wahrhaft Jagd machen« (Tieck VI, 111). Selbstverständlich hält Tieck es ebenfalls mit demjenigen Dichter, »welcher nicht nachahmt, sondern zum erstenmal ein Ding vorträgt, welches unsre Imagination ergreift« (ebd., 147). Sein Maler Sternbald stimmt dem zu: »Denn was soll ich mit allen Zweigen und Blättern? mit dieser genauen Kopie der Gräser und Blumen? Nicht diese Pflanzen, nicht die Berge will ich abschreiben, sondern mein Gemüt, meine Stimmung, die mich gerade in diesem Momente regiert« (Tieck, Sternbald, 258).

2. Natur als künstlicher Raum

Oberflächlich gesehen widerspricht dem romantischen Verzicht auf Naturnachahmung die Häufigkeit von Naturszenen in der Prosa der Romantik. Bei genauerem Hinsehen fällt allerdings auf, wie sehr die Naturszenerien auf Stereotypen basieren, auf allegorische Bedeutungen hin ausgelegt sind und wie ausgeprägt der Naturraum als Effekt einer Imaginationsleistung ausgewiesen ist. In Tiecks *Runenberg* reduziert sich die Topographie im wesentlichen auf einen Kontrast von Gebirge und Ebene, der in seiner Zuspitzung einen allegorischen Kern preisgibt: den Konflikt eines erhabenen Liebes- und Kunstgenusses auf den Höhen des Runenberges und der langweiligen Ehe- und Familienalltäglichkeit in der Ebene. Der Vater warnt seinen von den exotischen Lüsten des Runenbergs infizierten Sohn Christian: »laß uns gehen, daß wir die Schatten des Gebirges bald aus den Augen verlieren, mir ist immer noch weh ums Herz von den steilen wilden Gestalten, von dem gräßlichen Geklüft, von den schluchzenden Wasserbächen; laß uns das gute, fromme, ebene Land besuchen« (Tieck VI, 198). Auch ohne den Hinweis des Vaters wäre der Raum des *Runenberges* in seiner Stereotypie und Künstlichkeit durchsichtig gewesen, die nicht Abbildung oder Nachahmung von Wirklichkeit anstreben, sondern die Überschaubarkeit eines Spielfeldes. Marianne Thalmann konnte Tiecks Märchen deshalb »Musterbeispiele eines Zeichenprozesses« (Thalmann 1967, 24) nennen. Horst Meixner spricht in gleichem Sinne von einer »metaphysischen Zeichenhaftigkeit« (Meixner 1971, 75) der Natur in Arnims Prosa. In Tiecks Märchen haben alle Orte eine allegorische Funktion, die sich aus dem Zusammenspiel mit anderen Räumen ergibt. Zwischen ihnen vollzieht sich die Erzählbewegung in der für Märchen typischen Kreisform.

Die allegorische »Routine-Chiffrierung« (Thalmann 1967, 49) des Handlungsraumes bewirkt eine Reduktion der Topographie. Sie hinterläßt eine Handvoll ›bedeutsamer‹ Kunst-Orte in einer »Traumlandschaft« (vgl. Garmann 1989), die mit einem semiotischen Funktionswert ausgestattet werden. Sie stehen in keiner realistischen, besser: mimetischen Referenz zur Außenwelt, sondern sie inszenieren eine ästhetische Konfiguration, die den autonomen Gesetzen der Phantasie untersteht und nur als Ganze wieder auf Welt beziehbar ist. Was für Tiecks Märchen einfach einzusehen ist, muß auch für andere romantische Prosaformen, in denen dies weniger einfach einzusehen ist, in Rechnung gestellt werden. Auch sie entfalten ihre Geschichten als Spiele der Phantasie mit sich selbst und der Sprache, und sie tun es auf ebenso überschaubaren Spielplänen.

Nicht nur Christians Wanderung in den Runenberg geht durch eine künstliche Welt, auch Heinrich von Ofterdingens Reise führt durch einen Kunstraum, in dem die Höhle des Einsiedlers keine realistische Höhle meint, sondern ein elementares Unterreich, das sowohl die psychischen Geheimnisse des Helden Heinrich als auch geschichtsphilosophisch-chiliastische Geheimnisse birgt und beide aufeinander bezieht. Bei der Unterscheidung von elementaren Bereichen in der Natur – Unterirdisches, Erde, Wasser und Luft – handelt es sich um eine holzschnittartige Topik, die besonders markant in der Märchenform ausgeprägt ist. Sie strukturiert aber auch die Natur- bzw. Landschaftsszenerie derjenigen romantischen Romane und Erzählungen, die offensichtlich keine Märchen im engeren genrespezifischen Sinne sind. Auch Franz Sternbalds, des Mönchs Medardus oder des jungen Grafen Friedrichs Reise in Eichendorffs *Ahnung und Gegenwart*, die immerhin noch den Schein einer realistischen Topographie erwecken, vollziehen sich in einer allegorisch zugerichteten Welt, in der jedes Requisit und jeder Ort einen bestimmbaren Zeichenwert haben. Friedrich, seine musizierenden und dichtenden Gesellen und die verführerischen Damen reisen nicht in erster Linie von Deutschland nach Italien oder sonstwohin, sondern sie fahren durch eine kulissenhafte Kunstwelt, in der man von einem süddeutschen Klosterberg aus das Meer sehen kann und gar noch ein »Schiff mit seinen weißen Segeln auf der fernsten Höhe des Meeres zwischen Himmel und Wasser«, kurz bevor die Sonne, wie immer, »prächtig« (Eichendorff II, 292) aufgeht. Eichendorffs Helden lassen keine Gelegenheit aus, sich von einer Anhöhe aus einen panoramatischen Überblick über das Spielfeld ihrer romantischen Romanreise zu verschaffen (vgl. Zons 1985, 51ff). Das »Panorama« bleibt sich immer gleich: ein blauer Strom, eine hellglänzende Landstraße, ein grüner Wald oder ein Berg mit einem tröstlichen Kreuz, bisweilen ein prächtiges Schloß oder eine dunkle Ruine auf einer Lichtung, ein Kloster oder eine Einsiedelei.

Allerdings verfügt der romantische Spielplan auch bei Eichendorff über gefährliche Felder, auf denen die Integrität der Figuren bedroht ist. Wie sehr die Allegorisierung der Natur bei Eichendorff auch anthropomorphe Züge trägt, zeigt etwa der berühmte Anfang von *Ahnung und Gegenwart*, wo die erste Begegnung von Mann und Frau über einen bedrohlichen Wasserwirbel läuft: »Der Mund des Wirbels öffnet sich von Zeit zu Zeit dunkelblickend, wie das Auge des Todes« (Eichendorff II, 8). Die Anthropomorphisierung des Naturraums, die letztlich auf der Opposition von Leben und Tod aufbaut, erfüllt sich in der allegorischen Identifikation des Wirbels mit der »plötzlichen Erscheinung« der verführerischen Frau (ebd.), was die gleiche elementare, geschlechtertypologische Semiotik erfüllt wie Fouqués Märchen *Undine*. Sie bezieht sich ebenfalls auf die fremdartigen Zauberschlösser mit wuchernder Vegetation und exotischen Marmorbildern, deren oberflächliche Lustbarkeit sie unter der christlichen Perspektive Eichendorffs nur umso mehr als Orte des Todes ausweist (vgl. Kapitel VII). Von diesen Venustempeln ist es zumeist nicht weit bis zu einem anderen Topos des Spielplans, der schlicht und einfach »Stadt« heißt. Hier geht die Sonne in der Regel unter (vgl. Eichendorff II, 106ff, 149f). Die allegorische Funktion der Stadträume wird besonders sinnfällig, wenn sie als Karneval oder Maskenball vorgestellt werden. Dann geraten die Identitäten in Fluß und sehr leicht entlarven sich – wie im elften Kapitel von *Ahnung und Gegenwart* oder in Tiecks *Liebeszauber* – Charaktere als »Charaktermasken« (ebd. 108).

Die topische Organisation des Handlungsraums ist *ein* Kennzeichen romantischer Texte, in dem sie sich selbst als Kunst kenntlich machen. Ihr Original bleibt zwar im weitesten Sinne die Natur. Nur das Gesetz ihrer Signifikanz ist nicht mehr naturalistisch, sondern es beruht auf phantastischer Verdichtung und Verschiebung von Zeichen. Ihre Referenz untersteht den Regeln der Imagination und Verrätselung. Wenn Natur und Welt in der Romantik insgesamt als hieroglyphischer Zeichenraum, als Buch, interpretiert wird (vgl. Kapitel V), dann ist es erstens konsequent, die Beziehung ›Autor-Leser‹ reflexiv zu denken, zweitens auch die Relation ›Natur-Kunst‹ einer doppelten Reflexion zu unterstellen. Ersteres läßt den Leser als einen mitreflektierenden Autor und den Autor als Leser in einem Lebensbuch erscheinen, dessen Zeichen schwer verständlich geworden sind: »Das Leben [...] verhält sich zum Dichter wie ein unübersehbar weitläufiges Hieroglyphenbuch von einer unbekannten, lange untergegangenen Ursprache zum Leser. Da sitzen von Ewigkeit zu Ewigkeit die redlichsten, gutmütigsten Narren, die Dichter, und lesen und lesen« (Eichendorff II, 28).

Die zweite Relation behandelt die Welt/Natur als semiotischen Kunstraum und umgekehrt romantische Kunst als Subsitution von Welt/Natur. Beides bringt Novalis sehr früh schon in seiner Rede vom »absoluten Buch« und in seiner wechselseitigen Identifikation von Leben und romantischem Roman zum Ausdruck. Er begnügt sich nicht mit einer Nachahmungsfunktion des Romans, sondern bestimmt ihn in der Bewegung der doppelten Reflexion zur Ersatzbildung des Lebens: »Leben, als Buch« (Novalis II, 388), wie es programmatisch in Novalis Bestimmung des romantischen Romans heißt (vgl. Schanze 1987). An anderer Stelle umschreibt Novalis den romantischen Roman als »die in Striche (wie Musik) *gesezte*, und *complettirte* Natur« (Novalis II, 605); und kategorisch: »Die Kunst ist die *complementarische* Natur« (ebd.). Der wechselseitige Austausch von phantastischer Imagination und Welt verweist auf die Form des Märchens. Er zeigt aber auch, wie sehr eine Poetik des Märchens für die romantische Prosa insgesamt zutreffend ist.

3. Märchen als Kanon der romantischen Poesie

Die wechselseitige Bindung von romantischer Poesie und Märchen hat Novalis im *Allgemeinen Brouillon* vorgegeben: »Das Mährchen ist gleichsam der *Canon* der *Poesie* – alles poetische muß mährchenhaft seyn. Der Dichter betet den Zufall an« (Novalis II, 691). Die Form des Märchens als Kanon der romantischen Poesie zu behaupten, heißt, die grundlegenden strukturellen Merkmale des Märchens exemplarisch für die romantische Poesie insgesamt anzusetzen. ·In der literaturwissenschaftlichen Forschung zur Märchenform hat sich bei allen kritischen Untertönen und Gegenstimmen die Unterscheidung zwischen Volks- und Kunstmärchen durchgehalten (vgl. Todsen 1906; Benz 1908; Thalmann 1961; Lüthi 1996; Tismar 1996; Klotz 1985; Uerlings 1991). Unter ›Volksmärchen‹ versteht man die schriftlichen Buchsammlungen von mündlich überlieferten, anonymen Märchen, für die im Umkreis der Romantik die *Kinder- und Hausmärchen* von Jakob und Wilhelm Grimm stehen. Sie stehen im allgemeinen Kontext des romantischen Interesses, orale Volkstraditionen schriftlich zu archivieren. Dieses Interesse gilt neben den Märchen ebenso Volkssagen, Volksliedern, Volksbüchern etc. Mit dem gattungstypologisch prekären Begriff des »Kunstmärchens« (vgl. Tismar 1996, 1ff) bezeichnet man im engeren Sinne diejenigen Märchen, die als eigenständige Arbeit mit einem namentlich festgelegten Autor verbunden sind. Als prototypisch für die Romantik sind hier Straparolas *Die ergötzlichen Nächte* (1550/53), Basiles *Pentamerone* (1634/36), Perraults *Contes de ma Mère l'Oye* (1695) und als jüngeres Beispiel Goethes *Märchen* (1795) aus den *Unterhaltungen deutscher Ausgewanderten* zu nennen. Daß in der Germanistik das Kunstmärchen sehr weitgehend mit dem romantischen Kunstmärchen identifiziert wurde, liegt daran, daß hier eine Reihe der bedeutendsten Beispiele des Genres vorliegen: Novalis' Märchen von Eros und Fabel, Hoffmanns *Der goldene Topf* und *Nußknacker und Mausekönig*, Tiecks *Der Runenberg* und *Der blonde Eckbert*, Fouqués *Undine*, Hauffs *Zwerg Nase* und *Das kalte Herz*, um nur die bekanntesten aufzuführen.

Die Affinität von Märchenform und romantischer Poetik gründet, wie gesagt, in der weitreichenden Option für das Phantastische und für eine imaginäre Welt. Sie läßt sich über eine Reihe von strukturellen Merkmalen der Märchenform überprüfen. Grundlegend ist hier eine Aufhebung der alltäglichen, rationalistischen Logik, die zu Raumverschränkungen, Zeitverschiebungen, Aufhebung von Figurenidentitäten, Metamorphosen, Mensch-Tier-Kreuzungen, belebter Dingwelt, Sprachfähigkeit der nichtmenschlichen Natur etc. führt. Genau diese Aufhebung alltäglicher Notwendigkeit hat Novalis im Blick, wenn er den Märchendichter und romantischen Dichter insgesamt in der eben zitierten Stelle auf den »Zufall« bezieht. Zu diesen Einzelmerkmalen tritt eine zyklische Struktur, die sich als »aktive Wiederherstellung einer zeitweilig gestörten Ordnung« äußert (ebd., 3). Die zyklische Wiederherstellung der Ordnung arbeitet auf der Grundlage einer »naiven Moral« (ebd.), die in einer einfachen Unterscheidung von Gut und Böse besteht. Spätestens hier tritt der Definitionsversuch des Märchens in Spannung zum romantischen Kunstmärchen, dem selbst dort, wo Ordnungen restituiert werden, etwas Irritierendes und Ambivalentes anhaftet und dessen ironischer Grundzug jede Form der Naivität ausschließt. Das »Miteinander von Wirklichkeit und Nichtwirklichkeit« (Lüthi 1996, 4), das Lüthi für das Märchen insgesamt konstatiert, nimmt im romantischen Kunstmärchen Formen des Unheimlichen, Bedrohlichen und Grotesken an, die alle angebotenen Ordnungsentwürfe als brüchig erscheinen lassen.

Am wenigsten trifft diese Brüchigkeit auf die frühromantischen Märchen des Novalis zu, die, in dem Maße wie sie einem geschichtsphilosophischen Dispositiv unterstehen, an einer ästhetischen Versöhnung gesellschaftlicher Erfahrungen von Entfremdung und Zerrissenheit orientiert sind. Seine insgesamt drei Märchen (*Märchen von Hyazinth und Rosenblüt* aus dem Fragment *Die Lehrlinge zu Sais*, *Märchen von Atlantis* und *Märchen von Eros und Fabel*, das nach seinem Erzähler Klingsohr-Märchen genannt, beide aus dem *Heinrich von Ofterdingen*) sind als allegorische Inszenierungen einer romantischen Geschichtsphilosophie angelegt, die nach einem triadischen Schema von ursprünglicher, naiver Einheit, Entzweiung und neuer, reflektierter Einheit organisiert ist. Das dreigliedrige Ordnungsschema des Märchens kommt der geschichtsphilosophischen Trias offensichtlich entgegen. Das Klingsohr-Märchen füllt dieses Schema inhaltlich als verlorenes und zukünftig wiederzuerlangendes Goldenes Zeitalter, zwischen die sich das glaubenslose Zeitalter kalter und abstrakter Vernunft geschoben hat. Allegorischer Repräsentant dieser langen »dunklen« und »kalten« Zeit, mit der Novalis direkt auf die Aufklärung anspielt, ist der böse »Schreiber«, der natürlich nicht als Poet mißverstanden werden darf. Der Schreiber ist aufklärerischer Registrator und Buchhalter, der die Hoffnungsträger der ästhetischen Utopie, Eros, Fabel und Sophie, jagt und dabei »in seinem Grimme« ausgerechnet »den Altar in tausend Stücke« (Novalis I, 349) zerschlägt. Die »edlen bedeutungsvollen Figuren« (ebd., 360) des Märchens finden sich am Ende in einem utopischen Einheitsbild zusammen. Die Vereinigung von Liebe, Poesie, Weisheit und Religion befreien am Ende Vater und Mutter, das Eis schmilzt, Tier und Mensch gehen friedlich miteinander um wie im Paradies (ebd. 362), sogar die kriegerische Aufklärung ist gebannt und im Schachspiel ästhetisch aufgehoben (vgl. Uerlings 1991, 383ff).

Für den Großteil der romantischen Kunstmärchen ist die ungebrochene, auch nicht ironisch gebrochene Einheitsvision im Märchen des Novalis untypisch. Für die wichtigen anderen Märchenschreiber der Romantik, Tieck, Hoffmann, Fouqué und bedingt auch Chamisso, steht eher die Unversöhnlichkeit von Außenwelt und Imagination im Zentrum. Am Schluß des *Blonden Eckbert* liegt der Titelheld »wahnsinnig und verscheidend auf dem Boden«, wahnsinnig darüber geworden, daß das, was er für Außenwelt gehalten hat, Projektion seiner eigenen einsamen, angstbesetzten und triebhaften Psyche gewesen ist (Tieck VI, 146). Ebenso endet *Der getreue Eckart* mit Wahnsinn und Mord. *Der Runenberg* hinterläßt einen zwischen Genialität und Wahnsinn von seinem bürgerlichen Familienleben entfremdeten »Unglücklichen« (ebd., 208). In *Liebeszauber* variiert Tieck das Schema von verwirrter Wahrnehmung und erotischer Projektion in einem wahren Horror- und Blutrausch, dem zunächst ein kleines Kind in einer rituellen Schlachtung, dann die Geliebte selbst zum Opfer fällt. Demgegenüber nimmt sich das Märchen *Die Elfen* weniger gewalttätig aus; in gleicher Weise handelt es sich aber von der Unversöhnlichkeit bürgerlicher Alltagswelt und dem (Elfen-)Reich des Wunderbaren und des Traums. Es endet wie schon die Vorgänger mit Bildern der Vergeblichkeit und des Verfalls. Auch Fouqué gestattet die Vereinigung seines feuchten Elementargeistes Undine mit dem geliebten, aber untreuen Ritter Huldbrand erst im Tode. In einem wahrhaft überwältigenden Kuß realisiert Undine ihre kühle Liebe als Tod: »sie küßte ihn mit einem himmlischen Kusse, aber sie ließ ihn nicht mehr los, sie drückte ihn inniger an sich [...], bis ihm endlich der Atem entging, und er aus den schönen Armen als ein Leichnam sanft [...] zurück sank.« (Fouqué 1981, 154) Die Beerdingungsgäste weht ein »heimliches Grauen« (ebd., 156) an, als Undine sich in Gestalt einer Quelle, die den Grabhügel des Ritters umflutet, mit ihrem toten Liebhaber auf ganz elementare Weise auf dem Friedhof vereinigt.

In Chamissos märchenhafter Geschichte vom verlorenen Schatten des Peter Schlemihl kommt genau wie später in Hauffs *Das kalte Herz* der Märchenheld erst dann zur Ruhe und einem bescheidenen, bei Hauff schon biedermeierliche Züge annehmenden Glück, wenn sie dem Geld und weltlichen Gütern restlos abgeschworen haben. In beiden Fällen steht aber keineswegs eine Versöhnung von Gesellschaft und Einzelnem am Ende, sondern die Einsicht, daß beides unversöhnlich auseinandergebrochen ist und Glück nur in der Distanz zur Gesellschaft möglich scheint, bei Hauff der zurückgezogene Kohlenbrenner, bei Chamisso der von autobiographischen Zügen eingefärbte unrastige Forschungsreisende. Beide heben sie aber die typisch romantische Balance von Alltäglichkeit und Phantastik auf: »Während Tieck und E.T.A. Hoffmann die Wirklichkeit im Märchen integrieren, hebt Chamisso das Märchen im novellistischen Erzählen am Ende auf.« (Tismar 1996, 53)

Hoffmanns Märchen haben ein versöhnliches Ende, anders aber als bei Novalis ergibt sich der versöhnliche Schluß als Ergebnis einer ironischen Auflösung zu erkennen, die die Balance von Außenwelt und Imagination vorübergehend aufhebt. Seinem bekanntesten Märchen *Der goldene Topf* hat Hoffmann den programmatischen Untertitel »Ein Märchen aus der neuen Zeit« gegeben. Er baut damit die Spannung von phantastischer Welt und realistischem Bezug auf, die alle seine Märchen und darüber hinaus den Großteil seiner Erzählungen überhaupt kennzeichnet. Die realistisch nachprüfbaren Orts- und Zeitangaben, Himmelfahrtstag, nachmittgas um drei, Schwarzes Tor in Dresden, mit denen der *Goldene Topf* für die vagen Traumlandschaften des Märchens eigentlich untypisch beginnt, treten sofort in Kontrast zu einer phantastischen Welt, als deren Repräsentant eine häßliche Alte eingeführt wird, die diejenigen Äpfel anbietet, die den »Sündenfall« des jungen Studenten und Schönschreibers Anselmus initiieren (vgl. Kittler 1985a; Oesterle 1991; Kremer 1993).

Hoffmanns Erzählungen arbeiten häufig mit einer strukturellen Verschränkung von Zeitebenen und Raumordnungen, die die Beziehungen der Figuren und ihre Identifikationen problematisiert. Ihre Strategie besteht darin, Disparates und Widersprechendes in einer grotesken Konfiguration zusammenzuführen und einen imaginären Raum zu öffnen, der eindeutige Referenzen nicht mehr zuläßt. Die Konstruktion eines solchen magischen Raumes nimmt ihren Ausgang zumeist von einem ›fremden‹ Blick, der, begleitet von einem affektiven Gebärden- und Mienenspiel, die alltägliche Logik in Fluß bringt und die gewohnten Dinge in eine perspektivische Ordnung überführt. Hoffmanns ›andere Welt‹ kommt nicht von außen an den biedermeierlichen Alltag heran, um ihn unter der Satire zu beugen, sondern sie stülpt sich aus ihm hinaus. Sie beschreibt eine emotionale Transzendentalperspektive, in deren Zentrum ein verfremdender Blick des Subjekts steht. Kurz bevor z.B. der Ritter Gluck aus Hoffmanns gleichnamiger erster Erzählung in die ›andere Welt‹ seiner genialen Selbstinterpretation übertritt, verzieht sich sein Mund zu einem krampfhaften Lächeln und, auf den Besitz von Glucks sämtlichen Werken in Klavierauszug angesprochen, verzerrt sich plötzlich sein Gesicht zur schauerlichen Maske. Starr den ›Blick‹ auf den anwesenden Erzähler gerichtet, beginnt er, ohne Noten zu spielen, und gibt sich als der wiedergekehrte oder verdoppelte Komponist zu erkennen. Ähnlich treibt der Märchenunhold Klein Zaches sein groteskes Unwesen bevorzugt inmitten von geselligen Salons. Auch hier öffnet sich eine durchweg realistisch überprüfbare Alltagsbeschreibung plötzlich zu einer phantastisch verdrehten Welt, in der alle normalen Bezüge in ihr Gegenteil verkehrt werden und alle lobenswerten Eigenschaften und Attribute auf ein häßliches gnomisches Etwas übergehen. Wie dicht die imaginäre Welt des Traums, des Unbewußten oder der Kunst an den Alltag grenzt, zeigt mustergültig jene »Tapetentür«, die Hoffmann wiederholt als Relais zwischen beiden Welten eingesetzt hat. Der »reisende Enthusiast« aus dem Fantasiestück *Don Juan* etwa muß nur eine »Tapetentür« (Hoffmann II/1, 84) seines prosaischen Hotelzimmers öffnen, um direkt in die Welt der Kunst hinüberzutreten, um unmittelbar einer Privataufführung von Mozarts *Don Giovanni* beizuwohnen. Ebenso gelangt Novalis' Heinrich von Ofterdingen durch »eine versteckte Tapetenthür in ihm« (Novalis I, 299) in seine innere Traumwelt.

Immer wieder inszeniert Hoffmann ein Blickarrangement, bisweilen wie im *Meister Floh*, im *Sandmann* oder in der *Prinzessin Brambilla* durch ein perspektivisches Instrument verstärkt, ein Blickarrangement, daß die Alltagswelt in eine imaginäre Traum- und Märchenwelt öffnet, in der verführerische Schlangen, die gleichzeitig hübsche Mädchen sind, ganz selbstverständlich sind. Der Blick in die sublimen blauen Augen der Serpentina zieht Anselmus in die magische Welt des Geisterfürsten Phosphorus und des Feuersalamanders, der ›eigentlich‹ ein stadtbekannter Archivar ist. Trotz aller körperlichen und erotischen Anfechtungen durch die leibhafte Frau Veronika vereinigt er sich schließlich mit der spirituellen Serpentina, verläßt Dresden und verschwindet im Reich der Poesie. Ganz anders als in den Märchen des Novalis läßt Hoffmann sein Märchen jedoch nicht mit einem utopischen Bild umfassender Versöhnung schließen. Hier wie im Märchen über das Urdarland, das Hoffmann der *Prinzessin Brambilla* eingefügt hat, bedient er sich zwar der gleichen geschichtsmythologischen Semantik – naive Einheit, Bruch, reflektierte Einheit –, nirgends geht es ihm jedoch darum, mit einer Hochzeit von Reflexion und Anschauung ein neues Kapitel in der Geschichte aufzuschlagen. Reflektierte Anschauung oder, wie es im *Goldenen Topf* heißt, Überwindung der »dürftigen armseligen Zeit der innern Verstocktheit« durch »Glaube« und »Liebe« (Hoffmann

II/1, 290f), stellen kein Regulativ für irgendeine versöhnte Zukunft dar, sondern beziehen sich ganz konkret auf die Phantasieleistung eines jeweiligen imaginativen Akts und die ästhetisch reflektierte Vermittlung von Leben und Imagination. Hoffmanns Märchenwelt ist nicht wie bei Novalis »die durchausentgegengesezte Welt« zur »Welt der Wahrheit (Geschichte)« (Novalis II, 514), sondern sie besteht in einem ständigen ironischen Wechsel zwischen Phantastik und Realistik. Die Duplizität von Alltäglichem und Phantastischem bestätigt Tieck für seine Märchen, wenn er im Rahmentext des *Phantasus* von der nicht auflösbaren »doppelten Erscheinung« (Tieck VI, 113) seiner Märchen spricht.

In beiden Fällen enthält die kompositorische Doppelung von Phantastischem und Alltäglichem eine selbstreflexive Komponente, die dafür sorgt, daß Hoffmanns und Tiecks Märchen nicht einfach nur Märchen, sondern gleichzeitig auch Reflexion der Märchenform und Reflexion der Bedingung von poetischer Imagination ganz allgemein sind. Im Hinblick auf den *Goldenen Topf* stellt Strohschneider-Kohrs fest: »Hoffmanns Dichtung [...] ist *Poesie* – Märchen mit bunter, faszinierender Fabel – und zugleich *Poesie der Poesie*, die im Mittel der Reflexion sich selber darstellt« (Strohschneidert-Kohrs 1970, 91). Im Zentrum der romantischen Imaginations-Theorie taucht die Figur der doppelten Reflexion wieder auf, die schon als ein tragendes Moment der »progressiven Universalpoesie« bestimmt wurde und die sich hier in einem selbstreflexiven Zug der romantischen Poesie äußert.

IV. Selbstreflexion

1. Die spirituelle Schrift-Gestalt

Das romantische Autonomiepostulat führt unter den Bedingungen der doppelten Reflexion zu einer Selbstbeobachtung, die sich in den Erzählungen der Romantik als weitgehende Thematisierung der eigenen ästhetischen Form, der zugrundeliegenden Technik der Schrift und des Mediums Buch äußert. Im Zusammenhang des romantischen Imaginationskonzeptes zeigte sich bereits, wie ausführlich die Funktion des Lesers und die Relation Autor-Leser in den Texten behandelt werden. Kaum eine romantische Erzählung verzichtet darauf, Schrift oder Schreiben, das Requisit des Buches oder zumindest den Akt der Imagination zum Thema zu machen. Nicht nur die Geschichte Heinrichs von Ofterdingen, auch die vertrackte Geschichte des Nachtwächters Kreuzgang, die parodisch auf den Roman des Novalis Bezug nimmt, entwickelt sich aus einem »Lebensbuch«, und der Held selbst erscheint, im unmittelbaren Kontrast zu Novalis, als »Niederschrift des Teufels« (Klingemann, 64). Ludwig Tiecks *Der blonde Eckbert* und *Der Runenberg* handeln ebenso von »alten Büchern« und romantischen Schriftzügen wie seine späte Novelle *Des Lebens Überfluß* und *Das alte Buch*.

Bei Achim von Arnim entwickeln sich Bücher und Schriften zu den heimlichen Helden der Geschichten. Die *Gräfin Dolores* beginnt unter dem Zeichen einer »von der Hand des Schicksals halb ausgewischte(n) bedeutende(n) Schrift« (Arnim I, 105), und die Geschichte ist gerade wenige Seiten alt, als die Titelheldin in ihrer »Einsamkeit« auf »Quartanten« und »alte historische Bücher« stößt, aus denen sich sofort eine neue Geschichte entfaltet, die die erste überlagert (ebd., 112). Isabella von Ägypten vertieft sich in alchemistische Bücher, die sie vom Vater geerbt hat, und fertigt nach ihren Anleitungen einen Alraun, der selbst wieder zum Spiegel der Imagination wird. Arnims *Holländische Liebhabereien* haben ebenso Manuskripte zum zentralen Gegenstand wie sich sein *Seltsames Begegnen und Wiedersehen* um das graphische Erscheinungsbild einer Handschrift dreht. In *Die drei liebreichen Schwestern und der glückliche Färber* behandelt Arnim Alchemie und Schwarzfärberei als Anspielungshintergrund für poetische Phantasie und literarische Metamorphose. Ähnlich verfährt E.T.A. Hoffmann im *Goldenen Topf*, im

Sandmann und in zahlreichen anderen Erzählungen, wenn er unterschiedliche hermetische Wissenstraditionen, vor allem Alchemie und Kabbala, auf ihre Analogien zur literarischen Imagination selbstreflexiv befragt (vgl. Kapitel V).

Brentano hat seinen ersten und einzigen Roman *Godwi* als eine ständige Reflexion über die ästhetischen Bedingungen des romantischen Romans angelegt und geht bei der Dekonstruktion und Desillusionierung der Romanform ähnlich weit wie gleichzeitig Tieck mit der Zersetzung und gleichzeitigen Bestätigung der romantischen Komödie in *Der gestiefelte Kater* (vgl. Strohschneider-Kohrs 1960; Kremer 1993). Der Fiktionsbruch und damit die integrierte Selbstreflexion geht im *Godwi* so weit, daß der Autor sich im II. Band mit seinem Helden trifft, über bestimmte Stellen des I. Bandes diskutiert (vgl. Brentano II, 305f) und, weil er vor seinem Helden an einer Entzündung der Zunge, des Redens also, stirbt, durch einen weiteren Autor ersetzt werden muß. Brentanos *Geschichte vom braven Kasperl und schönen Annerl* handelt, wie oben bereits angedeutet, vom Verhältnis von Oralität und Literalität und von den Schwierigkeiten des Schriftstellers, sich selbstbewußt als solchen zu bezeichnen. Um die Beziehung von Rede und Schrift geht es auch in Brentanos *Chronika des fahrenden Schülers*, wo die Favorisierung der »lebendigen« Stimme (ebd., 556) merkwürdig kontrastiert mit der Wertschätzung des Mediums Buch am Ende dieser märchenhaften Geschichte. Die »Begierde« (ebd., 591) des »Schönen Bettlers«, lesen und schreiben zu lernen kommt erst zur Befriedigung, wenn der tote Körper der Jungfrau, die ihn unterrichtet hat, in einer erotisch-skripturalen Konstellation die größtmögliche Nähe zum Buch gefunden hat: »und auf seiner Geliebten lag das Buch aufgeschlagen, wo sie hingeschrieben hatte, daß sie ihn liebte« (ebd., 594).

Die enge metonymische Verknüpfung von Schrift und Frau, die Behandlung des Buches als erotisches Substitut der geliebten Frau ist in der Romantik bei weitem kein Einzelfall (vgl. Appelt 1989; Irigaray 1979; Kittler 1977; Kittler 1985a; Schmidt 1991). In Arnims Erstling *Hollins Liebeleben* (1802) schenkt die geliebte Frau dem Mann eine Ausgabe von Tiecks *Schöner Magelone* mit den Worten: »Zu meiner Erinnerung, sagte sie und steckte es mir heimlich zu« (Arnim I, 41). In Tiecks *Der Runenberg* erhält der sehnsüchtige Held Christian aus den Händen der begehrten Frau von den Höhen des Runenbergs eine Schrift-Tafel, deren Schriftzüge ihm zwar unverständlich sind, die aber eigentlich mit der aufregenden Vision der Frau identisch sind. Die Schrift auf der »magischen steinernen Tafel« wiederholt die kristallene, in »vielfältigen Schimmern« funkelnde, von einem »wandelnden Lichte« getragene »weibliche Gestalt«

(Tieck VI, 191). In Anspielung auf die christliche Eucharistie, die Transsubstantiation des Körpers, benennt die Frau ihre Metamorphose in Schrift, als sie Christian die Tafel überreicht: »Nimm dieses zu meinem Angedenken!« (ebd., 192). Daß es in Tiecks Märchen um die erotische Verlockung der Schrift geht, in der sich das erotische »Marmor«-Bild der Frau spiegelt, kommt noch einmal in der Warnung des Vaters zum Ausdruck, ihren Verlockungen nicht nachzugehen und statt dessen bei Frau und Kindern zu bleiben: »Wirf diese Schrift weg, die dich kalt und grausam macht, die dein Herz versteinern muß« (ebd., 204).

In einem Text, dessen Titel bereits einen erhabenen Ort in Aussicht stellt, dessen Name eine offensichtliche Beziehung zu Schriftzeichen unterhält, der Berg aus Runen, kann es nicht verwundern, daß der phantasiebegabte Jüngling sich gegen die väterliche Warnung für den Runenberg und mithin für die Poesie entscheidet. Am Ende seines Märchens läßt Tieck ihn als »wunderbare Gestalt« im dionysischen Habitus erscheinen (vgl. ebd., 207). Barfüßig in zerrissenem Rock, bärtig, das Gesicht von der Sonne verbrannt, mit den Insignien des Haarkranzes aus grünem Laub und des grünen Fichtenstabes versehen, zitiert der Wanderer Christian den antiken Gott des Rausches und des Ausschweifens, Dionysos, den gleichzeitig Hölderlin zum mythischen Schutzbefohlenen seiner Poesie nimmt. Die Entscheidung für die Muse vom Runenberg spielt auf die literarische Existenz in der Poesie an, die dem Poeten erhabene Ereignisse im Berg der Runen verspricht, als Preis aber den Verzicht auf bürgerliches Alltagsglück. Am Ende ist Tiecks Märchenjüngling einsam und für seine ehemalige Ehefrau »so gut wie gestorben« (ebd., 208). Zudem kann sie mit den »Edelsteinen«, die er aus dem Runenberg mitgebracht hat, nichts anfangen. Die romantische Spaltung von Alltagsverstand und Phantasiewelt und dem damit drohenden Wahnsinn findet ihren pointiertesten Ausdruck im Vorgang der literarischen Imagination, im romantischen Schreiben selbst. Christians Wanderschaft ins Gebirge ist auch eine Reise in die poetische Schrift und in diesem Sinne reflektiert Tieck sich selbst in seiner fiktiven Märchenfigur: Solange er schreibt, ist er für seine Familie »so gut wie gestorben«. Mit dem Tod läßt Hoffmann seinen Jüngling Elis Fröbom in *Die Bergwerke zu Falun* dessen Leidenschaft bezahlen, die Braut am Tag der Hochzeit allein zu lassen, um sich der unterirdischen Steinkönigin und ihren »geheimen Zeichen« und »bedeutungsvollen Schrift« (Hoffmann, Serapionsbrüder I, 234) hinzugeben.

Die weitestgehende selbstreflexive Kommentierung der romantischen Schrift als Akt und Produkt einer imaginativen Sublimation hat E.T.A. Hoffmann im *Goldenen Topf* vorgenommen: »Hoffmanns Dichtung umspielt und erfüllt ihre Thematik in vielfacher Weise: sie ist *Poesie* – Märchen mit bunter, faszinierender Fabel – und zugleich *Poesie der Poesie*, die im Mittel der Reflexion sich selber darstellt« (Strohschneider Kohrs 1970, 264). Im Mittelpunkt des *Goldenen Topf* steht eine Art magisch-literarisches Experiment, in dessen Verlauf der Student und nebenberufliche Schönschreiber Anselmus zum Dichter avanciert. Es findet im »chemischen Laboratorio« eines mysteriösen, in alchemistischen und überhaupt esoterischen Dingen geschulten Magiers namens Lindhorst statt. Seine magische Meisterschaft konzentriert sich auf einen intimen Umgang mit Schrift und einen exklusiven Zugang zu hermetischen Schriften. Die al-chemische Sublimation des Adepten Anselmus unter der Regie des Meisters Lindhorst dreht sich um Schriftpraktiken, um die Unterschiede verschiedener Zeichensysteme, um das Verhältnis von Stimme und Schrift, um das magisch-animistische Zusammenspiel von Buchstaben und poetischer Imagination.

Friedrich Kittler hat vermutet, daß Hoffmann seinen Schreiber an der zeitgenössischen Normhandschrift Pöhlmanns oder Stephanis orientiert: »Handschriftlichkeit wie aus einem Guß anerziehen heißt Individuen produzieren. Als elementare Schreibsysteme sind die Normschriften Pöhlmanns oder Stephanis grundlegend für das Aufschreibesystem von 1800. Anselmus, bevor er dem System in strahlendem Dichtertum beitreten kann, muß erst einmal durch eine Schreibschule gehen, die seine bisherige Handschrift am Ideal normiert« (Kittler 1985a, 90). Kittlers berechtigter Akzent auf die Materialität des romantischen »Aufschreibesystems« unterschlägt, daß Anselmus schon vorher als kalligraphischer Meister der »englischen Kursivschrift« (Hoffmann II/1, 273), d.h. der schräglaufenden, zusammenhängenden Kurrentschrift eingeführt wird. Den reduktiven Grundzug in Kittlers Lektüre hat deshalb Günter Oesterle kritisiert und demgegenüber auf die älteren ästhetischen und naturphilosophischen Traditionen verwiesen, u.a. auf die sog. »figura serpentinata« des Manierismus und die Form der Arabeske (Oesterle 1991, 82ff).

Hoffmann thematisiert Schreiben als materiellen Vorgang, nicht um auf einen kalligraphischen Grundkurs anzuspielen, sondern um zu zeigen, daß romantische Imagination ein magischer Vorgang ist, der allerdings auf höchst materiellen Operationen und Hilfsmitteln basiert: auf Tinte, Feder und Papier, auf Schrift. Voraussetzung der metaphorischen Transformation und mithin Metamorphose des Schreibers in Schrift ist die Standhaftigkeit, mit der die körperliche Attraktion der Frau gebannt und Raum geschaffen wird für die spirituelle Frau, die in Serpentina bildliche (Schrift-) Gestalt annimmt. Erst eine Verletzung dieser Regel beendet den traumhaften Zustand der automatischen Niederschrift. Am Ende der achten Vigilie, in der Anselmus in das »blaue Palmzimmer« vorrückt, um sich in das Reich der Poesie hineinzuschreiben, markiert bezeichnenderweise ein direkter weiblicher Körperkontakt das Ende des Traumes, in dem sich die Schreibaufgabe zur Überraschung des Schreibers von selbst erledigt hat (vgl. Hoffmann II/1, 292f). Die halluzinatorische Abschrift des Anselmus gibt sich als Selbstreflexion der romantischen Märchenschrift zu erkennen, denn als er aus dem Traum erwacht, hat er unterdessen die Märchengeschichte des grünen Salamanders Lindhorst abgeschrieben, die in der Tat den Kerntext der achten Vigilie von Hoffmanns *Goldenem Topf* ausmacht. Das Motiv der sich selbst schreibenden Schrift verwendet Hoffmann später auch in *Prinzessin Brambilla*.

2. Allegorische Selbstreflexion

Die Bedeutung ästhetischer Selbstreflexion in Hoffmanns Prosa hat früh schon Peter von Matt erkannt. In fast allen Erzählungen, mit denen sich seine Untersuchung *Die Augen der Automaten* befaßt, entdeckt er den Punkt, wo Hoffmanns Kunst sich selbst spiegelt: »Denn im Grunde versteht E.T.A. Hoffmann seine Werke selbst als Verwandte des Nußknackers und der Olimpia, als Gebilde, die erst durch die erweckten ›skönen Oken‹ des Lesers lebendig werden« (Matt 1971, 93). Speziell für den *Sandmann* stellt auch Manfred Frank jenseits der thematischen Ebene eine »reflexive Dimension« fest, die ihn berechtigt, »das ganze Geschehen des *Sandmann* als eine Veranschaulichung des Spiels der autonom gewordenen Metapher zu lesen« (Frank 1978, 354). Er stützt sich u.a. auf den Professor der Poesie und Beredsamkeit und seine Variation auf Quintilians »fortgeführte Metapher«: »Hochzuverehrende Herren und Damen! merken Sie denn nicht, wo der Hase im Pfeffer liegt? Das Ganze ist eine Allegorie – eine fortgeführte Metapher! – Sie verstehen mich! – Sapienti sat!« (Hoffmann III, 46). Anders als Rudolf Drux, der diesen Passus als reine Verspottung des schulmäßigen Professors versteht (Drux 1986, 95), erkennt Frank die Doppelgleisigkeit dieses Kommentars. Natürlich macht Hoffmann sich über den Schulgelehrten lustig, aber er bedient sich einer doppelten Ironie, wenn er seinen (Salon-) Professor einen ernstzunehmenden Hinweis auf sein poetisches Verfahren allegorischer Selbstreflexion geben läßt. Hoffmanns Rhetorik-Professor bezieht sich mit der »fortgeführten Metapher« auf den klassischen Ort seiner Disziplin, auf Quintilians *Institutio oratoria*. Im Buch IX, 2, 46 umschreibt Quintilian die Allegorie als »continua _____«.

Allegorien als durchgeführte Metaphern zu bezeichnen, heißt, daß eine Allegorie nicht auf eine Metapher zurückgeführt werden kann. Sie muß als Entwicklung und besonders Verschiebung einer Metapher verstanden werden und erhält den Status einer prozessualen Metapher, die in dem Maße, wie sie sich einer Metamorphose öffnet, metonymische Züge annimmt. Der rhetorische Begriff einer prozessualen Metapher kann einerseits zu jenem Gattungsbegriff von Allegorie führen, der eine entfaltete, in sich geschlossene Geschichte meint, die in einem erkennbaren Substitutionsverhältnis zu einer eigentlich gemeinten zweiten Geschichte steht (vgl. Kurz 1979). Es liegt auf der Hand, daß weder der *Sandmann* noch die übrigen Erzählungen der Romantik als Allegorien in diesem gattungstypologischen Sinne einzustufen sind. Um ihre allegorischen Referenzen in den Blick zu bekommen, bedarf es eines anders gelagerten Allegoriebegriffs, der sich auf seine metonymische Funktion stützt. Die ›prozessuale Metapher‹ kann also andererseits auf ihren disjunktiven Grundzug hin bezogen werden, um sich die Möglichkeit offen zu halten, allegorischen Referenzen dort nachzugehen, wo sie sich weder zur Totalität einer durchgeführten zweiten Geschichte noch zu einem konsistenten, vollständigen Bildzusammenhang abrunden.

Romantische Erzählungen arbeiten mit Anspielungen, die in sich wieder variiert sind und nicht nur auf eine allegorische *Verdoppelung*, sondern auf eine allegorische *Vervielfältigung* ausgehen. Wenn schon die einfache Personen- oder Geschichtsallegorie den allgemeinen Zugang zum Diskurs verknappt und eine geheime Verabredung einem Verständnis vorschaltet, so trifft dies erst recht auf romantische Allegorien zu. Ihnen reicht nicht mehr der »Ausschluß unerwünschter Leser« (Kurz 1979, 16f), sie funktionieren semiotisch so kompliziert, daß sie nicht einfach auf den Gebildeten rechnen wollen, sondern selbst an der Ausbildung eines erwünschten, d.h. kompetenten Lesers mitarbeiten. In ihnen findet sich allegorischer Sinn soweit zerstreut, daß eine angemessene Hermeneutik oder Allegorese im Text selbst reflektiert werden muß.

Goethes geläufige Unterscheidung von Symbol und Allegorie, wonach ersteres ›ist‹ und letztere ›bedeutet‹, ist nicht geeignet, den Blick für die poetische Allegorie der Romantik zu schärfen. Karl Wilhelm Ferdinand Solgers ästhetiktheoretische Subsumption beider unter eine allgemeine symbolische Zeichen-Funktion ist erheblich trennschärfer, denn erstens gebrauchen die Romantiker »Symbol« und »Allegorie« sowohl in begrifflicher Hinsicht als auch in den literarischen Texten selbst durchaus synonym (vgl. Schlegel KA II, 414; Schwering 1994c, 366f). Zweitens geht die Symbolik romantischer Erzählungen nicht in der Bedeutungsfunktion der »Verstandesallegorie im Sinne der Emblematik des 17. Jahrhunderts« (Schwering 1994c, 367) auf.

Anders als Goethe, der in seinen späten *Maximen und Reflexionen* der Allegorie trockene, weil eindeutige Begrifflichkeit unterstellt und ihre Unvereinbarkeit mit ästhetischer Autonomie behauptet, stellt etwa Tieck allegorische Verfahren in einen Zusammenhang mit Vieldeutigkeit. Im *Sternbald* heißt es kategorisch: »Alle Kunst ist allegorisch« (Tieck, Sternbald, 257). Als er im *Phantasus* auf den allegorischen Zug seiner Märchen zu sprechen kommt, bezieht er ihn auf Verrätselung und Vielschichtigkeit als zentrale Merkmale romantischer Poesie. Er spricht von einer nicht auflösbaren »doppelten Erscheinung«, die letztlich auf die ethische Differenz von gut und böse zurückgeht und in kompositioneller Hinsicht auf die Duplizität von Alltäglichem und Phantastischem bezogen ist. Sein romantisches Verständnis der Allegorie ist gerade nicht von der »Art, die uns nur in Begriffen herum schleppen, ohne unsre Phantasie mit zu nehmen« (Tieck VI, 113). Es trifft sich mit einer Notiz Schlegels: »Allegorie ist der philos(ophische) Begriff der P(oesie)« (Schlegel, Literarische Notizen, 188). Ein Verständnis romantischer Allegorien erschöpft sich nicht im einmaligen Nachschlagen in einem verbindlichen Katalog der Bedeutungen, wie dies für allegorische Verfahren der Frühen Neuzeit tendenziell angenommen werden kann. Ihre bildlichen Referenzen legen sich auch keinesfalls selbst aus, wie Goethe es von einem Symbol fordert. Die poetischen Allegorien der Romantik dürfen nicht als »Verstandesallegorien« mißverstanden werden (vgl. Schwering 1994c, 376). Sie bedeuten keine »Restauration der vorklassischen Allegorie« (Meixner 1967, 77). Sie bezeichnen ein Drittes. Zwischen symbolischer Selbstrepräsentation und emblematischer Einlinigkeit entsteht eine Lücke, in die die zeitgenössische Hermeneutik eindringt, um die allegorischen Tiefenschichten eines Textes zu erschließen. Das Symbol wird auf dem Gebiet der Ästhetik verhandelt, es bedarf keiner Hermeneutik. Anders die Allegorie. Sie bedarf sehr wohl der Deutung und wird deshalb auf dem Feld der Hermeneutik thematisiert (vgl. Titzmann 1979, 656). Die komplexe Form der romantischen Allegorie schafft darüber hinaus Anschlußmöglichkeiten für verschiedene Wissensgebiete, vor allem für Geheimwissen, was eine Leserschulung nach sich zieht, einfach um zu gewährleisten, daß versteckte Anspielungen überhaupt eine Chance auf Verständnis haben.

Dessen war sich Goethe übrigens ebenso bewußt wie der Tatsache, daß ein Großteil seiner eigenen Texte keineswegs von symbolischer Transparenz gekennzeichnet, sondern sehr wohl mit »allegorischem Tiefsinn« beladen ist. Seiner Forderung nach einer klassischen Symbolik, »wo das Besondere das Allgemeine repräsentiert, nicht als Traum und Schatten, sondern als lebendig-augenblickliche Offenbarung des Unerforschlichen« (Goethe HA XII, 471; vgl. Sørensen 1972), ist deutlich eine Kampfstellung zur Romantik abzulesen. Er konnte deshalb zu einem Zeitpunkt, als der Konflikt ›Klassik-Romantik‹ an Schärfe eingebüßt hatte, seinen früheren Standpunkt abmildern und sich generös zeigen. Am 27.9.1827 schreibt Goethe an Jakob Ludwig Iken: »Es ist Zeit, daß der leidenschaftliche Zwiespalt zwischen Classikern und Romantikern sich endlich versöhne.« Er räumt zwischen den Zeilen ein, daß dieser Zwiespalt eigentlich nie dort bestanden habe, wo er selbst ihn bevorzugt angesiedelt hatte, nämlich in der Unversöhnbarkeit von Symbol und Allegorie. Ohne direkt von Allegorie zu sprechen, meint Goethe nichts anderes: »Da sich gar manches unserer Erfahrungen nicht rund aussprechen und direct mittheilen läßt, so habe ich seit langem das Mittel gewählt, durch einander gegenüber gestellte und sich gleichsam ineinander spiegelnde Gebilde den geheimeren Sinn dem Aufmerkenden zu offenbaren« (Goethe WA 43, 83).

Benjamins auf »barocke Vielwisserei« gemünzte Aussage: »Denn nur für den Wissenden kann etwas sich allegorisch darstellen« (Benjamin I.1, 403), behält ihre Gültigkeit. Da romantische Allegorien jedoch nicht an der »Umsetzung eines Begriffs in ein Bild« arbeiten, sondern, so Horst Meixner, an der »sukzessive(n) Aufladung eines Bildes mit Bedeutung« (Meixner 1971, 61f), erschöpft sich dieses Wissen im romantischen Kontext nicht in einer möglichst enzyklopädischen Bildung. Eine ganz andere Kenntnis tritt an ihre Seite: die hermeneutische Fähigkeit, romantische Texte als Produkte künstlerischer Imagination zu lesen. Der ›ideale‹ Leser muß wissen, daß die Selbsttransformation des Künstlers zum poetischen Text auf einem Akt der Imagination beruht und einer ständigen Rückübersetzung im Lektürevorgang bedarf, der ebenfalls auf Phantasie verwiesen ist, daß die romantische Doppelreflexion dies als fortwährende poetische Selbstreflexion einrichtet und daß diese im romantischen Text häufig selbst allegorische Gestalt annimmt. Christoph Wingertszahn hat deshalb in seiner Untersuchung zur Ambiguität in Arnims Erzählungen von einer »Poesieallegorie« (vgl. Wingertszahn 1990) gesprochen. Der Begriff der Poesieallegorie verkennt allerdings den Umstand, daß »Poesie« nicht ein Motiv unter anderen ist und daß die Reflexion der Poesie nicht eine allegorische Figur unter vielen ergibt, sondern im ganz strengen Sinne umfassende *Selbst*reflexion des eigenen poetologischen Programms. Auf einer allgemeinen Ebene vollzieht ästhetische Selbstreflexion das Geschäft der Ironie und Doppelreflexion und bezeichnet die weitgefaßte Funktion im romantischen Text, die ihn der Diskontinuität und unaufhebbaren Differenz öffnet. Der romantische Text erzählt immer eine Geschichte und gleichzeitig erzählt er, daß er und wie er diese Geschichte erzählt. Er ist immer auch Dokument einer hochreflektierten Selbstbeobachtung, die die Perspektivität von Wahrnehmung zur unverzichtbaren Voraussetzung seiner Niederschrift und seiner Lektüre macht.

3. Poetologische Porträts

Arnim beispielsweise hat die diskontinuierliche narrative Struktur seiner Texte, die aus den heterogensten Einzelteilen, Stillagen und Gattungen zusammengesetzt sind, in kleinen allegorischen Porträts gespiegelt. Am Anfang von *Holländische Liebhabereien* zeigt er seine Figuren damit beschäftigt, ein zerbrochenes Fenster mit einer griechischen Inschrift mosaikartig zusammenzufügen (vgl Arnim IV, 550f). In *Isabella von Ägypten* baut er das Gerümpel im Hause der Kupplerin Nietken zur allegorischen Spiegelung seiner »antiquarischen Basteleien« (vgl. Kremer 1993, 63ff) aus. Arnim hat eine ausgeprägte Vorliebe für solche Räume, in denen ein Trödler »die seltensten Vorräte von Altertümern aller Art« zusammenträgt, zumal wenn das christliche Kreuz oder die Mutter Gottes über ein jüdisches Requisit triumphiert. Er nimmt es in Kauf, daß man dort »auch gelegentlich über gestohlne Sachen« (Arnim III, 662) stolpert. Arnim hat keinen Hehl daraus gemacht, daß er die gesamte europäische Schrifttradition als poetische Schatzkammer ansieht, aus der er seine Texte antiquarisch zusammenfügt. Im letzten Abschnitt der *Gräfin Dolores* übernimmt ein Seitenblick auf die groteske Ästhetik des Palastes des Prinzen von Palagonien diese Form des allegorischen Selbstkommentars. Die palagonische Ästhetik wird zum grotesken Schreckbild jeden Klassizismus. Goethe hat sich darüber in seiner *Italienischen Reise* ebenso entsetzt wie der Italienreisende in Arnims Roman. Dennoch spiegelt sie in ihrer »Verbindung«, ihrem »Gemische« von »ganz Ungleichartigem« (Arnim I, 566f) sehr genau die fragmentarische Komposition des Romans und seinen Manierismus. Die »Chimären« und »Zerrbilder« (ebd., 566) des manieristischen Palastes verweisen zurück auf die phantastischen Gebilde und Maschinen im Gruselkabinett des obskuren Alchemisten am Ende des dritten Abschnitts (vgl. ebd., 401-425), in das Arnim nicht zufällig ein Krytogramm des Autors eingeschrieben hat. Das Kraut gegen Philisterei heißt hier Arni(ca) M(ontana) (ebd. 407; vgl. Lützeler 1989, 792) und bezeichnet ein »unsichtbares Mädchen«, das über eine »Ähnlichkeit in der Stimme mit seiner Dolores« (ebd., 408) verfügt.

Den Schlußpunkt unter seinen Roman setzt eine allegorische Inszenierung von wahrhaft manieristischen Ausmaßen. Eine Gruppe von Bildhauern hat nach dem Tod der Gräfin binnen Jahresfrist eine »übergroße Bildsäule der Gräfin« erstellt, »wie sie mit der einen aufgehobenen Hand warnend, mit der andern ausgestreckt, segnend, von ihren zwölf Kindern umringt, auf der Spitze einer gefährlichen Klippenreihe, die bis dahin der Untergang mancher Hoffnung und manches Lebens geworden, milde aus dem Himmel herableuchtend ihnen erscheint.« (ebd., 674) Überlebensgröße und die Exzentrizität des Lichtarrangements in Augen und Krone der Gräfin Dolores und ihrer Kinder lassen die Säule als manieristische Allegorie des Romans erscheinen. Im Eingangskapitel konstatierte Arnim eine kunstfeindliche Zeit, in der offensichtlich der allegorische Leuchtturm der Gräfin Dolores stellvertretend für den ganzen Roman und die romantische Poesie Arnims insgesamt als Orientierungspunkt aufgestellt ist, als künstliches Sternbild, das selbst dann leuchtet, wenn alle natürlichen Sternbilder in Wolken gehüllt sind. Am Ende des Romans erfüllt Arnim den Namen seiner Heldin, indem er sie zur Skulptur der mater dolorosa und Mutter Gottes verdichtet, die die Seeleute in der navigatio vitae (Seefahrt als Metapher des Lebens; vgl. Eichendorffs *Eine Meerfahrt*) vor den Klippen und Gefahren des Lebens schützt. Die Ästhetisierung der Frau zieht sich durch den gesamten Roman (etwa 131, 463, 466) und gipfelt in der Schlußskulptur, in der die Sinnlichkeit und Verführung des weiblichen Körpers dementiert und im Bild der Mutter und Heiligen sublimiert wird. In seiner weitesten Bedeutung enthält Arnims allegorische Spiegelung des Romans eines der zentralen Dispositive der Romantik, das die unterschiedlichen Schreibprojekte Tiecks, Brentanos, Hoffmanns und Eichendorffs verbindet: die romantische Schrift als Allegorisierung und symbolische Beschriftung der Frau. Im *Godwi*, im *Goldenen Topf*, im *Runenberg* oder im *Marmorbild* erscheint wie in der *Gräfin Dolores* das Bild der Frau als Allegorie der künstlerischen Schrift, die gleichzeitig begehrt und spiritualisiert wird.

Die Einsicht, daß die allegorischen Selbstkommentare der romantischen Erzählungen bei weitem komplexer funktionieren als schlichte Personenallegorien, hat Arnim seinem Roman als eine Art »Prozeßmodell« (Wingertszahn 1990, 288) der Lektüresteuerung vorangestellt. Im ersten Kapitel führt er »zwei große hervorragende Gebäude von ganz verschiedener Bauart und Umgebung« (Arnim I, 103) ein und wertet ihr Äußeres sofort allegorisch aus: »eine neue fröhlige Zeit neben einer verschlossenen ängstlichen alten« (ebd.). Daß romantische Allegorien jedoch einer in sich beweglichen Semiotik unterstehen, stellt Arnim klar, indem er jede allegorische Interpretation an eine Wahrnehmungsperspektive bindet. Die angebotene einfache Allegorese wird mit einem Hinweis darauf, daß sie nur »beim ersten Anblicke« gültig sei, als triviale Allerweltsallegorie abgetan. Wenn die Beobachter sich »den Gebäuden hinlänglich genähert haben, um alles Einzelne daran zu unterscheiden« (ebd.), dann verkehrt sich der erste Eindruck in sein Gegenteil. Die Kontrastführung beider Schlösser bedeutet dann eine poetologische Konkurrenz, in der die wild verwachsene, zunächst dunkel scheinende romantische Schönheit des einen den starren marmornen Klassizismus des anderen überlebt. Das darf aber ebenfalls nicht als Endpunkt der Deutung gelten, weil auch diese auf einer bestimmten subjektiven Form der Wahrnehmung gründet. Naiven Formen der Personenallegorie – Arnim nennt sie im Roman selbst »allegorische Mythologie« (ebd., 136) – hält er die Autonomie der Kunst entgegen. Seiner Hauptfigur, die gerade eine »allegorische Dichtung« in dieser Weise festlegt, muß er vorhalten: »daß jede Dichtung etwas für sich Bestehendes sei, wenn sie auch Beziehungen auf ein gewisses Ereignis habe, das war ihr nie in den Sinn gekommen« (ebd., 160). Wingertszahn hat die lektürepraktische Funktion des ersten Kapitels der *Gräfin Dolores* folgendermaßen beschrieben: »Damit ist für den folgenden Lesevorgang ein Prozeßmodell geschaffen, in dem symbolische Lesarten provoziert und gegenläufig relativiert werden, in dem mehrdeutige Bilder fließend umgeschichtet werden« (Wingertszahn 1990, 288).

Auch E.T.A. Hoffmann hat seinem, wie Baudelaire sagte, »Katechismus der hohen Ästhetik« (Baudelaire I, 303), der *Prinzessin Brambilla*, mehrfach Porträts eingefügt, die den Text in einer allegorischen Momentaufnahme spiegeln, unter anderem auch wie Arnims Gräfin Dolores als eine skulpturale Erscheinung der weiblichen Titelfigur. Gemäß der spielerisch-komödiantischen Anlage des Textes entsteht hier jedoch kein manieristischer Leuchtturm, sondern eine leichtfüßige Tänzerin und phantastischer Elementargeist. Diejenigen, »welche ein gutes Auge« (Hoffmann III, 906) haben, werden Augenzeugen, wie die ästhetischen Drahtzieher Hoffmanns, ein Magier und ein Scharlatan, die Erstarrung einer »artige(n) Porzellanpuppe« aufheben und sie genau in dem Moment zur »lebendigen« Allegorie des Textes erheben, als auch die beiden Hauptfiguren der Erzählung, der Prinz Chiapperi und die Prinzessin Brambilla, aus ihrer »Betäubung« erwachen: »Und sowie das Paar lachte, da, o des herrlichen Wunders! stieg aus dem Kelch der Lotusblume ein göttlich Frauenbild empor und wurde höher und höher, bis das Haupt in das Himmelblau ragte, während man gewahrte, wie die Füße in der tiefsten Tiefe des Sees festwurzelten. In der funkelnden Krone auf ihrem Haupte saßen der Magus und der Fürst, [...]« Das abschließende Erscheinungsbild der Prinzessin Mystilis hält den gesamten Text in einer allegorischen Momentaufnahme fest: Das »göttliche Frauenbild«, das aus der Pflanze der reinen, unbefleckten Poiesis, der Lotusblume, organisch erwächst, das Haupt in den enthusiastischen Höhen der Phantasie, die Füße im feuchten Element des Humors, ein funkelndes Diadem auf dem Kopf, in dem Magier und Scharlatan ihre Aufwartung machen (vgl. Strohschneider-Kohrs 1960, 409). Vorher schon hat Hoffmann diesen »Elementargeist« bei der Tätigkeit vorgestellt, die gleichzeitig ästhetisches Programm ist: beim Tanz der Prinzessin mit ihrem Prinzen. Der simulierte Tanz des Prinzen mit der Prinzessin vollzieht sich zugleich als hermeneutische Selbstreflexion. Er gibt auch den Blick frei auf den Tanz, den ein Leser mit der *Prinzessin Brambilla* zu tanzen hat: »Doch nein, nein! – so wie ich dich erfaßte, wärst du ja nicht mehr – schwändest hin in nichts! Wer bist du denn, geheimnisvolles Wesen, das, aus Luft und Feuer geboren, der Erde angehört und verlockend hinausschaut aus dem Gewässer!« (Hoffmann III, 871).

Dieser »Elementargeist«, aus der »Luft« und dem »Feuer« der Phantasie geboren, der dennoch dem Materiellen und Sinnlichen angehört und dabei mit den Füßen im Gewässer des Humors verwurzelt ist, dieses Phantombild nimmt das »göttliche Frauenbild« des Schlußtableaus vorweg. Im allegorischen Aufzug der tanzenden Prinzessin erhebt Hoffmanns *Prinzessin Brambilla* den Anspruch, von jedem möglichen Leser als ironische Phantasmagorie ernstgenommen zu werden, die sich bei jedem anmaßenden Zugriff und vor jeder »Äquilibrierstange« des bestimmenden Verstandes sofort in luftigere Höhen bzw. gleich ins Nichts entzieht.

V. Sprachmagie und Naturmystik

1. Die Zeichenstruktur der Natur

Die romantische Literatur und Philosophie zeichnet sich durch eine lebhafte Rezeption hermetischer Wissenstraditionen aus, die von der Aufklärung als irrational diffamiert und weitestgehend ausgegrenzt wurden. Es fällt nicht ganz leicht, die unterschiedlichen hermetischen Traditionsstränge, die für die Romantik von Bedeutung sind, präzise zu unterscheiden. Das liegt zum einen an einem typisch romantischen Synkretismus im Umgang mit Tradition, zum anderen daran, daß sich schon in der Geschichte der hermetischen Wissensformen unterschiedliche, z.T. heterogene Quellen vermischen. In der hermetischen Hochkunjunktur der Spätantike überlagern sich neuplatonische und gnostische Philosophie mit mythologischen, astrologischen, alchemistischen, medizinischen und allgemein naturmagischen Lehren des Orients. Die Spuren des mythischen Stifters und Schutzbefohlenen aller Hermetica, Hermes Trismegistos, führen nach Ägypten.

Der gleiche Befund wiederholt und verstärkt sich in der Renaissance, einer weiteren Hochphase hermetischen Wissens. Die Lage verkompliziert sich hier noch erheblich durch eine Überlagerung heidnischer und jüdisch-christlicher Traditionen, durch das Hinzutreten jüdischer Kabbala und christlicher Mystik und ihrem Spannungsverhältnis zur offiziellen katholischen und bald auch protestantischen Dogmatik. Traditionsbildend sind vor allem Marsilio Ficino *De triplici vita* (1498), das von Heinrich Cornelius Agrippa von Nettesheim dem Kreis der deutschen Humanisten vermittelt wurde, und eine Gruppe von Autoren, die den sogenannten christlichen Kabbala zugeordnet werden (vgl. Scholem 1984): Pico della Mirandola, Johannes Reuchlin (*De verbo mirifico* (1494), *De arte cabbalistica* (1517)), Agrippa von Nettesheim (*De occulta philosophia* (1530/33), und Paracelsus, dessen medizinisch-naturphilosophische Schriften erst 1589/90 von Johannes Huser herausgegeben wurden. Von der Renaissance aus ergibt sich eine Traditionslinie über das 17. Jahrhundert, Jakob Böhme (*Aurora* (1612)), der Paracelsist Oswald Crollius (*Basilica Chymica* (1623)), Athanasius Kircher (*Oedipus Aegypticianus* (1653)), Christian Knorr von Rosenroth (*Kabbala Denudata* (1677-1684)), bis ins 18. Jahrhundert, etwa Georg von Welling

(*Opus mago-cabbalisticum et theosophicum* (1735)), der südwestdeutsche Pietist Friedrich Christoph Oetinger oder der französische Illuminat und Mystiker Louis Claude de Saint-Martin, dessen Hauptschrift *Vom Geist und Wesen der Dinge* Gotthilf Heinrich Schubert 1812 ins Deutsche übersetzt hat, bis hin zur Romantik.

Das gemeinsame Charakteristikum aller möglichen hermetischen Wissensformen ergibt sich aus einem Zusammenwirken von drei Grundfiguren: Ganzheit der Natur als magische Einheit von Geist und Materie, universales Äquivalenzprinzip und eine ebenso universale Signaturen-, d.h. Zeichenlehre. In ihrem Einheitskonzept der Natur bleiben sie zu dem kritischen und analytischen Grundzug neuzeitlicher Wissenschaft auf Distanz. Aus der Ganzheitlichkeit der Natur, dem Zusammenhalt von Mikro- und Makrokosmos, der Einheit der vier Elemente folgern die verschiedenen Hermetica eine umfassende Ähnlichkeit aller denkbaren Lebensbereiche. Sie beschäftigen sich in aller Regel mit dem Nachweis dieser verborgenen Ähnlichkeit. Disparate Bereiche der Natur und des gesamten Universums geben ihre Ähnlichkeiten über eine Zeichenhaftigkeit preis, eine Signatur, die nach dem Modell der Sprache gedacht wird und die alles mit allem vergleichbar erscheinen läßt. Die Dinge werden im hermetischen Blick vergleichbar, da sie einer gemeinsamen Zeichenordnung angehören, die ihnen Bedeutung verleiht: »Es gibt keine Ähnlichkeit ohne Signatur. Die Welt des Ähnlichen kann nur eine bezeichnete Welt sein« (Foucault 1974, 57). Die Welt öffnet sich zu einem einzigen großen Buch, dem offenbarten Buch der Natur: »Der Raum der unmittelbaren Ähnlichkeiten wird zu einem großen, offenen Buch. Es starrt von Schriftzeichen« (ebd.). In der *Astronomia Magna* führt Paracelsus die Zeichenhaftigkeit der Natur als Grund ihrer Bedeutung und ihrer Erkennbarkeit aus:

»Wir menschen auf erden erfaren alles das, so in bergen ligt durch die eußern zeichen und gleichnus, auch der gleichen alle eigenschaften in kreutern und alles das in den steinen ist und nichts ist in der tiefe des mers, in der höhe des firmaments, der mensch mag es erkennen. kein berg, kein fels ist so dick nicht, das er das möge verhalten und verbergen, das in im ist und dem menschen nicht offenbar werde. das alles kommt durch sein signatum signum« (Paracelsus XII, 174f).

Und in seiner Tradition formuliert der eben erwähnte Oswald Crollius die rhetorische Frage, die nicht nur von ihm, sondern auch von den Romantikern positiv im Hinblick auf das Buch der Natur beantwortet würde: »Stimmt es nicht, daß alle Gräser, Pflanzen, Bäume und so weiter, die aus dem Inneren der Erde kommen, ebenso viele Bücher und magische Zeichen sind?« (zit. b. Foucault 1974, 57).

Die Bedeutung der magischen Naturschrift, gebunden im Buch der Natur, kann für die Romantik nicht nachdrücklich genug betont werden. Exemplarisch sei hier eine Stelle aus Gotthilf Heinrich Schuberts *Symbolik des Traumes* (1814) zitiert, da der Verfasser einer der ganz wichtigen Vermittler hermetischer Traditionen für die Literatur der späteren Romantik war. Die sprachliche Zeichenstruktur des »Buches der Natur« bestimmt Schubert über seinen göttlichen Offenbarungscharakter:

»Wenn die Natur ein Wort der ewigen Weisheit, eine Offenbarung derselben an den Menschen ist, so muß auch diese Offenbarung von demselben Inhalt seyn, wie die mit Buchstaben geschriebene, durch Menschen geschehene. Denn daß auch das Buch der Natur zunächst bloß für den Menschen geschrieben sey, leidet keinen Zweifel, da er das einzige Wesen der uns sichtbaren Welt ist, welches von Natur den Schlüssel zu jener Hieroglyphensprache besitzt« (Schubert 1814, 36).

Gesteinsformationen aus dem Inneren der Erde etwa stehen in direkter Korrespondenz zu Pflanzen, Tieren oder Himmelsstrukturen, weil sich in ihnen eine einheitliche Schrift vergegenständlicht hat, der ursprünglich eine konstitutive, d.h. weltschöpferische Kraft zukam. In letzter Hinsicht laufen die hermetischen Lehren auf eine ursprüngliche Schöpfung der Natur als göttlicher Benennung oder Bezeichnung zurück, wie sie sich in zahlreichen antiken und orientalischen Schöpfungsmythen, vor allem aber im jüdisch-christlichen Offenbarungs-Mythos finden.

Von hier aus wird einsichtig, daß die hermetische, hieroglyphische Schrift von *verborgenen* Ähnlichkeiten handelt, denn sie sind nach der babylonischen Sprachverwirrung verschüttet worden. Die magische, d.h. schöpferische Fähigkeit der Sprache ist nach Babel allenfalls noch in Spuren im Hebräischen und dann, wie Jakob Böhme hofft, in der deutschen »Muttersprache« aufbewahrt. Um die Rekonstruktion einer im fundamentalen Sinne schöpferischen Sprache bemühen sich nicht nur christliche Mystik und kabbalistische Kombinatorik, sondern auch, mit ganz anderen Voraussetzungen und Folgen, esoterische Praktiken wie Alchemie und Magie.

Auf eine solche schöpferische, ganz mit Bedeutung aufgeladene Sprache zielt auch die Literatur der Romantik. Auch sie träumt von einer Sprache, deren Zeichen die magische Fähigkeit haben, »direkt auf die Dinge einzuwirken, sie anzuziehen oder sie abzustoßen, ihre Eigenheiten, ihre Kräfte und ihre Geheimnisse darzustellen« (Foucault 1974, 71). Gemeinsam mit den magischen Praktiken der Tradition träumt die Romantik vom, wie es bei Novalis oder Schlegel des öfteren heißt, »Zauberstab der Analogie«. Allerdings verschiebt sich das metaphysische Interesse dabei deutlich und notwendig in eine ästhetische Richtung. Die ganzheitliche Sicht der Natur als Buch, in dem die vier grundlegenden Elemente sich wechselseitig indizieren, und die Vorstellung der Zeichen-Sprache als magisches Medium der Neuschöpfung, eben als »Zauberstab«, bilden duchgängige Figuren, die Früh- und Spätromantik verbinden. Bereits in Tiecks *Sternbald* ist diese Semiotik der Natur als Analogie der Poesie ausformuliert:

»in jedem Moose, in jeglichem Gestein ist eine geheime Ziffer verborgen, die sich nie hinschreiben, nie völlig erraten läßt, die wir aber beständig wahrzunehmen glauben. Fast ebenso macht es der Künstler: wunderliche, fremde, unbekannte Lichter scheinen aus ihm heraus, und er läßt die zauberischen Strahlen durch die Kristalle der Kunst den übrigen Menschen entgegenspielen« (Tieck, Sternbald, 252f).

Tiecks frühe *Phantasus*-Märchen behandeln Natur als geheimnisvollen Raum, der sich nur demjenigen offenbart, der über jene sympathetische Fähigkeit der Analogie verfügt. Sie wird in der Romantik allermeist als Liebesbeziehung thematisiert. Die weibliche Hauptfigur des Märchens *Der blonde Eckbert* (1796), Bertha, erlebt die Herausbildung ihrer »Phantasie« im unbewußten, traumhaften Einklang mit einer belebten Natur, die ihre im Innersten der Erde »verborgenen« Geheimnisse in Gestalt von »Geistern« entdeckt, die »unterirdische Schätze« (Tieck VI, 128) ans Tageslicht fördern. Es handelt sich um »kleine Kiesel«, die sich unter dem Blick der Phantasie »in Edelsteine verwandelten« (ebd.). Sie entstammen dem verborgenen Buch der Natur und werden in den »alten, geschriebenen Büchern« (ebd., 134), in denen Bertha schließlich lesen lernt, allererst als »wunderbare« Edelsteine lesbar. Auf gleiche Weise hängen die elementaren Naturbereiche auch im *Runenberg* (1802) zusammen. Hier ist es eine »magische Tafel« (ebd., 204) mit einer nicht minder magischen Inschrift, als die sich das verborgene Buch der Natur zu erkennen gibt. Demjenigen, der, wie der Märchenheld Christian, die Natur als »geliebte Braut« (ebd., 205) ansieht, offenbart sie unter »Angst und Liebe« (ebd.), die »kostbarsten Schätze [...], die die Einbildung nur denken oder das Herz sich wünschen kann« (ebd., 207).

Der exemplarische Roman der Frühromantik, Novalis' *Heinrich von Ofterdingen* (1800/01), behandelt in ähnlicher Weise Natur als Erfahrungsraum, dessen Einheit und Ganzheit nur dem Phantasiebegabten einsichtig wird, der als poetischer »Schatzgräber« (Novalis I, 286) bereit ist, ohne materielles Interesse in die »Tiefe« einzudringen, um das Geheimnis zu lösen. Novalis erweitert den Naturraum zum Einheitsbild der Geschichte. Das Gestein in der Tiefe der Erde wird dem »Bergmann« zum Zeugen der Vergangenheit, wie umgekehrt der Sternenhimmel zum prophetischen »Buch der Zukunft« (ebd., 308) wird. Den Astrologen als »Leser« der Sternbilder und den Bergmann als unterirdischen Spurenleser, als »verkehrten Astrologen« (ebd., 307), vereinigt Novalis in der alles überragenden Figur desjenigen Dichters, der fähig ist, das Buch zu schreiben, das die gesamte Natur- und Menschengeschichte monadisch enthielte und dem sich umgekehrt die magische Anleitung zur Neuschöpfung ablesen ließe. Novalis läßt seinen sagenhaften mittelalterlichen Minnesänger Heinrich von Ofterdingen in der Tiefe der Natur, im Innersten des Bergwerkes, eine Variante des Buchs der Natur finden, in dem sich Bilder und Schriftzüge zu einem Spiegel verdichten, das nicht nur das Einheitsbild von Natur und Geschichte reflektiert. In diesem in »provenzalischer Sprache« (ebd., 313) geschriebenen Buch findet der Sänger das Rätsel seiner eigenen Lebensgeschichte und gleichzeitig spiegelt sich darin in einer Art mise en abîme der Roman bis hin zu seiner fragmentarischen Form selbst: »Soviel ich weiß, ist es ein Roman von den wunderbaren Schicksalen eines Dichters, worinn die Dichtkunst in ihren mannichfachen Verhältnissen dargestellt und gepriesen wird. Der Schluß fehlt an dieser Handschrift« (ebd.). Das provenzalische Buch des Einsiedlers macht deutlich, warum das romantische Buch der Natur so häufig im Inneren der Erde, in Bergen und Bergwerken gefunden wird. Es soll Heinrich den Weg zur »Heymath« (ebd.) weisen.

Von Tieck und Novalis bis hin zu Hoffmanns *Die Bergwerke zu Falun* (1818/19) dient das Bergwerksmotiv als Imagination des Unbewußten und des psychischen Innenraums insgesamt. Die romantischen Reisen in die Unterwelt sind immer auch Reisen in das eigene Innenleben oder in die eigene Kindheit. Was die romantischen Reisenden aus den verborgenen Schriften des Buchs der Natur an das Tageslicht fördern, sind immer wieder Edelsteine und Perlen, hinter denen sich die Schriften der Kunst verbergen, die die Naturschrift allererst lesbar machen. Hoffmann hat diese »Diamantgrube in unserm Innern« (Hoffmann III, 829) in seiner späten Erzählung *Prinzessin Brambilla* (1820) zitiert und mit dem legendären Ort der Goldbergwerke, Peru, verbunden: »Noch hochbegabter und selig zu preisen die, die ihres innern Peru's Edelsteine nicht allein zu erschauen, sondern auch herauf zu bringen, zu schleifen und ihnen prächtigeres Feuer zu entlocken verstehen« (ebd.). Bis in die Details von »Schliff« und »Feuer« liegen die Analogien zu den »Juwelen« aus Tiecks *Runenberg* auf der Hand, die noch nicht »poliert und geschliffen« sind und denen es deshalb »noch an Auge und Blick«, an »Feuer« (Tieck VI, 207) fehlt.

Auch in Hoffmanns *Die Bergwerke zu Falun* ist es ein Bergmann, der in das Innere des »Steingeklüfts« hinabsteigt und dort die »geheimen Zeichen« einer »bedeutungsvollen Schrift« (Hoffmann, Serapionsbrüder I, 234) findet, die wiederum nur er selbst verstehen kann, da es wie bei Novalis seine eigene »Lebenstafel« ist (ebd., 235), auf der sich die hieroglyphische Naturschrift findet, er also wie Tiecks Helden und Novalis' Heinrich von Ofterdingen in sein eigenes Inneres hinabgestiegen ist. Hoffmann hat in dieser Erzählung aus der Sammlung *Die Serapionsbrüder* ein weitreichendes naturmythologisches Netz aus »Metallfürsten« und »Garkönigen« gesponnen, aus dem sich eine unterirdische Königin hervorhebt, mit deren Herzen im Mittelpunkt der Erde die phantasiebegabten Menschen über ein »sonderbares Gezweige« verwachsen sind. Er führt hier die dunkel-verlockenden, erotischen Seiten des Bildes der Mutter Natur aus, das dem sehnsüchtigen, in die unterirdische Königin verliebten Bergmann zur Katastrophe wird. Schon in Tiecks *Runenberg* trug das Bild der Mutter Natur, als Personifikation des Buchs der Natur, gefährliche und gleichermaßen erotisch verlockende Züge (vgl. Kapitel VII), wo hingegen Novalis eher das friedliche erotische Bild der Mutter Natur darstellte. Wichtig für die romantische Imagination der Einheit der Natur ist in allen Fällen, daß sie in Form des Buchs der Natur vorgestellt wird und – vor allem – daß es in Korrespondenz zur literarischen Schrift gedacht wird, die als magischer »Zauberstab der Analogie« befähigt scheint, die Natur im Raum des Imaginären neu zu schaffen.

Dieser Befund läßt sich generalisieren. Der Fokus des romantischen Bezugs auf hermetische Lehren liegt in der Faszination für die Nachahmung schöpferischer Macht in magischen Praktiken. Wenn die verschiedenen, synkretistisch in der Romantik vermengten hermetischen Traditionen auf einen »unmittelbaren Zugang zur Macht Gottes« (Assmann 1994, 33) ausgerichtet sind, so muß diese Phantasie im Rahmen einer literarischen Adaption auf eine ästhetische Schöpfung der Welt, d.h. auf Literatur begrenzt werden. Es liegt nahe, daß sich romantische Literatur insbesondere für die Zeichen- und Sprachkonzepte der Hermetica interessiert, um ihr poetologisches Projekt der Imagination zu reflektieren. Da die romantische Poetik darauf zielt, Natur und Subjekt in den imaginären Raum der Literatur zu verwandeln, sind von besonderer Bedeutung deshalb die Zeichensysteme der Alchemie, die die Veredelung der materiellen Welt verspricht, und der Mystik, die eine spirituelle Repräsentation und Überwindung der Leiblichkeit anstrebt. Aus dem Geflecht christlicher und jüdischer Mystiken legt die romantische Literatur einen Akzent auf die Kabbala, die jüdische Mystik, die im Kern spekulative Sprachtheorie ist.

2. Kabbala und Theosophie

Die Schriftvorstellungen in der Romantik haben keine einheitliche Kontur. Verschiedene Konzepte gehen durcheinander, widersprechen oder ergänzen sich. Die platonische und christliche Vorstellung der Schrift als Pneuma, als möglichst transparente Durchgangsform des Geistes beziehen romantische Autoren durchgängig auf die Geistwerdung des Fleisches in der Eucharistie und, man denke nur an Hoffmanns Schreiber Anselmus in *Der goldene Topf,* in der Himmelfahrt. Im platonischen und christlich-lutherischen Begriff der Sprache kommt der lebendigen Rede und dem lebendigen Austausch im Gespräch der Vorzug vor den »toten« Buchstaben der Schrift zu.

Konzepte der Naturschrift werden, wie oben dargelegt, in der Rede vom Buch der Natur greifbar, das romantische Erzählungen in naturphilosophischer Hinsicht häufig alchemistisch füllen. Motivischer Bezugspunkt ist die geistige Wiedergeburt bzw. Sublimation des Körpers im spirituellen, imaginären Raum. Einer anderen Tradition entstammt das dritte Schriftkonzept, auf dem ein deutlicher Akzent liegt: die jüdische, speziell kabbalistische Vorstellung der göttlichen Ur- bzw. Namensprache, der als einer spirituellen Materialität eine weltschöpferische, poietische Energie zugeschrieben wird. Die Verknüpfung von Naturphilosophie und Schriftspekulation ist bei Jakob Böhme vorgeprägt, einem der wichtigen Referenz-Autoren der Romantiker. Die Verknüpfung von mystischen, sprach- und naturphilosophischen Aspekten zeichnet auch die Schriften Swedenborgs und Hemsterhuis' aus, die von den Romantikern stark rezipiert wurden. Aleida Assmann hat betont, daß eine Verbindung von Schrift- und Naturschriftkonzepten aus jüdischer Sicht unmöglich ist: »Beide Theorien, Naturspekulation und Schriftspekulation, schließen sich strikt aus« (Assmann 1994, 33). Für die christliche Kabbala-Rezeption der Renaissance, etwa bei Agrippa von Nettesheim, ist diese Kontamination jedoch ebenso charakteristisch wie für die Theosophie Böhmes und die Ästhetik der Romantik.

Es besteht in der romantischen Literatur kein autonomes theoretisches oder praktisches Interesse an kabbalistischem Wissen. Umgekehrt werden bestimmte kabbalistische Elemente einem ästhetischen Interesse untergeordnet, jedoch keinesfalls im Sinne von beiläufigen Motiven, sondern sie werden in ihrer Analogie zur romantischen Schriftpraxis auf eine Selbstreflexion der romantischen Poetik der Imagination fokussiert. Schon in der frühromantischen Programmatik Friedrich Schlegels und Novalis' findet sich diese ästhetisch-kabbalistische Analogie. Schlegel skizziert seine Theorie der romantischen Imagination als Analogon zur Sprachmagie der Kabbala: »Der

Zweck der *Kabbala* ist Erschaffung der neuen Sprache; denn diese wird das Organ seyn, die Geister zu beherrschen« (Schlegel KA XVIII, 399). Im Schnittpunkt von (literarischer) Imagination und (mystischer) Magie identifiziert er Ästhetik und Kabbala: »Die Ästhetik = *Kabbala* – eine andre giebts nicht« (ebd.). In einer Notiz des Jahres 1800 heißt es kategorisch: »Die wahre Aesthetik ist die *Kabbala*« (Schlegel, Literarische Notizen, 201). Auch Novalis bezieht das romantische Projekt, die verlorene ursprachliche Identität von Zeichen und Referent literarisch zu restituieren, auf die magische Sprachvorstellung der Kabbala. Im Kontext einer »Lehre von den Signaturen« und einer »grammatische[n] Mystik« der Schrift als »Zauberey« (Novalis II, 500) notiert er unter dem Stichwort »MAGIE. (mystische Sprachl[ehre])« in *Das Allgemeine Brouillon*: »Sympathie des Zeichens mit dem Bezeichneten (Eine der Grundideen der Kabbalistik.)« (ebd., 499).

Die mystische Sprachlehre der Kabbala wird in der Frühromantik programmatisch als »Paradigma der poetischen Sprache und der Ästhetik überhaupt« (Kilcher 1993, 247f) entworfen und in den Erzählungen der späteren Romantik entsprechend ausgeführt. Im Rückgriff auf Herder und und vor allem Hamanns Rede von der Sprache als der »Mutter der Vernunft und Offenbarung«, die ganz der hebräischen Tradition verpflichtet ist, erscheint der starke Akzent auf die magisch-imaginative Energien der poetischen Sprache als »Konvergenzpunkt der Romantiker gegen die reine Vernunft der Aufklärung« (Schulte 1994, 4). Analog zur kabbalistischen Sicht der Tora als eines beweglichen, begrifflich nicht reduziblen Organismus konstituiert sich der romantische Text als inkommensurable Sinn-Komplexion. Die drei Grundprinzipien der kabbalistischen Interpretation des jüdischen Weltbuches, der Tora, die Gershom Scholem aufführt, finden sich im romantischen Text in gleichsam säkularer, ihres metaphysischen Anspruchs weitestgehend entkleideter Gestalt wieder: »1. das Prinzip des Namens Gottes, 2. das Prinzip der Tora als Organismus, 3. das Prinzip der unendlichen Sinnfülle des göttlichen Wortes« (Scholem 1973, 55). Der Versuch, kabbalistische Spuren im romantischen Text aufzuzeigen, darf nicht als Reduktion, sondern muß als eine Form der Selbstreflexion verstanden werden, die als Figur der Verdoppelung immer schon einen – im formalen Sinne – ironischen Bruch mit der Tradition voraussetzt. Weder Hoffmann noch Arnim, weder Tieck noch Brentano zitieren hermetische Analogien, um eine Vereinigungsmetaphysik zu bestätigen.

Aus dem romantischen Interesse an der Sprache und seiner Kombination mit entwicklungsgeschichtlichem Denken, das seine entscheidenden Impulse von Herder bekam, resultiert die Begründung einer disziplinierten etymologischen Forschung. Sie behandelt Sprache als umfassendes, unbewußtes kulturelles Archiv, dem sich die Menschheitsgeschichte rückwärts ablesen läßt. Bei Friedrich Schlegel, Georg Friedrich Creuzer, Jacob und Wilhelm Grimm, Franz Bopp oder Johann Arnold Kanne stehen die etymologischen Untersuchungen im Zusammenhang mit der Erforschung der Ursprache, die zunächst mit dem Hebräischen, dann dem Ägyptischen und dem Indischen identifiziert wurde. Kanne stellt sich in *Erste Urkunden der Geschichte oder Allgemeine Mythologie* aus dem Jahre 1808 explizit in die jüdisch-christliche Tradition der sogenannten »Ursprache«, die nur aus Namen besteht. Für diese Namensprache werden zwei konstitutive Regeln geltend gemacht. Aus der behaupteten Identität von Zeichen und Bezeichnetem wird die starke, mit magisch-kabbalistischen Vorstellungen sympathisierende Konsequenz gezogen, daß das Zeichen vorgängig ist und die Welt als Welt der Dinge allererst hervorbringt. Die Ursprache ist rein poietischen Charakters, sie hat weltschöpferische Kraft. Kanne macht sich die Vorstellung zu eigen, daß die Kosmogonie eine »Logogonie« (Schrey 1969, 192), der Schöpfungsvorgang mithin ein sprachlicher Akt sei.

Ein besonderes Interesse gilt deshalb der Funktion des Namens resp. Eigennamens in romantischen Erzählungen. So läßt sich das Drama der romantischen Helden häufig schon der Signifikanz ihrer Namen ablesen. Besonders dicht ist die dramatische Signifikanz der Namen in Hoffmanns *Sandmann* gefügt, wo die Bezeichnung der Sandmänner (»Coppelius« bzw. »Coppola«) den alchemistischen Vorgang der Metamorphose (lat. »coppella« bezeichnet den Schmelztiegel) mit einer erotischen Konnotation versieht (frz. »coupeller« für »verkuppeln«) und auf das rekurrente Motiv des Augenraubes (ital. »coppo« für »Augenhöhle«) abbildet (vgl. Freud 1947, 241). Sogar der Name des Automatenkonstrukteurs Spalanzani verweist nicht nur auf den historischen italienischen Naturforscher des 18. Jahrhunderts, auch er untersteht dem Augen-Dispositiv der Erzählung: ital. »spalancare« heißt »die Augen aufreißen«. Die Katastrophe des dilletierenden Dichters Nathanael, der ins Hebräische verschobenen Fassung von Hoffmanns Vornamen »Theodor«, seine wahnhafte Trübung des Blicks in einem psychoanalytisch interpretierbarem Familiendrama läßt sich vollständig bereits der Signatur der Eigennamen ablesen.

Gleiches gilt etwa für Arnims *Melück Maria Blainville*, jener »Hausprophetin aus Arabien«, deren *Glück*sansprüche zwischen zwei Männern mit den symbolverdächtigen Namen »Saint Lük« und »Saintree« (»Saint Rée«) zunichte werden. Arnim läßt die »Lücke« nicht auf Dauer im Liebes-«Glück« seiner arabischen Zauberin und des Grafen Saintree schließen. Nur vorübergehend »schien ihm [dem Grafen] die Lücke seines Herzens gefüllt« (Arnim III, 764), die Geschichte insgesamt hält es eher mit der Lücke als dem Glück: »die Geschichte begnügt sich aber nicht mit schönen Bildern des Glücks« (ebd., 766). Den etymologisch verbürgten Zusammenhang von »Lücke« und »Gelücke«, als demjenigen, was die Lücke zu schließen in der Lage ist, reflektiert Arnim bereits im signifikanten Spiel der Namen (vgl. Hörisch 1983, 24).

In Brentanos einzigem, »verwildertem« Roman *Godwi* sind alle Figuren, die im Namen ein »od« tragen, als Familienmitglieder ausgewiesen, da sie im »Kleinod« (Brentano II, 35, 67) des »Stammbaums« (ebd., 35) der Familie geführt werden. Heißen sie nun »Joduno«, »Jost« als Kurzform von »Jodokus«, »Kordelia«, »Werdo Senne« oder »Molly Hodefield«, sie alle gehören nicht nur zu irgendeiner, sondern zur heiligen, d.h. göttlichen Familie, deren Namen der Name des Helden vorgibt, dessen, der ist wie Gott. Auch in Brentanos *Godwi* enthält bereits die Signifikanz der Namen das romantische Familiendrama, das vor dem Hintergrund der Heiligen Familie katastrophische Züge annimmt. Die Katastrophe des Sohnes Godwi wird unvermeidlich, da der unmoralische Vater Godwi das Bild der Mutter Gottes geschändet und in eine Heilige und eine Hure gespalten hat, was den Sohn Godwi in inzestuösen, gleichermaßen lust- und angstbesetzte Phantasien einbindet (vgl. Zwetz 1996).

Die Vorstellung der Weltschöpfung als Sprachschöpfung findet sich in zahllosen romantischen Erzählungen wieder. In Arnims *Isabella von Ägypten* (1812) wird die weibliche Titelfigur zu einem Golem verdoppelt, indem ihr das hebräische Wort »Aemaeth« (»Wahrheit«) auf die Stirn geschrieben wird. Der Augenblick der Beschriftung bezeichnet die Geburt der künstlichen Golem-Figur. Umgekehrt bedeutet die Annulierung der Schrift, das Auslöschen der Vorsilbe »Ae« ihren Tod (»Maeth«). Arnim ergänzt die kabbalistische Tradition der Golemschöpfung durch ein typisch romantisches technisches Requisit: In einer Art Fotoapparat verbirgt sich ein »Kunstspiegel«, der neben dem äußeren Erscheinungsbild des Modells auch dessen innerste Gedanken registriert. Die eigentliche Fertigung des Golems vollendet sich in der Beschriftung, genauer gesagt in der romantiktypischen Kombination von Oralität und Literalität: Der jüdische »Künstler« *haucht* dem toten Gebilde Leben ein und *schreibt* ihm das besagte Wort auf die Stirn (vgl. Arnim III, 688f). Wie der Golem stehen auch die übrigen Figuren in Arnims *Isabella von Ägypten*, die sich hermetischer Praktiken verdanken, Alraun und Bärnhäuter, im unmittelbaren Zusammenhang mit einer Sprachschöpfung. Die dritte dieser phantastischen Figuren, der Bärnhäuter, entspringt im ganz buchstäblichen Sinne einer Erzählung, der integrierten »Geschichte des ersten Bärnhäuters«, die die alte Zigeunerin mündlich erzählt und an deren Ende der Bärnhäuter die Ebene der Fiktion wechselt. Die magische Funktion der Sprache zur Schöpfung des imaginären Golem kennzeichnet auch die Schaffung des Alrauns, dessen Name bereits Programm ist (»Rune«). Die Vorschriften zur Alraun-Schöpfung entstammen geheimnisvollen »alten Schriften« (ebd., 628), die Isabella von Ägypten, dem Ursprungsland der hermetischen Künste und ihres mythischen Urhebers Hermes Trismegistos, im Nachlaß ihres hingerichteten Vaters findet.

Die Alraun- bzw. Mandragora-Wurzel findet sich z.B. auch in Tiecks *Runenberg*, in einem kurzen Text Brentanos und in Fouqués *Eine Geschichte vom Galgenmännlein*. In allen Fällen erscheint die Alraun-Schöpfung in einer Kombination von skripturalen und deutlich erotischen Aspekten. Tiecks Held Christian zieht sie unmittelbar vor seinem prägenden erotischen Erlebnis mit der Frau vom Runenberg. Arnim hat das Ziehen der Wurzel als sexuelle Initiation der Isabella von Ägypten ausgeführt. Bereits der Bibeltext der Genesis 30,14 assoziiert die Mandragora mit einem Liebeszauber. Luther übersetzt das griechische Wort »Mandragora« entsprechend mit »Liebesapfel«. Unterhalb der schwer verständlichen Schrift des hermetischen Textes realisiert Arnim für seine phantasiebegabte und experimentierfreudige Heldin sehr bald einen höchst verständlichen Sinn: Zur Alraun-Schaffung wird nämlich ein jungfräuliches Mädchen gefordert, das dennoch »mächtig von der Phantasie in allen Segeln angehaucht wird« (ebd., 636) und mutig genug ist, sich um die Mitternacht zum Henkersplatz zu wagen, auf dem der Vater gehenkt wurde. Arnim hat die Überlieferung abgemildert. Er läßt den Wurzelmann nicht aus dem Sperma oder Urin des Vaters, wie es die Tradition vorsieht, sondern aus dessen Tränen entstehen. Dennoch bleibt das Stechen der Liebeswurzel als sexuelle Initiation einsichtig. Die mutige Jungfrau stürzt mit einem Donnerschlag »ohnmächtig« zu Boden und erwacht erst in dem Augenblick, »als schon die beglückten Liebhaber von ihrem Glücke lässig heimkehrten« (ebd., 640). Die – im Sinne Lacans – phallische Qualität dieser »gegliederten und beweglichen Rübe« (ebd., 641) steht außer Frage und wiederholt sich in einer Traumvision, in der Bella ihren toten Vater als Mumie halluziniert, mit angewachsenen Beinen und Armen, als Wurzelrübe. Die Golems und Alrauns stehen in romantischen Erzählungen durchweg im Kontext von Schrift und Erotik und reflektieren das Herzstück romantischer Poetik: die magische Funktion literarischer Imagination.

Romantische Poesie kann sich als neue Weltschöpfung, als Konstruktion imaginärer Welten anbieten, indem sie Schrift als »immaterielle Materialität« (Schrey 1969, 192) behandelt. Bereits Walter Benjamin hat romantische Poesie als den Versuch verstanden, die verloren gegangene Namensprache in der Weise zu restituieren, daß in ihr jedes einzelne Wort mit Bedeutung aufgeladen ist und nicht verändert werden darf. Bei Kanne heißt es: »Die einzelnen Sprachen enthalten nur disjecti membra poetae und entseelte Versteinerungen einer untergegangenen Ursprache, aus der sie alle abstammen« (zit. b. Schrey 1969, 197). Eine der selbstgestellten Aufgaben romantischer Poesie wird es dann, diese »entseelten Versteinerungen« mit neuem Leben zu füllen und die verstreuten Einzelglieder zu sammeln. In diesem Sinne spricht Harold Bloom von den »strukturellen Ähnlichkeiten zwischen der Kabbala und der nachaufklärerischen Dichtung« (Bloom 1989, 62).

Entsprechend der Schöpfungskraft der Sprache, namentlich der Schrift, muß die Kabbala den Umgang mit ihr unter strenge Vorsichtsmaßregeln stellen. Denn nur *ein* falsch geschriebenes oder beschädigtes Wort kann diesem Sprachverständnis zufolge die Welt zerstören. Die folgende Ermahnung zur Sorgfalt beim Abschreiben der Tora erfährt Rabbi Meier im zweiten Jahrhundert von seinem Lehrer Ismael:

»Als ich bei Rabbi Akiba lernte, pflegte ich Vitriol in die Tinte zu tun, und er sagte nichts. Als ich aber zu Rabbi Ismael kam, fragte er mich: Mein Sohn, was ist deine Beschäftigung? Ich erwiderte ihm: Ich bin [Tora-]Schreiber. Da sprach er zu mir: Mein Sohn, sei vorsichtig bei deiner Arbeit, denn sie ist eine Gottesarbeit; wenn du nur einen Buchstaben ausläßt oder einen Buchstaben zu viel schreibst, zerstörst du die ganze Welt« (Scholem 1973, 58).

Diese Warnung aus der kabbalistischen Tradition entspricht der Warnung des Archivarius Lindhorst an seinen Schreiber Anselmus in Hoffmanns *Der goldene Topf.* »Sie werden daher künftig hier arbeiten, aber ich muß Ihnen die größte Vorsicht und Aufmerksamkeit empfehlen; ein falscher Strich, oder was der Himmel verhüten möge, ein Tintenfleck auf das Original gespritzt stürzt Sie ins Unglück« (Hoffmann II/1, 286).

Warum ein falscher Strich oder ein einziger Tintenklecks schon das Unglück bedeutet, warum Hoffmanns Schreiber sich diplomatisch genau an die Vor-Schrift der hermetischen Texte halten muß, erhält seine Plausibilität erst vor dem Hintergrund der kabbalistischen Einschätzung der welterzeugenden und, im Falle einer fehlerhaften Abschrift, weltvernichtenden Energie der Schrift. Die Strenge der Vorsichtsmaßregeln wird dann verständlich, wenn man bedenkt, daß Anselmus sich selbst schreibend in Poesie übersetzt. Im Vollzug der poetischen Ab-Schrift verändert Anselmus seinen »Aggregatzustand«, er überwindet seine Körperlichkeit und wechselt am Ende der Erzählung in das imaginäre Reich der Poesie. Auf dem Weg dorthin zeigt sein »Fall ins Kristall«, welche Konsequenzen ein Fehler in der Abschrift, ein Tintenklecks auf das Original haben können. Anstatt seine Himmelfahrt zu vollenden, läßt ihn sein »frecher Frevel« in die Körper- und Alltäglichkeit zurückfallen.

Es ergibt sich eine erstaunliche semantische Überlagerung mit einigen Passagen aus Louis Claude de Saint Martins *Vom Geist und Wesen der Dinge*, das auf Anregung Franz von Baaders von Schubert übersetzt und 1812 in Leipzig herausgegeben wurde. Saint Martin registriert eine »allgemeine Erstarrung« der Natur, von der auch die Menschen nicht ausgenommen sind: »Eben so fühlt er, daß selbst der Mensch, der seit dem ersten Fall so erstarrt und in sich selber zusammengezogen ist, ohne ein Flüssiges seiner Art, oder ohne das Centralwort, längst hinabgestürzt wäre« (Saint Martin 1812 II, 75). Sein Gegengewicht, das die »allgemeine Erstarrung« aufheben könne, seine »flüssige Substanz« (ebd., 74), ist ganz kabbalistisch gedacht und deckt sich tendenziell mit der Funktion romantischer Poesie bei Hoffmann, starre Beziehungen aufzulösen und in Metamorphosen zu transformieren: »Der etwas einsichtsvolle Mensch erräth leicht, daß diese allgemeine flüssige Substanz nichts anders seyn könne, als das Wort« (ebd.). Neben seiner religiösen Bedeutung als das Wort Gottes meint »Wort« bei Saint Martin auch den Namen »eines je individuellen Menschen«, der im Sündenfall verlorengegangen ist und den es nun mit großer Anstrengung wiederzufinden gilt: »Ja, der Mensch kennt den Namen nicht, den er führt« (ebd., 78). Da der Name in diesem Verständnis identisch ist mit dem schöpferischen, d.h. poietischen Prinzip eines Menschen, bleibt verständlich, daß Hoffmann seinem Schüler höchste Konzentration auf den poetischen Sinn empfiehlt und davor warnt, sich von der Lektüre seines eigenen Namens ablenken zu lassen. Er selbst muß Schrift werden, um in sich selbst – wie Saint Martin schreibt – »unmittelbar zu lesen« und zum »einzigen Buch« zu werden, »wo sich die eigentümliche Handschrift Gottes« (Saint Martin 1812 I, 104f) findet.

Der Prozeß der Lektüre des eigenen Selbst hat in kabbalistischer Vorstellung seine Voraussetzung in der textuellen Struktur der Welt, deren Matrix das – so Scholem – »lebendige Gewebe« der jüdischen Tora darstellt. Ihr »Textus« ergibt sich als eine unendliche Variation des Eigennamens Gottes, des Tetragrammaton JHWH (vgl. Scholem 1973). Die poetische Funktion des Tetragrammaton findet sich sehr plastisch, im Hinblick auf die deutsche Sprache, die »Muttersprache«, konzipiert in Böhmes *Mysterium Magnum.* Im Namen »JEOVA« ruhe das Prinzip jeder möglichen Sprache, die Kombination von fünf Vokalen, die einer kleinen Zugabe bedurfte, um wirksam zu werden: Es mußte der »göttliche« Konsonant »H« eingesetzt werden, dessen poetische Energie Böhme folgendermaßen beschreibt:

»Daß aber die alten Weisen, dieser Zungen Verständige, haben dem Namen JEOVA ein H eingesetzt, und ihn JEHOVAH geheissen, das ist aus grossem Verstande geschehen, denn das H machet den heiligen Namen mit den 5 Vocalibus in der äussern Natur offenbar. Es zeiget an wie sich der heilige Name GOttes in das Geschöpfe aushauche und offenbare; die 5 Vocales sind der verborgene Name GOttes, der allein in sich selber wohnet: Aber das H deutet an die Göttliche Lust oder Weisheit, wie sich die Göttliche Lust aus sich selber aushauche« (Böhme VII, 331).

Von Saint Martin her ergibt sich die späterhin romantische Vorstellung, daß ein Verständnis der Sprache der Natur nur als eine Selbsterkenntnis möglich erscheint, die an einen Lektürevorgang gebunden ist: an die poetische Lektüre des eigenen, verborgenen Namens. Bei Böhme heißt es: »und das ist die Natur-Sprache, daraus jedes Ding aus seiner Eigenschaft redet, und sich immer selber offenbaret, und darstellet, wortzu es gut und nütz sey, dann ein iedes Ding offenbaret seine Mutter, die die Essentz und den Willen zur Gestaltnitz also gibt« (Böhme VI, 7).

Die Literatur der Romantik konzentriert sich in ihrem Bezug auf christlich-kabbalistische Vorlagen auf die Schriftspekulation und fügt sie in gleichsam säkularer Gestalt ihrem ästhetischen Programm ein: die literarische Schrift der Romantik als imaginatives Medium, das kraft einer ästhetischen Magie neue phantastische Welten erschafft. Der Schrift kommt dabei von den Anfängen in der Frühromantik bis hin zu den späten Texten Arnims (etwa *Holländische Liebhabereien* aus dem Jahre 1826) oder Tiecks (etwa *Des Lebens Überfluß* von 1839) neben der weltschöpferischen vor allem auch eine erotische Qualität zu. In ganz ähnlicher Weise bedienen sich romantische Erzählungen einer anderen wichtigen hermetischen Tradition: der Alchemie.

3. Alchemie

Im Nachwort zu seiner Sammlung romantischer Erzählungen *Das kalte Herz* hat Manfred Frank die Bedeutung alchemistischer Prinzipien für romantische Imagination im Hinblick auf die metonymischen Verschiebungen des Geldes und des Goldes beschrieben. Er lehnt sich dabei an Marxens »Quidproquo« der Tauschwertabstraktion an und verknüpft es mit der alchemistischen Vorstellung von der Vergoldung der unedleren Körperwelt. Zwischen beiden vermittelt die rhetorische Figur der Metonymie, die Frank in der Operation des »Romantisierens« wiederfindet. Er bezieht sich direkt auf Novalis' berühmten Aphorismus: »Novalis sagt also, der Akt des ›Romantisirens‹ bestehe in einer ›qualitativen Potenzirung‹, vermöge deren ›das niedere Selbst mit einem besseren Selbst identificirt‹ wird« (Frank 1978, 343). In dem Maße, wie eine Spiritualisierung bzw. Veredelung der Helden in romantischen Erzählungen angestrebt wird, kann sich die Alchemie als Bezugsgröße anbieten. In dem Maße allerdings, wie alchemistische Praktiken Gold und Geld als materielle Besitztümer anstreben, verfallen sie einer an Imagination und Phantasie orientierten romantischen Kritik. Für letztere stellt die romantische Prosa vom *Heinrich von Ofterdingen*, über Fouqués *Geschichte vom Galgenmännlein*, Arnims *Isabella von Ägypten*, *Die Majoratsherren* und *Die drei liebreichen Schwestern* bis hin zu Wilhelm Hauffs *Das steinerne Herz* (1826) zahlreiche Beispiele. Sie sind durchweg verknüpft mit einer romantischen Kritik der beginnenden Geldmoderne.

Ganz allgemein läßt sich Alchemie als hermetische, auf Ganzheitlichkeit ausgerichtete Vorform der Chemie verstehen, deren Interesse der Veränderung der Aggregatzustände von Körpern und Stoffen galt. Ihr generelles Ziel umschreibt sie als »magisterium«, als das große Werk der Transmutation der unedleren Körperwelt in edlere. Materielles und metaphorisches Ziel ist das Gold. Die alchemistische Fixierung auf Gold hängt eng mit der Tatsache zusammen, daß die alchemistische Vorstellung der Metamorphose als Theorie der Färbung ausgeführt wird. Im Zentrum alchemistischen Interesses steht die Färbung unedler Metalle in edlere. Dabei ergibt sich eine wichtige Stellung des Schwarzen aus dem Umstand, daß vor jeder Transmutation über Rot und Kupfer hin zu Silber und Gold »die Überführung in eine qualitätslose ›schwarze‹ Urmaterie vorausgehen« (HWdPh 149) muß. Der »schwarze Urzustand der Materie (›prima materia‹)« (Meyers Enzyklopädie 1971, 646) bezeichnet den »geläuterten« Zustand des Metalls als Voraussetzung des neuen Lebens, das »die Vollkommenheit des Goldes in sich schließt« und eben als »vollkommenes Leben« (HWdPh 149) gedacht wird. Die Veredelung der Ausgangsstoffe enthält immer auch eine Anspielung auf die ethische Veredelung des Laboranten. Im Schmelzfeuer der Alchemistenküche vollzieht sich die Verwandlung der Materie und gleichzeitig die Metamorphose des Körpers (symbolisiert im Salz, dem »sal«) zu Geist (»mercurius«). Es ergibt sich hieraus eine Doppelbödigkeit des alchemistischen Textes, dessen Rede von der »Sublimation« einerseits einen chemischen Vorgang meint, andererseits das Ziel »einer geistigen Entwicklung« (Butor 1990, 14f) im Rahmen von »philosophischen und mystischen Lehren« (ebd.) absteckt.

Die zahlreichen chemischen Entdeckungen der Alchemie zeigen, daß man sie nicht, wie Michel Butor dies tat, auf eine mystische Symbolik reduzieren darf. Neben dem Porzellan, dem Alkohol und dem Schießpulver gilt das Element Phosphor als wichtigste Entdeckung der Alchemie. Gemeinsam mit dem Schwefel nimmt Phosphor in der alchemistischen Nomenklatur eine zentrale Stelle ein, weil sie mit dem Feuer als der geistigen, poetischen Energie des Menschen identifiziert werden, die es gilt, aus den materiellen Fesseln zu befreien. Bei Phosphor handelt es sich um dasjenige chemische Element, das von sich aus leuchtet und von jedem organischen Körper, spätestens bei der Verwesung, sichtbar freigesetzt wird. Schubert sieht im »gefallenen, in der Materie gefangenen Phosphorus« (Schubert 1814, 157) eine Art universelles dynamisches Element der Natur, den materiellen chemischen Bezugspunkt des über die ganze organische Natur verteilten göttlichen Lichts, dessen »Sublimation« sowohl alchemistische Praktik als auch romantische Poesie betreibt. »Auf der Destillation des Schwefels und der Einwirkung des Schwefeldampfes auf Metalle baute man die eigentliche alchemistische Theorie auf« (Ganzenmüller 1938, 27). Die Alchemisten »nannten diesen abdestillierten Schwefelgehalt die Seele, den Destillationsrest Leiche« (ebd., 28). Die »trockene Destillation« oder Sublimation des Schwefels rückt in direkte Analogie zur Sublimation des Körpers zu poetischem Geist in der romantischen Poetologie. Das Gelingen der alchemistischen Sublimation, die Vollendung des »Opus«, wird als »chymische Hochzeit« metaphorisch umschrieben. Hoffmanns Erzählung vom *Goldenen Topf* ist einer derjenigen romantischen Prosatexte, der sich einer versteckten alchemistischen Symbolik am weitestgehenden bedient. Offensichtlich mußte Hoffmann das Bildpotential der alchemistischen Hochzeit nicht sehr weit strapazieren, um sie auf die Vermählung seines Helden Anselmus mit der sublimen Schlange Serpentina zu übertragen, denn der ausgeprägte Hang zu projektiver Bildlichkeit in alchemistischen Schriften bietet die enge Verknüpfung chemischer und psychologischer Terminologie geradezu an. Das Magisterium der Alchemie, die Verwandlung der Metalle zu Gold, ist bereits dort als »geistig-seelische Läuterung und Erhöhung des Adepten« (Meyers Enzyklopädie 1971, 646) angelegt.

Ein projektiver bzw. animistischer Grundzug in der Alchemie – und anderer Esoteriken – mit ihrem Überangebot psychologisch beziehbarer Bildlichkeit kommt dem allegorischen Interesse romantischer Poesie auf halbem Wege entgegen. Die folgende Beschreibung Wilhelm Ganzenmüllers trifft die poetische Himmelfahrt des Anselmus bis ins Detail, auch der »Körper« des Schreibers bleibt in einer Flasche zurück und seine »Seele« steigt auf nach Atlantis: »Der Geist oder die Seele ist ursprünglich das bei der Destillation oder Sublimation Aufsteigende, der Körper das im Kolben Zurückbleibende«. Der Zusatz über die »Wiederbelebung des toten Körpers« deckt sich ebenfalls mit der poetischen Re-Animation des Anselmus, die der Erzähler selbst mit »feuriger« Unterstützung des Archivarius Lindhorst in der Abschlußvigilie vollzieht, und mit der imaginativen Qualität der Poesie überhaupt: »Werden beide Erzeugnisse wieder miteinander vereinigt, so spricht man von der Wiederbelebung des toten Körpers, ein Bild, das im alchemistischen Schrifttum unendlich oft wiederkehrt« (Ganzenmüller 1938, 146). Die Transformation der Körperwelt in die Ordnung der Phantasie, die Trennung des »Phlogiston« vom »Phlegma« ist auch als ein strukturbildendes Merkmal von Hoffmanns *Kater Murr* erkannt worden (vgl. Preisendanz 1963, 79).

Das Magisterium des Schreibers Anselmus, seine Verwandlung zur imaginären Schriftexistenz wird am Ende des Märchens mit eben den Worten kommentiert, die auch den alchemistischen Erfolg in der Regel begleiten. Serpentina vermeldet aus Atlantis: »das Höchste ist erfüllt« (Hoffmann II/1, 320), der Erzähler schließt sich ihr an und spricht vom »tiefsten Geheimnis der Natur«, das sich hier zwar nicht der alchemistischen Metallfärbung, aber einem »Leben in der Poesie« (ebd., 321) offenbart. Beide experimentieren sie jedoch – wie der Fall des Studenten Anselmus belegt – mit einem Wechsel des Aggregatzustandes, die Alchemie so gut wie die Poesie, letztere allerdings mit einem für Hoffmanns Poetik charakteristischen ironischen Bruch, der die Versöhnungssemantik der Alchemie und anderer Hermetica letztlich neutralisiert.

Daß Hoffmann ganz bewußt mit dem alchemistischen Formular spielt, belegt der Name seines Alchemisten. »Lindhorst« führt etymologisch über »Lindwurm« zurück auf altnordisch »linnr« für »Schlange, Drache«. »Horst« hat sich bis heute als Bezeichnung für ein Raubvogelnest gehalten. Somit ergibt die Kombination aus

»Lind« und »Horst« folglich ein Schlangen- oder Drachennest (vgl. Kremer 1994b). Neben der Schlange indiziert insbesondere der (geflügelte) Drache als »ältestes figürliches Symbol der Alchemie« (Jung 1985 II, 69) die alchemistische Verbindung der Elemente und ihre Verwandlung zu einem neuen, höheren Prinzip, die Verwandlung des »sal« zu »mercurius« (vgl. ebd.). Hinzu kommt, daß der Archivarius Lindhorst im Habitus eines esoterischen Meisters auftritt, der Anselmus in die Rolle eines Adepten rückt. Er wird in einer Arkanpraxis unterwiesen, deren sonderbare Redensarten und Zeichen ihm zunächst völlig unverständlich sind. Für die alchemistische Traditionsbildung ist eine »persönliche Einweihung des ›Adepten‹ durch seinen Lehrer und Meister« charakteristisch, wobei die »schriftlich niedergelegten Erfahrungen für den Außenstehenden« (Biedermann 1968, 24) nicht oder nicht ohne weiteres verständlich sind. Der Zwang zur Geheimhaltung der Rezepturen führte notwendig dazu, daß eine allegorische Rätselsprache entwickelt wurde, die sich schillernder Decknamen und exotischer Hieroglyphen bediente. Immer wieder ist die Rede vom »roten Leu«, vom »Rosengarten«, vom »Jungbrunnen«, immer wieder taucht das »Brautpaar« auf, der »König im Purpurmantel«, überhaupt die Verbindung von Gegensätzen oder die Vermählung des Königs und der Königin. Die hermetische Verrätselung der Schriften bedeutet eine Verknappung des Diskurses, sie regelt und begrenzt den Zugriff auf die Texte. Auch in diesem Punkt liegen die Analogien zur romantischen Technik der Verrätselung auf der Hand.

Das hermetische Motiv einer geistigen Metamorphose und Wiedergeburt überlagert sich historisch schon sehr früh mit christlichen Vorstellungen der Transsubstantiation des Leibes Christi und der Eucharistie. Erstere wird auf dem vierten Laterankonzil von 1215 zum Dogma erhoben, ob unter alchemistischem Einfluß oder nicht läßt sich nur vermuten (Gebelein 1991, 31; Kieckhefer 1990, 17f und 133f), aber angesichts des zwiespältigen Verhältnisses zwischen christlicher Kirche und unter permanentem Häresievedacht stehendem hermetischem Wissen kaum beweisen. Die Analogie brachte Jung zu der Vermutung, »die alchemistische Wandlungssymbolik als eine Karikatur der Messe« zu verstehen, »wenn sie nicht heidnischen und älteren Ursprungs wäre als diese« (Jung 1985 II, 89). Immerhin läßt sich eine Verzahnung von christlicher Dogmatik und Alchemie über die wechselseitige Referenz von christlichen Sakramenten und alchemistischen Prozeßstufen (vgl. Gebelein 1991, 191f) bis hin zur metonymischen Substitution von Christus und dem Stein der Weisen, dem lapis occultus, feststellen (Jung 1985 II, 197; Gebelein 1991, 192).

Ähnlich wie Hoffmann setzt Achim von Arnim in seiner Erzählung *Die drei liebreichen Schwestern und der glückliche Färber* (1812) den Akt des alchemistischen Färbens in Analogie zur Poesie, indem er die Farbe Schwarz als Bindeglied nimmt. Er hat sich zum Helden seiner Erzählung einen Schwarzfärber besonders deshalb ausgewählt, um auf die handwerkliche Grundlage der Poesie anzuspielen. Sei es nun die schwarze Tinte des Manuskripts oder die Schwarzkunst des Buchdrucks, beides schwingt untergründig immer dann mit, wenn Arnim von der anderen Schwarzkunst, der Alchemie, spricht. Was für die beteiligten Frauen, die um die Gunst des Färbers Golno werben, als »böses Handwerk« oder gar »Teufelswerk« erscheint, bewertet der Färber selbst als »himmlisches Werk«. Seiner Einschätzung nach kommt dem Färber nichts weniger zu als die Vermittlung von Gott und Welt. Sein Lieblingslied drängt den Verweis auf den poetischen Künstler geradezu auf: »Als diese Welt nicht Farbe wollte halten,/ Da tauchte sie der Herr in Sündflut ein,/ Bestrahlte sie darauf mit farbgem Schein,/ Die Farbe muß den neuen Bund gestalten;/ Der Färber ist der wahre Mittelsmann/ Der Gott und Welt durch Kunst vereinen kann« (Arnim III, 804). In Anspielung auf frühromantische Versuche der poetischen Remythisierung (vgl. Kapitel VI) avanciert der Färber zum Stifter und Medium eines »neuen Bundes«. Wie im *Goldenen Topf* oder im *Runenberg* steht die Anspielung auf das Motiv des Goldmachens im Mittelpunkt. Wegen des plötzlichen Reichtums des Färbers hält ihn der Alchemist Gundling für einen Eingeweihten. Gundling befolgt die Geheimhaltungsregel und fragt den Färber zunächst im typisch chiffrierten Diskurs, »ob er die Rotationen des roten Löwen und des philosophischen Adam ganz kenne« und ob ihm das »Alkahest«, das universelle Lösungsmittel, die allgemeine »Tinktur« geläufig sei. Aus der hermetischen Verpflichtung auf ein Arkanum entwickelt Arnim ähnlich wie Hoffmann eine Anspielung auf die zentrale Regel moderner Kunst: ihr Postulat der Zweckfreiheit und Autonomie. Der Goldmacher geht noch einen Schritt weiter und realisiert die Tautologie romantischer Ästhetik, daß Kunst nur für Eingeweihte, Phantasie nur für Phantasiebegabte möglich und verständlich sei: »Ich kann nur denen von dem mühsam erarbeiteten Tinktur geben, die selbst dazu gelangen könnten, wie ihr Golno, wenn ihr nicht wirklich schon nach dem Gerede der Stadt euren Reichtum dem Goldmachen dankt« (ebd, 830).

Die alchemistische Tinktur unterhält eine spannungsreiche Beziehung zur schwarzen Tinte, mit der romantische Imagination künstliche Welten konstruiert. Wie im *Runenberg* und im *Goldnen Topf* erschöpft sich auch hier das Goldmotiv nicht im einfachen

Wortsinn, sondern ermöglicht eine allegorische Selbstreflexion der Poesie, ohne vollständig in dieser Bedeutung aufzugehen. Anders jedoch als Tieck und Hoffmann, deren Helden sich ihrer Kunst ergeben, läßt Arnim nach gelungener Goldschaffung eine der alltagsfesten Frauen intervenieren und verhindern, daß der Färber zum »Narren« werde. Sie holt ihn aus seiner Traum-oder Phantasiewelt zurück auf den Boden der (fiktiven) Wirklichkeit. Sie schmeißt das magische Substrat in die Spree, das Golno »wie die Israeliten das goldne Kalb« anzubeten scheint, und weist seine Goldfärberei als poietische Hybris gegenüber Gott, dem einzig legitimen Weltschöpfer, zurück. Arnim bestreitet am Schluß seiner Erzählung die Anmaßung einer künstlichen Welt- und Menschenschöpfung.

Beide Motive, die alchemistische Welt- und Menschenschöpfung sowie die Bedrohung alltäglicher Identität, die diese Praktiken mit sich bringen, hat auch Hoffmann mehrfach aufgegriffen. Im *Sandmann* thematisiert er die alchemistischen Praktiken als Bedrohung der Familie im Rahmen eines Familiendramas. Bei der Ankunft des Advokaten Coppelius, der ersten Inkarnation des Sandmanns, wird die Mutter jedesmal »sehr traurig«, mit den Kindern verbindet sie der »Haß« auf den Advokaten Coppelius. Der Vater selbst ist der Macht des Sandmanns verfallen, er spricht ihn ehrfürchtig als »Meister« an. Das Familiendrama spitzt sich zu, nachdem der Vater beim letzten hermetischen Versuch ums Leben gekommen ist. Hoffmann zeichnet die Bedrohung und Auflösung der Familie als grotesk zugespitztes Familientableau: »Vor dem dampfenden Herde auf dem Boden lag mein Vater tot mit schwarz verbranntem, gräßlich verzerrtem Gesicht, um ihn herum heulten und winselten die Schwestern – die Mutter ohnmächtig daneben!« (Hoffmann III, 19).

Die europäische Kunst hat sich von der alchemistischen Leidenschaft für den Stein der Weisen immer wieder inspirieren lassen und ihre Kehrseite als geistige Zerrüttung des Adepten und materielles und soziales Elend der Familie beschrieben. Unzählige Male verspricht etwa in Balzacs *Suche nach dem Absoluten* der passionierte Goldmacher Balthazar Claes der betrübten Familie, er habe nun endlich sein »letztes Experiment ins Auge gefaßt« (Balzac 1986, 204), bis er am Ende sein ungeheures Vermögen und das seiner Kinder mit kostspieligen chemischen Experimenten verschwendet hat und in geistiger Verwirrung stirbt. Im *Sandmann* übernimmt es die vernünftige Verlobte des Helden Nathanael, die familiären Konsequenzen der Leidenschaft für die Alchemie zu bezeichnen (vgl. Hoffmann III, 21). Sie ähneln dem Schluß von Tiecks *Runenberg*. Dort hatte die Leidenschaft für die Edelsteine des Runenberges und ihre verlockende Schutzgöttin den Helden Christian seiner Familie entfremdet und Frau und Kind in materielles Elend gestürzt. Hier ist es das unmittelbare Produkt des alchemistischen Werkelns: der Automat Olimpia, der den Sohn Nathanael bis hin zur tödlichen Konsequenz von Frau und Familie entfremdet. Die Verschiebung und Trübung seiner Wahrnehmung hängt eng mit seiner Liebe zur Kunstfrau Olimpia zusammen und die Steigerung dieser Trübung bis hin zum Wahnsinn behandelt der Text als Folge des alchemistischen Experiments.

VI. Neue Mythologie

1. Die Rehabilitation des Mythos

Was als Programm einer Neuen Mythologie forschungsgeschichtlich eng mit der frühen Romantik verbunden ist, hat, wie in zahlreichen anderen Fällen, seine theoretischen Voraussetzungen in der Spätaufklärung, vor allem in Herders organisch-historischem Denken und in Moritz' Entwurf ästhetischer Autonomie. Herders grundlegende Korrektur der Aufklärung bezieht sich im Kern auf einen rationalen Schematismus, der prinzipiell jede künstlerische Ausdrucksform dem abstrakten Primat einer verallgemeinerungsfähigen Vernunft unterstellt, zumal wenn sie einer überkommenen historischen Epoche entstammt, die per se unter dem Verdacht der Irrationalität und des Aberglaubens steht. Hans Blumenberg faßt diesen Prozeß zusammen: »Als die Romantik Märchen und Sagen wiederentdeckte, tat sie das mit dem fast trotzigen Gestus nach der Aufklärung und gegen diese: nicht alles sei Betrug,was nicht durch die Kontrolle der Vernunft gelassen worden sei. Verbunden damit war die neue Bewertung der Ursprungssituation dieser Stoffe und Gestalten, die mit Vico und Herder begonnen hatte« (Blumenberg 1979, 69).

Aus aufklärerischer Sicht erscheinen die Mythen der verschiedensten Kulturen als prärationale Frühformen der Weltauslegung, deren magisch-animistischer Weltbezug den Standards der Vernunftwahrheiten nicht gerecht werden kann. Aufklärerische Mythenforschung bedeutet deshalb Mythenkritik, die hinter einem allegorischen Blendwerk abergläubische, vernunft- und zumeist sittenwidrige Ideen entlarvt. Mythos kann für die Aufklärung des 18. Jahrhunderts nur *alter* Mythos sein, eine Erneuerung mythischer Denkformen entsprechend gänzlich inakzeptabel und lächerlich. Aus der Tatsache jedoch, daß eine Revision rationalistischer Denkzwänge bereits in der Spätaufklärung bei Herder einsetzt, wird einmal mehr ablesbar, daß auch die Romantik nicht nur als Kontrast zur Aufklärung, sondern gewissermaßen als »Selbstreflexion der Aufklärung« (Schwering 1994a, 383) verstanden werden kann (vgl. Usener 1896; Holz 1975; Liebrucks 1982; Bohrer 1983; Hübner 1985; Jamme 1991).

In seinen frühen Schriften, *Journal meiner Reise aus dem Jahre 1769* (1769) und *Auch eine Philosophie der Geschichte zur Bildung der Menschheit* (1773), hat Herder die Historiographie der Aufklärung als umfassende Wertabstraktion kritisiert, die keinen Blick für das Andere und die Eigenart vergangener historischer Epochen entwickelt hat und sich deshalb in einer katastrophalen Selbstüberschätzung festgefahren hat. Um gerade das zeitlich Fremde in seiner charakteristischen Eigenart verstehen, um die blinden Flecken der Aufklärung ausfüllen zu können, erarbeitet Herder die Vorstellung, daß keine Epoche je zum Nutzen und Zweck einer späteren existierte und in der Geschichte alles »einzig, nur sich selbst gleich« sei (Herder V, 478). Sein historistisches Programm einer »Einfühlung« in geschichtliche Individualitäten und Epochen im Sinne von Ereignissen läßt auch den Mythos in einem neuen Licht erscheinen. Herders Interesse an der Mythologie steht »unter poetologischen Auspizien« (Frank 1982, 124). In seinem Aufsatz *Vom neueren Gebrauch der Mythologie,* den er den *Briefen über die Neuere deutsche Litteratur* (1767) beigefügt hat, verteidigt Herder die antike Mythologie gegenüber der aufklärerischen Mythenkritik als autonome Produkte der »ästhetischen Einbildungskraft« (Herder I, 427), die ihren historischen Ort zwar im klassischen Griechenland haben, die aber als Kunstwerke, ihrer »Poetischen Bestandheit« (ebd.) wegen, durch einen ästhetischen Überschuß ausgezeichnet sind. Dieser sichert ihnen nicht nur einen historischen Eigenwert und eine ästhetische Wertschätzung, sondern eröffnet darüber hinaus die Möglichkeit eines produktiven Rückgriffs auf ältere Mythen, der Umrisse einer zeitgenössischen »neuen Mythologie« (ebd., 444) aufzeigen kann. In seinem Aufsatz *Iduna* (1796) empfiehlt er für diesen Rückgriff insbesondere die nordisch-germanischen Mythen, was später im Zuge der deutschen Befreiungskriege gegen Napoleon auf fruchtbaren Boden fiel und in Jakob Grimms dreibändiger *Deutschen Mythologie* seinen philologischen Ausdruck bekam.

Im Anschluß an Herder verwahrt sich auch Moritz in *Götterlehre oder Mythologische Dichtungen der Alten* (1791) gegenüber jeder begrifflichen oder historischen Reduktion der Mythen und behauptet sie als in sich vollendete »Sprache der Phantasie« (Moritz II, 611). Seine konzise Nacherzählung der antiken, griechisch-römischen Mythologie möchte einerseits die ästhetische Autonomie der älteren mythologischen Dichtung herausstellen und andererseits, ebenfalls im Sinne Herders, die Voraussetzung einer »neuen«, mythologisch inspirierten »Morgenröte« der Künste schaffen: »Soll uns hier eine neue Morgenröte aufgehen, so ist es nötig, die mythologischen Dichtungen als alte Völkersagen soviel wie möglich voneinander zu scheiden, um den Faden ihrer allmählichen Verwebungen und Übertragungen wieder aufzufinden« (ebd., 614).

Die romantische Ausformulierung dieser Voraussetzungen zu einer Neuen Mythologie zeichnet sich durch eine politische und vor allem ästhetische Radikalisierung aus, die sich in zunehmendem Maße auf Ambivalenzen einläßt. Den Beginn einer explizit romantischen Fassung der Neuen Mythologie markiert ein kleines philosophisch-ästhetisches Fragment aus dem Kreis des Tübinger Stiftes um Hegel, Schelling und Hölderlin, das von Franz Rosenzweig 1927 entdeckt und als *Ältestes Systemprogramm des deutschen Idealismus* (1797) etikettiert wurde (vgl. Frank 1982; Frank 1989a; Jamme/ Schneider 1984). Dieses Fragment des deutschen Frühidealismus versteht sich als »Ethik«, die aus Fichtes Vorstellung des absoluten Ichs »ein vollständiges System aller Ideen« (Hölderlin XIV, 14) entwickelt. Der Einheitsanspruch der Ideen von Ich, Natur, Geschichte und Gesellschaft wendet sich gegen jede äußere Zweckbestimmung und gründet deshalb in der »Idee der Schönheit« (ebd.), deren Autonomie gerade die Fähigkeit zur Vermittlung aller partikularen Interessen bezeichnet. Gegen die kritische, d.h. negative Philosophie Kants richtet es eine »Mythologie der Vernunft«, die philosophische Reflexion als positiven Entwurf von Totalität ausweist. In dem Maße, wie diese ästhetisch-mythologische Einheitskonstruktion einer entfremdeten Gegenwart als Idealbild entgegengehalten wird, lädt es sich geschichtsphilosophisch auf und verdichtet sich im Schlußbild einer »neuen Religion« als das »lezte, gröste Werk der Menschheit« (ebd., 17), das es unter der Leitung der Poesie, der »Lehrerin der Menschheit« (ebd.), anzustreben gilt. Ähnlich wie schon in Schillers *Ästhetischen Briefen* (1795) wird die Poesie als Motor und Medium des utopischen Entwurfs einer idealen Gesellschaft eingesetzt. Ganz der Französischen Revolution verpflichtet erhält die Utopie des *Ältesten Systemprogramms* politisch-republikanische Züge, die in ihrer »radikalanarchistischen Staatskritik« (Frank 1982, 155) weder mit Herders Vorstellungen noch mit Schillers vorsichtigerem Entwurf eines ästhetischen Staates vermittelbar sind. »Dann herrscht ewige Einheit unter uns. Nimmer der verachtende Blick, nimmer das blinde Zittern des Volkes vor seinen Weisen u. Priestern. Dann erst erwartet uns gleiche Ausbildung aller Kräfte, des Einzelnen sowohl als aller Individuen. Keine Kraft wird mehr unterdrückt werden, dann herrscht allgemeine Freiheit und Gleichheit der Geister!« (Hölderlin XIV, 17). Bis auf einigen Nachhall beim frühen Friedrich Schlegel und bei Hölderlin bleiben sie allerdings ebenso in der weiteren Entwicklung der Romantik als auch in Hegels und Schellings Philosophie relativ folgenlos.

Für die weitere Ausformulierung der Neuen Mythologie gibt das *Älteste Systemprogramm* allerdings die wichtigen Linien vor: Fassung der neuen Mythologie als eines reflexiven Aktes gegenüber der älteren als eines »naturwüchsigen Geschichtsprodukts« (Frank 1982, 185); wechselseitige Vermittlung von Philosophie und Poesie, Gedanke und Sinnlichkeit, Universalismus und Fragment; Identifikation von »mythologisch« und »poetisch« in einem mythopoetischen Projekt und, daraus unmittelbar resultierend, die epochale Aufwertung der Poesie zum – wie es dann bei Schelling heißt – »Organon« der Philosophie und Geschichtsphilosophie, von wo der Schritt zu einer romantischen Kunstreligion nicht weit ist. Die Kombination dieser Motive und ihre ästhetische bzw. mythopoetische Zuspitzung kennzeichnet die weitere romantische Entfaltung der Neuen Mythologie in Schellings *Philosophie der Kunst* (1802/03), Hölderlins poetologischen Fragmenten und Schlegels *Rede über die Mythologie* aus dem *Gespräch über die Poesie* (1800).

2. Das romantische Kunstwerk als Neuer Mythos

Es stellt sich das Problem, denjenigen »Mittelpunkt« neu zu bestimmen, über den die Antike spontan und quasi naturwüchsig verfügte. Es gilt folglich, den Verlust dieser »Mitte« durch einen neuen Bezugspunkt auszugleichen. Schlegels Rede von dem »mütterlichen Boden« (Schlegel KA II, 312) der griechischen Mythologie findet sich beinahe wörtlich auch bei Schelling: »Die Mythologie ist nichts anderes als das Universum im höheren Gewand, in seiner absoluten Gestalt, das wahre Universum an sich, Bild des Lebens und des wundervollen Chaos in der göttlichen Imagination, selbst schon Poesie und doch für sich wieder Stoff und Element der Poesie. Sie (die Mythologie) ist die Welt und gleichsam der Boden, worin allein die Gewächse der Kunst aufblühen und bestehen können« (Schelling II, 233f). Die Instabilität und Unsicherheit einer neueren Mythologie gegenüber der alten ergibt sich allein schon aus der Tatsache, daß sie auf Zeit und Geschichte gegründet ist und damit im Kern auf eine Prozeßhaftigkeit verwiesen ist, wo die griechische Mythologie ganz auf das stabile »Sein« einer spontanen Naturhaftigkeit bauen konnte: »Der Stoff der griechischen Mythologie war die Natur, die allgemeine Anschauung des Universums als Natur, der Stoff der christlichen die allgemeine Anschauung des Universums als Geschichte, als einer Welt der Vorsehung« (ebd., 255). Die neue Mythologie verfügt somit über den für jeden Mythos notwendigen »universellen Stoff«, insofern dieser jedoch Geschichte ist, tritt die Schwierigkeit auf, ihn in einer verbindlichen, symbolischen Form darzustellen, die der geschichtlichen Differenz enthoben wäre. Die symbolischen Handlungen des Katholizismus kommen der universellen und gleichzeitig sinnlichen Präsenz des Mythos nahe, ebenso wie die Figur Luzifers, die dem christlichen Monotheismus eine polytheistische Komponente einfügt, letztlich aber bleibt das Christentum zu sehr auf die unsinnliche Figur der Unendlichkeit und auf das jeweilige christliche Individuum bezogen, als daß es eine »geschlossene Mythologie« (ebd., 270) erarbeiten könnte.

Zum dialektischen Diskurs Schellings gehört es, daß allenfalls die Geschichte wiederum einen kollektiven naturhaften Zustand herbeiführen kann, der in der Lage wäre, die Geschichte zu transzendieren und eine allgemeingültige Mythologie der Moderne zu ermöglichen. Seine Gegenwart beurteilt Schelling in geschichtsphilosophischer Perspektive als Zwischenphase, in der eine neue Mythologie sich konsequent auf das stützen muß, was das Charakteristikum der Moderne ist: Originalität und Individualität: »Also: ehe die Geschichte uns die Mythologie als allgemeingültige Form wiedergibt, wird es immer dabei bleiben, daß das Individuum selbst sich seinen poetischen Kreis schaffen muß; und da das allgemeine Element des Modernen die Originalität ist, wird das Gesetz gelten, daß gerade je origineller, desto universeller« (ebd., 275). Mit der radikalen Individualität moderner Poesie geht eine weitreichende Beliebigkeit gegenüber semantischen Komplexen einher. Die Individualität stellt die einzige feste Bezugsgröße moderner Poesie und deshalb kann nur aus ihr, aus der individuellen »Begrenzung selbst eine Mythologie, ein abgeschlossener Kreis der Poesie« (ebd., 272) geschaffen werden. »Jedes wahrhaft schöpferische Individuum hat sich selbst seine Mythologie zu schaffen, und es kann dieß, aus welchem Stoff es nur immer will, geschehen« (ebd., 274). Die relative Austauschbarkeit der Stoffe läßt sich von der anderen Seite her als Dominanz der Form verstehen. Von hier aus stellt sich dann die Frage nach einem Halt für die neue Mythologie jenseits von Inhalten, rein bezogen auf ein bestimmtes Formkonzept moderner, romantischer Literatur.

In die gleiche Richtung zielen Hölderlins poetologische Überlegungen und seine Poesie. Ihnen läßt sich ablesen, daß es im Projekt einer Neuen Mythologie nicht um die Restitution griechischer Mythen geht, sondern um die formale Konstruktion einer modernen Literatur in mythischer Gestalt. Anhand der zeitlichen Abfolge einer Reihe von Gedichten, die den Namen »Griechenland« im Titel tragen, läßt sich zeigen, wie sich die mythischen Griechenlandbilder (»Kronos Halle«) nach und nach verlieren und sich zu Chiffren für Einheitserfahrung und Ganzheitlichkeit verwandeln. Im späten hymnischen Entwurf *Griechenland* (*Wege des Wanderers*) sind alle Verweise auf griechische Mythologie gestrichen, was bleibt, sind, wie es wörtlich heißt, »Zeichen der Liebe« und Imaginationen der Natur: »Denn lange schon steht offen Wie Blätter, zu lernen, oder Linien und Winkel Die Natur« (Hölderlin SA II, 258). Ein Gedicht aus Hölderlins späteren Jahren, als er mit »Scardanelli« unterzeichnete, trägt ebenfalls den Titel *Griechenland* und meint die Verbindlichkeit des jahreszeitlichen Wechsels in der Natur.

Die mythische Funktion Griechenlands verschiebt sich zur ästhetischen Funktion des autonomen Gedichts, das in seiner semiotischen Begrenzung und Prägnanz zugleich »Eins und Alles« ist. Der mythopoetische Charakter von Hölderlins Poesie besteht in der spezifischen phonetischen Dichte und semantischen und grammatischen Komplexität ihrer Bildsprache. Sie repräsentiert eine individuelle poetische Form-Mythologie, wie Schlegel sie gleichzeitig als das »künstlichste aller Kunstwerke« (Schlegel KA II, 312) entwirft. Hölderlin selbst hat am Ende des poetologischen Fragments *Wenn der Dichter einmal des Geistes mächtig* seine poetische »Thätigkeit« als »unendliche schöne Reflexion [bezeichnet], welche in der durchgängigen Begränzung zugleich durchgängig beziehend und vereinigend ist« (Hölderlin XIV, 322; vgl. Ryan 1960). In diesem Sinne hat Walter Benjamin in seiner Hölderlin-Analyse *Zwei Gedichte von Hölderlin* (1914/15) die These vertreten, daß sich mythische Strukturen in die ästhetische Form des modernen Kunstwerks zurückziehen, während sie ihre rituelle Öffentlichkeitsfunktion im Gegenzug preisgeben.

Hölderlins Forderung nach präziser äußerer Begrenzung und einer unendlichen Reflexionstiefe und umfassenden Beziehungskomplexität nach Innen deckt sich fast wörtlich mit Schlegels Überlegungen. Auch er behandelt die neue Mythologie nicht in erster Linie als Stoff oder Inhalt, sondern als formales Gebilde von hoher semiotischer Verdichtung, in der sich die bildliche Überdetermination des alten Mythos in einer ständigen Metamorphose des signifikanten Bild- bzw. allgemein Sprachmaterials wiederfindet. Anders als Ernst Behler oder Peter Szondi hat Karl Heinz Bohrer den ästhetischen Kern der *Rede über die Mythologie* als »Utopie ›Kunstwerk‹« (Bohrer 1983, 52) im Gegensatz zur älteren, an Kunst und Ästhetik ausgerichteten Geschichtsphilosophie herausgeschält. Um das »bunte Gewimmel der alten Götter« (Schlegel KA II, 319) zu erneuern, um den vorgestellten griechischen Göttertag nach über zwei Jahrtausenden mit neuem Leben zu füllen, lassen sich zwei ästhetische Strategien unterscheiden. Sie werden bis auf den heutigen Tag immer wieder neu aufgelegt. Die erste und einfache Strategie der Remythisierung besteht in der Wiederaufnahme archaischer Mythen, seien sie griechischer, orientalischer oder auch jüdisch-christlicher Herkunft. Dabei dient von Goethe oder Hölderlin bis hin zu Kafka, Joyce oder Thomas Mann der tradierte Mythos als Formular literarischer Selbstverständigung, das den Texten tiefenstrukturell eingewoben ist und ihnen das bereitstellt, was Hans Blumenberg vorgängige »Bedeutsamkeit« (Blumenberg 1979, 68ff) nennt, was übrigens aber bei Hölderlin oder Schelling schon den gleichen Namen trägt. Für einen solchen zeitgenössischen »Gebrauch« der antiken Mythologie sieht Schelling die Gefahr eines oberflächlichen und deshalb abstrakten Formalismus: »Ueberhaupt wenn eine Mythologie zum *Gebrauch* herabgesunken, z.B. der Gebrauch der alten Mythologie in den Modernen, so ist dieser, eben weil bloß Gebrauch, bloße Formalität; sie muß nicht auf den Leib passen, wie ein Kleid, sondern der Leib selbst seyn« (Schelling II, 271f).

Um in diesem Sinne zum »Leib« zu werden, darf eine moderne poetische Mythe oder eine mythische Poesie sich nicht damit begnügen, einen mehr oder minder expliziten Traditionsbezug zu einer überkommenen Mythologie herzustellen. Wenn, um nur ein Beispiel zu nennen, Arnim seiner Erzählung *Holländische Liebhabereien* (1826) Spuren der *Metamorphosen* Ovids einschreibt und sie damit an einen tradierten Verständigungsrahmen anbindet, dann sieht er sich dem Vorwurf ausgesetzt, unter Umständen ein passendes »Kleid« angefertigt zu haben, keinesfalls aber am »Leib« einer modernen mythologisch gegründeten Poesie mitzuwirken. Es muß etwas anderes hinzu treten, etwas, das auch von seinem Restitutionsversuch überkommener deutsch-nationaler Mythen zu unterscheiden ist (vgl. Graevenitz 1987).

Arnim entwickelt die Liebesgeschichte um den niederländischen Dramatiker Jan Vos, seine Geliebte Primula und den alternden Nebenbuhler, den Philologen Hemkengriper, inmitten von mehr oder minder deutlichen Anspielungen auf Ovids Bearbeitung der antiken Mythen. Wenn Ikarus, Tiresias, Narcissus ebenso wie Vertumnus und Pomona zitiert werden, so jedoch nicht in der Absicht, der Erzählung ein mythisch-erhabenes Gepräge zu geben oder um den antiken Mythos zu bestätigen. Eher geht es um den Abstand zwischen antikem Mythos und der prosaischen Gegenwart der Spätromantik, in dem sich Komik und Parodie einstellt. Die Tische in einem Gartenlokal werden durch antike Götterstatuen verschönt und durch eine parodistische Umbenennung namentlich mit ihnen identifiziert, so daß die Bestellungen an »Jupiter« oder »Neptun« ausgeliefert werden. Um sich der jungen Frau zu nähern, holt sich der alternde Philologe »Rat [...] bei den Alten« (Arnim III, 563), in diesem Fall, wie gesagt, bei Ovid, und schlüpft in die Rolle des italischen Gottes der herbstlichen Ernte Vertumnus, der, als Frau verkleidet, der jungen Gartennymphe Pomona nachstellte. Das Requisit, das die Geschlechtsverwandlung des Philologen krönt und mit dem ihn Arnim im entscheidenden Augenblick »niederkommen« läßt, eine griechische Handschrift, zeigt allerdings auch, daß Arnim nicht nur und nicht in erster Linie eine Parodie des alten Mythos im Blick hat, sondern den Nachweis der romantischen Literatur als Arbeit an der Schrifttradition. Arnim geht über eine einfache Art der Remythisierung hinaus und knüpft an eine zweite, tiefergehende Strategie einer neuen Mythologisierung an, wenn er im Rückbezug auf Ovids *Metamorphosen* gleichzeitig einen poetologischen Kommentar seiner Technik der literarischen, intertextuell begründeten Metamorphose erstellt. Lévi-Strauss bezeichnet deshalb das »mythische Denken« als »dem Wesen nach transformierend« (Lévi-Strauss 1976 IV, 793; vgl. Jamme 1991, 21ff).

Etwas Ähnliches schwebte bereits Friedrich Schlegel vor. U.a. über eine metamorphotische Aktivität der Poesie, die sie als »künstlich geordnete Verwirrung« (Schlegel KA II, 318), als »reizende Symmetrie von Widersprüchen« (ebd., 318f) und als »Wechsel von Enthusiasmus und Ironie« (ebd., 319) erscheinen läßt, stellt Schlegel in seiner *Rede über die Mythologie* eine weitreichende Identität von Mythologie und Poesie fest: »Denn Mythologie und Poesie, beide sind eins und unzertrennlich« (ebd., 313). Da sie nicht über den kollektiven Bezugspunkt der antiken Kunst verfügt, muß eine neue Poesie sich aus sich selbst erzeugen und wie schon die deutsche idealistische Philosophie vorher gleichsam wie »aus Nichts« (ebd., 312) entstehen. Auch in diesem Punkt besteht Übereinstimmung mit dem *Ältesten Systemprogramm*.

Schlegels Aufzählung der Merkmale liest sich als blumige Variation auf den selbstreflexiven Grundzug der von ihm entworfenen romantischen Poesie: »Die neue Mythologie muß im Gegenteil aus der tiefsten Tiefe des Geistes herausgebildet werden; es muß das künstlichste aller Kunstwerke sein, denn es soll alle andern umfassen, ein neues Bette und Gefäß für den alten ewigen Urquell der Poesie und selbst das unendliche Gedicht, welches die Keime aller andern Gedichte verhüllt« (ebd.). Schlegels farbige Rhetorik kehrt die enge Verbindung von poetischer Selbstreferenz und einer Tendenz zum mythologisch inspirierten Gesamtkunstwerk heraus, das in seiner Extremausprägung des absoluten Buches der Romantik nicht nur die gesamte literarische Schrifttradition, sondern gleich das Universum als Integral enthalten sollte. Die Frage einer neuen Mythologie des romantischen Romans stellt sich in den entschei-

denden Punkten als eine der ästhetischen Form. Schlegel spricht von
»Methode« und meint damit das »Verfahren« des romantischen poetischen Kunstwerks, sich selbst begrifflicher Identifikation dadurch
zu entziehen, daß in ihm alles »Beziehung und Verwandlung« (ebd.,
318), Metamorphose und Bewegung wird.

Brentano scheint dem romantischen Entwurf einer Neuen Mythologie auf dem ersten Blick skeptisch gegenüberzustehen. Er läßt
den gleichnamigen Helden seines *Godwi* Bedenken anmelden: »Eine
neue Mythologie ist ohnmöglich, so ohnmöglich wie eine alte, denn
jede Mythologie ist ewig; wo man sie alt nennt, sind die Menschen
gering geworden, und die, welche von einer sogenannten neuen her-
vorzuführenden sprechen, prophezeien eine Bildung, die wir nicht
erleben« (Brentano II, 308). Es handelt sich aber nur scheinbar um
eine Kritik an der frühromantischen Fassung des Neuen Mythos als
Ästhetik. Brentanos Kritik richtet sich gegen eine inhaltlich neu zu
schaffende Mythologie in geschichtsphilosophischer Hinsicht. Was
zunächst als Ablehnung erscheint, bestätigt Schlegels Identifikation
von Neuem Mythos und Ästhetik, denn im weiteren Verlauf des
Gesprächs wird Mythologie mit Poesie identifiziert. Der Gesprächs-
partner Godwis, der Autor mit Namen Maria, kommentiert: »Mythen sind Ihnen also nichts anderes als Studien der dichtenden Per-
sonalität überhaupt, und eine Mythologie wäre dann soviel als eine
Kunstschule« (ebd.).

Schlegels Entwurf einer neuen Mythologie stellt sich nicht im
Rückgang auf die ältere Mythologie ein, sondern als Konstruktion
einer neuen mythischen Relation, als semiotische Intensität der Verbindung bildhafter und ideeller Elemente zu einem allegorischen
Zeichengefüge, in dem alle Zeichen in einem Verhältnis der Verwandlung und Verschiebung zueinander stehen und zunächst einer
selbstreferentiellen Funktion gehorchen, bevor sie insgesamt wieder
auf Welt abbildbar sind.

Wie sehr wiederum Schelling mit Schlegels Intuition des neuen
Mythos als selbstreferentiellem Kunstwerk übereinstimmt, zeigt
noch die späte Einleitung in die *Philosophie der Mythologie* aus dem
Jahre 1842. Er setzt griechischen Mythos und modernes literarisches
Kunstwerk über ihre komplexe, inkommensurable Bildgestalt in Be-
ziehung:

»Es sey wohl eine Wahrheit in der Mythologie, aber keine, die *absichtlich* in
sie gelegt sey, keine also auch, die sich festhalten und als solche aussprechen
ließe. Alle Elemente der Wirklichkeit seyen in ihr, aber etwa so, wie sie
auch in einem Märchen der Art seyen, von welcher Goethe uns ein glän-
zendes Beispiel hinterlassen hat, wo nämlich der eigentliche Reiz darauf beruht, daß es uns einen Sinn vorspiegle oder in der Ferne zeige, aber der sich

uns beständig wieder entziehe, dem wir nachzujagen gezwungen wären, ohne ihn je erreichen zu können; und unstreitig, derjenige würde als Meister in dieser Gattung gelten, der uns auf diese Weise am geschicktesten zu täuschen, den Zuhörer am meisten in Athem und gleichsam zum Besten zu halten verstünde. In der That aber sey dieß die eigentlichste Beschreibung der Mythologie, die uns mit dem Anklang eines tieferen Sinnes täusche und immer weiter verlocke, ohne uns jemals Rede zu stehen« (Schelling V, 22f).

Was Schelling hier an Goethes *Märchen* als mythische Qualität wertet, das luxuriöse Angebot und die gleichzeitige Verweigerung von Sinn, die ständige Metamorphose von Zeichen, die den Text als Prozeß und die Lektüre als philologisches Ereignis ausmalt, kann durchaus als Beschreibungsmerkmal eines wichtigen Teils der Literatur der Romantik gelten. Seine Rede vom »Meister der Verwandlung« trifft auf zahlreiche romantische Zeitgenossen zu und vielleicht auf keinen so wie auf Hoffmann und auf keinen seiner Texte so wie auf die *Prinzessin Brambilla*. Hoffmanns zwanzig Jahre älteres ästhetisches Credo nimmt Schellings Beschreibung in einem entscheidenden Punkt vorweg. Es lautet: »Nichts ist langweiliger, als festgewurzelt in den Boden jedem Blick, jedem Wort Rede stehen zu müssen!« (Hoffmann III, 870). Und wenn die Prinzessin sich an ihren etwas einfältigen Partner wendet: »Und darum mag ich dir auch gar nicht Rede stehen, du schmuker, flinker Geselle!« so spricht Hoffmann in ironischer Weise auch den Leser seines Textes an, der gefälligst mit seiner *Prinzessin Brambilla* tanzen solle, ohne sie auf den fixierenden Begriff zu bringen. Ganz im Sinne auch Schellings muß dieser Leser lernen, was der Tanzpartner der Prinzessin zu berücksichtigen hat: die Geltung literarischer Beweglichkeit und poetischer Metamorphose: »Doch nein, nein! – so wie ich dich erfaßte, wärst du ja nicht mehr – schwändest hin in Nichts! [...] Und doch, Schönste, bleibt ewig nur dein Tanz und das ist gewiß das Wunderbarste an dir« (ebd., 871).

In einer selbstreflexiven Verdoppelung, die keinen Endpunkt mehr zuläßt, etabliert sich der romantische Text als Zeichenbewegung. Sie läßt den Sinn in sich selbst zurücklaufen und ermöglicht das, was Schelling und Schlegel als zentrales Merkmal sowohl des modernen poetischen Kunstwerks als auch des archaischen Mythos werten: rätselhafte, inkommensurable Bildgestalt oder, was das gleiche meint: Überschuß und gleichzeitige Zurücknahme des Sinns. In diesem formalpoetischen Sinne war das frühromantische Projekt einer Neuen Mythologie außerordentlich erfolgreich, denn nicht nur setzen die Erzähler der späteren Romantik, vor allem Tieck, Arnim, Brentano und Hoffmann, genau dieses Programm um, sie schaffen damit gleichzeitig auch die formalen Grundlagen einer Prosa der Moderne.

Wie die formalästhetische Fassung der Neuen Mythologie erfolgreich war, so war ihre utopische, geschichtsphilosophische Fassung, die von der Schaffung einer lebendigen, künstlerischen Öffentlichkeit, dem »Volk« als »Ort des Kunstwerks« (Schleiermacher IV, 100f) oder gar von einem ästhetischen Gesellschaftskörper träumte, in kulturpolitischer Hinsicht zum Scheitern verurteilt. Diese Fassung reflektiert den kollektiven Wirkungsanspruch, den jeder tradierte Begriff des Mythos erhebt: »Um den Zustand des Mythos zu erreichen, darf eine Schöpfung nicht individuell bleiben« (Lévi-Strauss 1976 IV, 733). Da zu jeder wahrhaft mythischen Kunst, der alten ebenso wie der neuen, letztlich eine kollektive oder soziale Orientierungsfunktion und mithin ein »öffentliches Leben« gehört, greift Schelling am Ende seiner *Philosophie der Kunst* auf das Gesamtkunstwerk des attischen Theaters zurück. Es erlaubt einen utopischen Ausblick auf die, wie er sagt, »componirteste Theatererscheinung« seiner Gegenwart, die Oper, die zwar allererst als »Karrikatur« ausgebildet sei, die aber dazu befähigt sei, am Gesamtkunstwerk des attischen Theaters anzuknüpfen (vgl. Schelling II, 564).

Wo aber, wie in der zeitgenössischen Gegenwart um 1800, die »politische oder sittliche Totalität« (ebd.), Schellings Umschreibung für ein selbst- und öffentlichkeitsbewußtes Volk, fehlt, muß die Hoffnung auf eine erhabene Oper eben Hoffnung bleiben und sich zunächst mit dem »innerlichen, idealen Drama« begnügen, als das Schelling den »Gottesdienst« (ebd.) vorstellt. Beflügelt von den national-revolutionären Bewegungen um die Mitte des Jahrhunderts kann Richard Wagner Schellings romantische Vorgabe aufnehmen und offensiv das mythische »Gesamtkunstwerk der Zukunft« (Wagner VI, 134) fordern, das als authentische Lebensäußerung des Volkes selbst die, wie Wagner sagt, Künstlichkeit und Verschlossenheit der Romantik verabschiedet.

Alle Fassungen einer romantischen Neuen Mythologie um 1800, insofern sie sich die Funktion eines religiösen und gesellschaftlichen Ferments aufgeben, müssen das in Rechnung stellen, was ihnen einige Jahrzehnte später Wagner vorhielt: »ihre vollständige Unfähigkeit, auf dieses öffentliche Leben im Sinne ihres edelsten Strebens einzuwirken« (ebd., 125). Seine Kritik an einer romantischen Literatur ohne Publikum wendet sich gegen den »sich selbst dichtenden Dichter, der von allen Lebensfarben nur noch die abstrakte preußische Landesfarbe, Schwarz und Weiß, anständig fand. So erschien denn das Unerhörte: *für die stumme Lektüre geschriebene Dramen*!« (ebd., 85). Wagner erneuert das ästhetisch-mythologische Projekt von 1800 als radikale Gegenstrategie zu romantischer Esoterik in der Hoffnung, ein halbes Jahrhundert später ein deutsches Volk unterstellen zu können, das nicht nur Gegenstand, sondern auch Autor seines Gesamtkunstwerks sei: »Aber eben dieses Band, *diese Religion der Zukunft*, vermögen wir Unseligen nicht zu knüpfen, weil wir, so viele wir derer auch sein mögen, die den Drang nach dem Kunstwerke der Zukunft in sich fühlen, doch nur *Einzelne, Einsame* sind. Das Kunstwerk ist die lebendig dargestellte Religion; – Religionen aber erfindet nicht der Künstler, die entstehen nur aus dem *Volke*« (ebd., 31). Auf diese Voraussetzungen kann aber Literatur unter den Bedingungen der Moderne nicht mehr rechnen, weder die ältere Romantik noch Wagners Oper.

Manfred Frank hat darauf hingewiesen, daß Wagners Restitution deutsch-volkstümlicher und germanischer Mythen ebenfalls in der Romantik vorgeprägt ist. Man denke nur etwa an die romantischen Sammlungen von Mythen, Märchen und Sagen (Grimm, Schwab, Creutzer etc.), Arnims und Brentanos Volksliedsammlungen oder Eichendorffs, Uhlands und Görres' Indienstnahme nationalchauvinistischer Symbolik. Frank hat auch in Erinnerung gerufen, daß diese mythischen Restitutionsversuche zwar intellektuell weniger aufregend, dafür aber erheblich breitenwirksamer waren als all das, was zu Beginn des 19. Jahrhunderts als neue ästhetische Mythologie entworfen wurde.

VII. Romantische Liebe

1. Grundfiguren

Das unverwechselbare Profil einer romantischen Liebe wird in einer Konfliktlage mit Ausläufern der galanten Liebe und dem rationalen Allianzdenken, das die vernünftige Ehe im Blick hat, behauptet (vgl. Greis 1991). Diese Problemkonstellation ist keineswegs neu, sondern sie ist von Rousseaus *Nouvelle Heloise* und vor allem von Goethes *Leiden des jungen Werthers* her tradiert. Stärker aber als in der Tradition der radikalisierten Empfindsamkeit des späten 18. Jahrhunderts steht einerseits die Dominanz der romantischen Liebe als einer passionierten Liebe außer Frage. Andererseits werden die internen Paradoxien der leidenschaftlichen Liebe stärker in Richtung auf Todesimaginationen ausformuliert. Gleichzeitig wird sie auf ihre soziale Tragfähigkeit für Lebenskonzepte, Ehe und intime Geselligkeit, und auf ihre Tauglichkeit für eine androgyne Versöhnung der Geschlechter überprüft.

Die passionierte Liebe behauptet die Autonomie des Gefühls, das sich nur durch sich selbst begründen läßt, und seine Absolutheit, die durch kein anderes Gefühl relativiert wird. Sie verbindet das Versprechen eines intensiven Erlebens mit seiner universalen Vermittlungsfunktion. Sie verspricht den erfüllten Augenblick und ewige Dauer gleichermaßen, d.h. sie schaltet die Zeit aus. Sie besteht auf der »*Exklusivität*« (Luhmann 1982, 123) und der wechselseitigen Transparenz und der Ergänzung der Partner. Aus der Idealisierung des Partners resultiert eine narzißtische Überlagerung und aus den starken Voraussetzungen insgesamt eine Überlastung des Gefühls, die sich einen ausgeprägten Hang zu Spiritualisierung und Überprojektion leistet und den gemeinsamen Tod als Erfüllung der Liebe erwägt. Aus dieser Ambivalenz ergeben sich zwei Richtungen der romantischen Liebe: erstens ein friedliches androgynes Projekt der erotische Versöhnung der Geschlechter, in Verbindung mit zwangloser Geselligkeit; zweitens die romantische Liebe als tödliche Katastrophengeschichte, die sich einer Säkularisation der christlichen Passion verdankt.

2. Erotische Versöhnung

Für die versöhnliche androgyne Liebessemantik steht in der frühen Romantik exemplarisch Friedrich Schlegels Roman *Lucinde* aus dem Jahre 1799, dessen fragmentarische, arabeske Form schon im Kapitel II über die progressive Universalpoesie behandelt wurde. In einer sprunghaft assoziierten und montierten Reihe von Kleinformen, aus denen die deutlich Goethes *Wilhelm Meister* zitierenden »Lehrjahre der Männlichkeit« (vgl. Hoffmeister 1994, 218f) an Länge und Gewicht herausragen, kombiniert Schlegel den platonischen Mythos der ursprünglichen, dann aber verloren gegangenen und wiederzugewinnenden Einheit der Geschlechter mit frecheren, sensualistisch eingefärbten Tönen, die in der deutschen Literatur des ausgehenden 18. Jahrhunderts etwa von Heinses *Ardinghello* her vertraut waren und die auch Tieck in *William Lovell* und in *Franz Sternbalds Wanderungen* gelegentlich anschlägt (vgl. Tieck, Sternbald, 271/279; Kluckhohn 1922) Auf der Kombination von platonischer Spiritualität und sinnlich-gegenwärtiger Lust besteht Schlegel mit Nachdruck. Nach dem Durchgang durch die »Lehrjahre der Männlichkeit« wehrt er die rein narzißtische Versuchung der romantischen Liebe ab und stellt fest: »Die Liebe ist nicht bloß das stille Verlangen nach dem Unendlichen; sie ist auch der heilige Genuß einer schönen Gegenwart. Sie ist nicht bloß eine Mischung, ein Übergang vom Sterblichen zum Unsterblichen, sondern sie ist eine völlige Einheit beider. Es gibt eine reine Liebe, ein unteilbares und einfaches Gefühl ohne die leiseste Störung von unruhigem Streben« (Schlegel KA V, 60).

Die »Lehrjahre der Männlichkeit« erzählen von einem Libertin namens Julius, der anfänglich unrastig erotischen Reizen nachjagt, eine Frau gegen die andere austauscht, auch die Ausschweifung mit ›öffentlichen‹ Frauen sucht, dabei aber unbefriedigt bleibt, weil sein tiefsitzendes Liebesgefühl, das ihm bei aller Oberflächlichkeit »überheilig« (ebd., 52) geblieben ist, unerfüllt bleibt. Erst am Ende seiner »Lehrjahre« trifft er in der jungen Malerin Lucinde die Frau, die die hohen Anforderungen der romantischen Liebe erfüllt. Die beginnende Liebe zwischen Julius und Lucinde faßt Schlegel in eine Metaphorik, die offenkundig in der Tradition platonischer Vereinigungsmetaphysik und mystischen Erlebens steht. Was Schlegel in anderem Zusammenhang, in der *Rede über die Mythologie*, als großes Desiderat und als zentrale Aufgabe romantischer Poesie beschreibt, nämlichen den ästhetischen »Mittelpunkt« einer neuen Mythologie zu entwerfen, genau das wiederholt sich auf der Ebene des Gefühls. Die Geliebte wird zur erotischen »Mittlerin« einer vormals disparaten Persönlichkeit, und die romantische Liebe stiftet eben die »Mitte« und den »Mittelpunkt«, an dem es außerhalb ihrer mangelt: »die eine Geliebte, die die Mittlerin war zwischen meinem zerstückten Ich und der unteilbaren ewigen Menschheit« (ebd., 71).

Zwar nimmt der Partner in der erotischen Vereinigung Züge einer »Göttin« an, anders jedoch als die mystische Vereinigung mit Gott muß sie ein Minimum an Sozialbeziehung aufrecht erhalten und eine Auflösung des Ich mit einer Steigerung der Individualität und Partnerschaft gleichzeitig ausbalancieren: »Sie waren ganz hingegeben und eins und doch war jeder ganz er selbst, mehr als sie es noch je gewesen waren« (ebd., 54). Ernst Behler spricht von einer »Totalbeziehung der Liebe«, die auf die romantische, auf der Emanzipation der Frau aufbauende Ehe abzielt, »Ehe im Naturstand, ohne zivilrechtliche oder kirchliche Sanktionierung, aber eben deswegen eine desto innigere Vereinigung der Personen« (Behler 1992a, 229).

In einer typisch romantischen Iterationsformel stilisiert Schlegel die romantische Liebe zum »Leben des Lebens« (Schlegel KA V, 64). Passionierte Liebe kommt hier als Motiv der »Steigerung« (Luhmann 1982, 167) aller Lebensbeziehungen in den Blick. Schlegel läßt seinen verliebten Julius eine Kernstelle der französischen Liebessemantik zustimmend zitieren, um sofort aber klarzustellen, daß der Universalismus der romantischen Liebe nicht Abschluß von der übrigen Welt bedeuten kann, sondern im Gegenteil universale Welterschließung: »›Sie waren einer dem andern das Universum.‹ [...] Alles, was wir sonst liebten, lieben wir nun noch wärmer. Der Sinn für die Welt ist uns erst recht aufgegangen« (Schlegel KA V, 67).

Die Exklusivität des Partners und die Autonomie und Universalität des Gefühls versieht die romantische Liebe mit so vielen Voraussetzungen, daß einerseits ihr Gelingen zeitlich und strukturell unwahrscheinlich wird und daß sie andererseits gezwungen ist, ihren Voraussetzungsreichtum mit einer sozialen Exklusivität zu überbieten, die den Zugang zum Diskurs und zur Praktik der passionierten Liebe verknappen muß. Sie muß den typischen Konflikt zwischen Liebe und Gesellschaft in der Weise lösen, daß gleichzeitig auch das Problem von Augenblick und Dauer, das seit der antiken Liebessemantik geläufig ist, gelöst wird. Hierbei reicht es nicht hin, die erotische Vereinigung des lustvollen Augenblicks in der Dauer einer idealen Ehe zu verlängern. Denn in ihrer Idealität liegt gerade das Problem. Es müssen vielmehr starke Voraussetzungen vor allem an die zur romantischen Liebe Fähigen gemacht werden. Es handelt sich um ein exklusives Modell für eine romantische Avantgarde und Elite. Der Voraussetzungsreichtum der romantischen Individualität, die psychologische Raffinesse einer bis in alle Verästelungen durchreflektierten, ironischen Selbstbewußtheit wiederholt sich auf der Ebene der Geselligkeit und auf der Ebene der romantischen Liebe. Bei aller Tendenz zur Universalität und zur Emanzipation der Frauen in der frühromantischen Geselligkeitskultur ist es z.B. für Schleiermacher in seiner *Theorie des geselligen Betragens* (1799) selbstverständlich, daß sein Entwurf frühromantischer Geselligkeit nur an den gebildeten Menschen gerichtet sein und nur aus der Perspektive einer »virtuelle[n] gesellschaftliche[n] Führungsgruppe« (Schwering 1994d, 514) formuliert werden kann. Sowohl die literarischen Gruppenbildungen der Romantik als auch die charakteristischen Freundschaften, die sentimentale Beziehung zwischen Tieck und Wackenroder etwa oder die von homoerotischen Spuren durchzogene Beziehung von Brentano und Arnim, sind allesamt von einem starken Avantgardebewußtsein der Beteiligten geprägt. Ebenso bezeichnet die romantische Liebe eine hochselektive, voraussetzungsreiche Relation. Luhmann hat für die romantische Ironie festgestellt, was insgesamt für die romantische Liebessemantik gilt: »Mit ›romantischer Ironie‹ zu lieben, das ist nicht für Arbeiter oder Dienstmädchen gedacht. Ohne schichtenspezifisch ausgeflaggt zu sein, ist der Universalismus der romantischen Liebe (wie der bürgerliche Universalismus Europas überhaupt) in den vorausgesetzten Einstellungen eine hochselektive Idee« (Luhmann 1982, 175f).

Schon ein kursorischer Blick auf die Entwicklung der Liebessemantik in der Prosa der Romantik zeigt, daß die hohen Voraussetzungen an die zur romantischen Liebe Befähigten offenbar nicht hinreichend waren, um die strukturellen Paradoxien der Liebe, vor allem die Balance von Augenblick und Dauer und von Idealität und alltäglicher Lebbarkeit, zu lösen. Bereits in der frühen Romantik ist deshalb eine Zurücknahme der sensualistischen, leicht frivolen Töne und eine entsprechende Neigung zur Spiritualisierung und Sublimation überall dort zu beobachten, wo die passionierte Liebe emphatisch behauptet wird. Zwar hält Eichendorff in zahlreichen Erzählungen, Arnim in seiner *Gräfin Dolores* und Tieck in seinen späten Texten (etwa *Des Lebens Überfluß*) an Schlegels Identifikation von romantischer Liebe und Ehe fest, die interne Paradoxie der Liebe bewirkt aber insgesamt einen starken Überhang zur sublimen Verflüchtigung, zur Himmelfahrt, zur narzißtischen Distanzierung und, den Leidensaspekt der Passion ausformulierend, zur tödlichen Katastrophe.

In Novalis' *Ofterdingen* wird das traditionelle Problem der Flüchtigkeit der Liebe sofort und von beiden Partnern auf einen »ewigen Bund« (Novalis I, 338) eingeschworen. Anders aber als in Schlegels

Lucinde geht es Novalis nicht um den Entwurf der idealen, von zwei gleichberechtigten und gleich ausgebildeten und interessierten Partnern getragenen romantischen Ehe, sondern es geht darum, den Verfall der Zeit auszuschalten, es geht um Himmelfahrt. Die »grenzenloseste Hingebung« und das »geheimnißvolle Zusammenfließen unsers geheimsten und eigenthümlichsten Daseyns« (ebd., 338) kann nur als Himmelfahrt garantiert werden: »Wer weiß, ob unsre Liebe nicht dereinst noch zu Flammenfittichen wird, die uns aufheben, und uns in unsre himmlische Heimath tragen, ehe das Alter und der Tod uns erreichen. Ist es nicht schon ein Wunder, daß du mein bist, daß ich dich in meinen Armen halte, daß du mich liebst und ewig mein seyn willst?« (ebd., 337). Was Novalis hier in zärtlich-pathetischem Ton als Wunder auf Himmelfahrt verpflichtet, liest sich im nüchternen Diskurs der »Soziologischen Aufklärung« so: »Je individueller das Persönliche gedacht wird, desto unwahrscheinlicher wird es auch, daß man Partner *mit erwarteten Eigenschaften* trifft« (Luhmann 1982, 170). Sehr früh schon reagiert die Romantik auf diese Unwahrscheinlichkeit mit einem Fluchtmotiv hin zur Spiritualisierung der Geliebten und der passionierten Liebe überhaupt. Im Unterschied zu einem Großteil der romantischen Liebeserzählungen blendet *Heinrich von Ofterdingen* die Gefährdungen der Liebe, Angst und Schrecken, beinahe vollständig im Bild einer zärtlichen und dennoch passionierten Liebe zwischen Heinrich und Mathilde aus. Die Gefahren, von der das Klingsohr-Märchen erzählt, sind am Ende in einem Bild vollendeter Vereinigung gebannt: »Gegründet ist das Reich der Ewigkeit« (Novalis I, 364). Der Ausblendung des Schreckens korrespondiert die vollständige Verklärung der Liebe und die Entgrenzung des Irdischen.

An dieser Verklärung der geliebten Frau auf der Folie der Jungfrau Maria hat der Großteil romantischer Liebeserzählungen teil, zumeist jedoch stellt sich die profane Kehrseite der verklärten Liebe als Katastrophe dar. Selbst also dort, wo die Geliebte mit einer »Heiligen-Glorie« (Arnim I, 38) umgeben wird, bedeutet dies noch lange nicht, daß die irdische Passion des verliebten Mannes überwunden wäre. Achim von Arnims früher Roman *Hollin's Liebeleben* (1802), dem das Zitat entnommen ist, beschreibt die romantische Liebe seines Helden zur Geliebten Maria in den gleichen Vereinigungs-Metaphern wie Novalis. Romantische Liebe erscheint als sympathetisches »Band der Menschen«, das alle gesellschaftliche »Verkrüppelung« (ebd., 16) aufhebt, und als »Bild der Vereinigung alles Lebens« (ebd., 38). Ähnlich wie im *Ofterdingen* gilt die größte semantische Anstrengung dem Ausschluß drohender Zeitlichkeit. Der Augenblick der Liebe muß sofort auf Dauer gestellt werden: »die Schranken des Lebens öffneten sich, unser ewiger Bund wurde geschlossen« (ebd., 47). Und offenbar als Abwehr des Wissens um die Vergänglichkeit weltlicher Liebe, als Abwehr der Furcht, »seine Liebe werde im ersten Genusse, in der vollen Befriedigung erlöschen« (ebd., 76), folgt die Selbstbeschwörung: »Der Liebe Leben währt ewig« (ebd., 47).

Ewig währt sie aber keineswegs. Daß Leben und Liebe sich nicht symbiotisch verhalten, weiß Hölderlins Diotima: »Es giebt eine Zeit der Liebe, sagte Diotima mit freundlichem Ernste, wie es eine Zeit giebt, in der glüklichen Wiege zu leben. Aber das Leben selber treibt uns heraus« (Hölderlin XI, 688). Ewig kann die Liebe nur dauern, wenn sie nicht vollzogen wird. Romantische Liebe ist im Kern diejenige, die nicht vollzogen wird. Himmelfahrt und Opfer/Selbstopfer der Liebenden bezeichnen den Preis der Idealität und Permanenz der romantischen Liebe. Unbegründete Eifersucht des Helden Hollin führt ähnlich wie in Schillers *Kabale und Liebe* zum Selbstmord. In der Rolle des Mortimer in einer Laieninszenierung von Schillers *Maria Stuart* ersticht er sich, um – zynisch gesprochen – den ewigen Bestand der Liebe nicht zu gefährden. Arnim hat seinen ersten Roman stark an den Traditionsvorgaben von Goethes *Werther* ausgerichtet, vor allem was die narzißtische, fetischistische und natürliche katastrophische Komponente der Liebe betrifft. Sein zweiter Roman, *Gräfin Dolores*, der gemeinhin, aber verkürzend als romantische Ehestandsgeschichte gelesen wird, unterhält einen ständigen intertextuellen Bezug zu Goethes *Wahlverwandtschaften*. Wie in Goethes Roman die Liebe scheitert, die auf einer durchaus romantisch gedachten Wahlverwandtschaft der Liebenden aufbaut, so handelt es sich auch bei Arnims Gräfin, jedoch aus anderen Gründen, um ein Modell des Scheiterns. Die Gräfin Dolores entspricht den Anforderungen an die romantische Liebe überhaupt nicht, außer sich selbst kann sie keinen Menschen »im Ganzen lieben« (Arnim I, 163). Von der gesamten Anlage der Figur her verwundert es nicht, daß sie, dominiert von Eitelkeit und Eigenliebe, einem libertinen Marchese auf den Leim geht, Treue- und Ehebruch begeht, ein »sündiges« Kind zur Welt bringt und auf den Tag genau vierzehn Jahre nach ihrem Fehltritt ebenfalls stirbt, jedoch Zeit genug hat, um ihre Schuld zu büßen und bereit zu sein für ihre abschließende Apotheose als mater dolorosa (vgl. ebd., 674). Für die gesammelten Erzähltexte Arnims bleibt festzuhalten, daß romantische Liebe in ihnen, wenn überhaupt, nur in flüchtigen Bildern erscheint, die schließlich von Bildern des Verzichts und der Katastrophe überlagert werden. In *Isabella von Ägypten* erweist sich der junge Karl V. den Anforderungen der passionierten Liebe der Titelheldin als nicht gewachsen, in *Melück Maria Blainville, Die Majoratsherren, Seltsames Begegnen und Wiedersehen*, um nur einige der wichtigeren zu nennen, scheitert die Liebe oder sie kann nur im Tod garantiert werden.

Für Eichendorffs Umgang mit der romantischen Liebe lassen sich im wesentlichen zwei verschiedene Weisen unterscheiden. Entweder muß er seine von erotischen Neigungen umhergetriebenen Jünglinge vor den Verführungen der Frauen ganz in Sicherheit bringen oder es muß die Androgynität der gewählten Geliebten gewährleistet sein. Dem ersten Fall entspricht der Verlauf von *Ahnung und Gegenwart*. Der junge Graf Friedrich muß nach seinen (harmlosen) Abenteuern mit den allegorischen, auf mediterrane Verführung eingeschworenen Damen Rosa und Romana gänzlich dem Bereich der irdischen Verlockungen enthoben werden. Erst auf einem erhabenen süddeutschen Klosterberg, nachdem die Frauen ausgeschaltet sind, fernab der Welt und gefestigt im katholischen Glauben, kann Eichendorff ihn sicher wähnen. Erst im Kloster, dem vorgezogenen Ort seiner Himmelfahrt, ist er vor den Anfechtungen des Fleisches und der romantischen Liebe überhaupt geschützt. Zwar versucht die eine der Damen am Ende noch einmal, leibhaftig zu Friedrich ins Kloster vorzudringen, bei seinem Anblick fällt sie jedoch in Ohnmacht, ohne daß daß er sie überhaupt bemerkt hätte: »Friedrich hatte nichts mehr davon bemerkt. Beruhigt und glückselig war er in den stillen Klostergarten hinausgetreten« (Eichendorff II, 292).

Eine ähnliche Konfiguration zwischen zwei Frauen mutet Eichendorff seinem Helden Florio im *Marmorbild* zu. Die eine, zu stark auf sinnliche Verführung gerichtete Dame, die hier schlicht Venus heißt, wird ebenfalls ausgeschaltet, zu der Vereinigung mit der anderen kann Eichendorff seine Zustimmung nur für den Fall geben, daß die Androgynität der Frau gewährleistet ist, d.h. die körperliche Präsenz des Weiblichen soweit zurückgenommen ist, daß einer vergeistigten romantischen Liebe, sprich: Himmelfahrt, nichts mehr im Wege steht. Florio kann sich mit der Geliebten Bianca am Ende verheiraten, weil er sie leicht mit einem »zierlichen Knaben« (ebd., 563) verwechseln kann. Eichendorffs später Roman *Dichter und ihre Gesellen* (1834), der in vielem eine Wiederholung von *Ahnung und Gegenwart* ist, hält sich an das gleiche Muster. Der Held und Sänger Fortunat kann sich hier, Mitte der 1830er Jahre, schon über »die dumme Romantik« (ebd., 501) ärgern: »kaum beträte man das Revier eines Poeten, so schössen verstorbene Doppelgänger, gleich wahnsinnigen Pilzen, aus dem unvernünftigen Boden und säßen auf den Klippen umher und wackelten mit den Köpfen« (ebd., 501f). Bei aller Beschwerde über die Nachtseite der Romantik bemerkt er jedoch nicht, daß er dem »unvernünftigen Boden« und den »verstorbenen Doppelgängern« nur deshalb enthoben ist, weil er seine Geliebte und künftige Ehefrau ehedem als »hübsches Jägerbürschchen vom Donauschiff« (ebd., 502) wahrgenommen hat, weil also die Körperlichkeit der Frau im Bild des Androgynen verschwunden ist.

Schon in Schlegels *Lucinde* macht sich eine androgyne Phantasie der Verbindung von »Männlichem und Weiblichem« (Schlegel KA V, 13) bemerkbar. Anders aber als in Schlegels frühromantischem Projekt sind in Eichendorffs androgyner Phantasie der gelingenden romantischen Liebe und Ehe die sinnlichen Züge des Weiblichen weitestgehend zurückgenommen. Allein in *Schloß Dürande*, obwohl die liebende Frau Gabriele rechtzeitig ihre Metamorphose zum Knaben vollzogen hat, kommt es nicht zur romantischen Vereinigung mit dem jungen Grafen Dürande, weil der Bruder der Geliebten, der Jäger Renald, in beinahe Kleistscher Obsession und mit deutlich inzestuösen Motiven die tödliche Katastrophe herbeiführt.

Auf der Spiritualisierung und androgynen Reduktion des Frauenkörpers hat auch Hoffmann eines seiner bekanntesten Märchen aufgebaut. Im *Goldenen Topf* läßt er seinen Schreiber Anselmus erst in dem Augenblick sein poetisches Atlantis finden, als es dem gelungen ist, sich die heiratswütige Veronika Paulmann aus der Pirnaer Vorstadt vom Leib zu halten und sich ganz der spirituellen, körperlich auf das Notwendigste reduzierten Schlange(nlinie) namens Serpentina hinzugeben. Der Erzähler legt Wert darauf, die vollendete Androgynität der Muse festzustellen, daß nämlich ihr flüchtiger Körper nicht nur schlank, sondern gleich »schlanker als schlank« (Hoffmann II/1, 288) ist. Nur für diesen Fall erlaubt Hoffmann einen natürlich ironisch versetzten Blick auf eine romantische Liebe/Ehe: Die Körperlichkeit der Muse muß soweit androgyn zurückgenommen werden, daß sie sich zur sublimen Inspiration verwandelt hat und mit den Schreibbewegungen des Anselmus identisch geworden ist. Hoffmanns Vision der romantischen Liebe ist eine der Schriftpraxis, Vereinigung gibt es nur in der imaginären Existenz der Schrift: »Dem Anselmus war es, als sei er von der holden lieblichen Gestalt so ganz und gar umschlungen und umwunden, daß er sich nur mit ihr regen und bewegen könne« (ebd.).

Schillerndes Anschauungsmaterial für eine romantische Erotik der Androgynität bis hin zur Bisexualität liefert die Prosa Clemens Brentanos. An zahllosen Stellen seines Romans *Godwi* oder seiner *Chronika des fahrenden Schülers* wird weibliche Körperlichkeit gegen Phantasien der Androgynität ausgespielt. Nach dem Vorbild der eigenen Mutter Maximiliane (vgl. Gajek 1971; Schmid 1991; Zwetz 1996) hat Brentano seine fiktiven Frauenfiguren in die körperliche

Frau, die Hure, die vom »Vater« sexuell okkupiert wird, und die spirituelle, androgyne Frau aufgespalten, die Heilige, die mit großem allegorischen Aufwand auf die christliche Jungfrau bezogen wird und die sich der sexuellen Vereinigung entzieht. Fast alle wichtigen Figuren des *Godwi* hat Brentano auf eine androgyne Geschlechter-Metamorphose ausgerichtet. Ebenso steht die Androgynität des Perlengeistes in der *Chronika* fest (vgl. Brentano II, 584). Auch hier geschieht die abschließende Vereinigung des Schönen Bettlers mit der lesenden Jungfrau in einer spirituellen Metaphorik. Vor allem wird sie erst im Tod der Jungfrau vollzogen. Anders als bei Eichendorff reicht die Feststellung weiblicher Androgynität bei Brentano nicht hin, um ein Bild gelingender romantischer Liebe zu ermöglichen. Er selbst wie seine fiktiven Helden sind offenbar, wie es im *Godwi* heißt, »zu sehr in traurigen Familiengeschichten verstrickt« (ebd., 390), als daß aus romantischen Liebeswünschen überhaupt etwas anderes als eine tödliche Katastrophe entstehen könnte. In dieser Einschätzung folgt ihm beinahe der gesamte Korpus der romantischen Prosa.

3. Liebe als tödliche Passion

Aus der Idealität romantischer Liebe, die exklusive, vollständige und dabei noch lebbare »Einheit einer Zweiheit« (Luhmann 1982, 172) zu sein, resultiert die Paradoxie, daß die versprochene Nähe zum Partner ausgerechnet in einer Figur der Distanz, »der *Steigerung* des Sehens, Erlebens, Genießens *durch Distanz*« (ebd.), aufgehoben und in letzter Konsequenz das beschworene Liebesglück von Bildern der Katastrophe und des Todes überlagert wird. Die Konfliktfigur romantischer, passionierter Liebe regelt sich im männlichen Blick zumeist über ein ambivalentes Frauenbild. Die wollüstige, begehrenswerte Hure in ihren unterschiedlichen, zum großen Teil mythischen Ausprägungen, Venus, Sirene etc., wird gegen die christliche, unnahbare Heilige und Muttergottes ausgespielt. Der Konflikt entsteht daraus, daß man bei aller Diffamierung sinnlicher Weiblichkeit nicht an ihr vorbeikommt. In Eichendorffs *Ahnung und Gegenwart* sind es gleich zwei Frauenfiguren, die, in sich abgestuft, auf das Venusbild bezogen werden: die heißblütige Romana und die sanftere Rosa, die, obwohl von »mehr deutscher Bildung« (Eichendorff II, 129), dennoch Frau genug ist, daß auch sie eine fortwährende Gefahr für den deutschen Mann Friedrich darstellt und deshalb ausgeschaltet werden muß. Im Kontrast zu ihnen schwärmt Eichendorff von der »tugendhaften Frau« im Klartext:

»Wenn uns der Wandel tugendhafter Frauen wie die Sonne erscheint, die in gleichverbreiteter Klarheit, still und erwärmend, täglich die vorgeschriebenen Kreise beschreibt, so möchten wir dagegen Romanas rasches Leben einer Rakete vergleichen, die sich mit schimmerndem Geprassel zum Himmel aufreißt und oben unter dem Beifallsklatschen der staunenden Menge in tausend funkelnde Sterne ohne Licht und Wärme prächtig zerplatzt« (ebd., 180f).

Auf Vergänglichkeit und Tod schwört Eichendorff die Frau bereits in der grandiosen Eingangsszene des Romans ein. Rosa wird hier in eine unmißverständliche Korrespondenz zu einem »Wirbel« gerückt, »der alles Leben in seinen unergründlichen Schlund hineinzieht« (ebd., 8; vgl. Meixner 1971, 103; Zons 1985, 42f). Gegenüber der weiblichen, sinnlichen Verführung bleibt Eichendorffs Helden nur das christliche Kreuz: »Der Mund des Wirbels öffnet sich von Zeit zu Zeit dunkelblickend, wie das Auge des Todes. Der Mensch fühlt sich auf einmal verlassen in der Gewalt des feindseligen, unbekannten Elements, und das Kreuz auf dem Felsen tritt hier in seiner heiligsten und größten Bedeutung hervor« (Eichendorff II, 8).

Eichendorffs Diffamierung weiblicher Sinnlichkeit trägt neben den christlichen deutlich auch national-chauvinistische Züge, denen die Oppositionsformel »Deutsch-Welsch« zugrunde liegt. Bei der Beschreibung ihres »welschen« Zauberschlosses läßt Eichendorff kein Detail aus, um es holzschnittartig auf einen allegorischen Topos festzulegen. Es erhebt sich in einem »unbeschreiblichen Chaos von Gärten«, in denen Flora und Fauna »ausländisch« sind. Das »seltsame« Schloß verfügt über eine »mit buntem *Marmor* getäfelte Vorhalle«, über der zu allem Unglück »eben« die Sonne untergeht, so daß die »üppige Natur« im Zwielicht untertaucht und »man nichts deutlich unterscheiden konnte« (ebd., 149). Die Gefährdung des Helden an diesem exotischen Lustort konzentriert sich auf eine Dachterrasse in schwindelnder Höhe und »nach italienischer Art«. Hier ist Romanas »liebster Aufenthalt«. Sie entspricht am ehesten ihrer welschen Superbia: »›Sie wohnen hier so schwindlig hoch‹, sagte Friedrich, ›daß Sie die ganze Welt mit Füssen treten.‹« (ebd., 151). Die schwindlige Höhe korrespondiert dem tiefen Abgrund. Zusammen bezeichnen sie die Gefahr des Helden, den »verworrene Phantasien« (ebd., 153) ein Stück weit von altdeutscher Ordnung hinweggetrieben und für die weibliche Verführung empfänglich gemacht haben. Mit dem »halben Leibe« liegt die wollüstige Frau schon in seinem Bett, die schwarzen Haare »aufgelöst« über dem weißen Busen, als ein »frisches« Volkslied, aus der Ferne vom Mentor Leontin gesungen, ihn gerade noch rechtzeitig auf den rechten Weg zurückruft: »Es war ihm, als ob er aus fieberhaften Träumen oder aus einem langen, wüsten, liederlichen Lustleben zurück-kehre« (ebd. 154). Völlig sicher vor den Anfechtungen des Lotterle-bens kann Friedrich allerdings erst nach Romanas Selbstmord sein und nachdem er ihren Leichnam unter eine deutsche Eiche gebettet hat.

Eichendorff läßt die »welsche Improvisatorin« Romana etwas später noch einmal in seiner Erzählung *Das Marmorbild* in der Ge-stalt der Venus auferstehen (vgl. Fink 1983; Janz 1986; Wiethölter 1989). Sie entsteigt hier, von einem sehnsüchtigen Jüngling ani-miert, einem Marmorbildnis. Unter ähnlichen Begleitumständen wie Graf Friedrich verirrt sich der junge Florio in den heidnischen Marmortempel der Venus. Innenarchitektur und Dekor wiederholen sich (vgl. Eichendorff II, 555). Wiederum bewahrt den hilflosen Helden ein frommes Lied, aus der Ferne vom Beschützer Fortunato gesungen, sich weiter von sich selbst zu verirren und im venerischen Lotterbett umzukommen. Sein Stoßgebet »Herrgott, laß mich nicht verloren gehen in der Welt!« leitet die Apokalypse des Weibes ein. Die Schlange stürzt zischend mit ihrem »grünlich goldenen Schwei-fe sich ringelnd in den Abgrund hinunter« (ebd., 556), und Venus erstarrt wieder zur kühlen Marmorallegorie des Todes. Sie verstei-nert vor dem Angesicht der christlichen Jungfrau und Mutter Got-tes, die hier Bianca heißt.

In Hoffmanns *Die Elixiere des Teufels* kann der brünstige Mönch Medardus trotz aller Selbstkasteiung auch erst in dem Augenblick si-cher vor seinen fleischlichen Anfechtungen und seinem »erotopha-gen Wahn« (Magris 1980, 19) sein, als die begehrte Aurelie geopfert und zur heiligen Rosalia spiritualisiert worden ist. Sie hat sich – pla-tonisch gesprochen – wieder in ihr Urbild zurückgebildet. Denn es war der Ahnherr des Mönchs, der unter dem Einfluß des Teufelseli-xiers das Bild der heiligen Rosalia als Venusgestalt ausführte, das darauf »ins Leben« trat, den Familienfluch über Generationen be-gründete und noch in der späteren Inkarnation der Aurelie virulent bleibt. Hoffmann bezieht sich auf die gleiche mythologische Traditi-on wie Eichendorff. Bei Eichendorff verläuft der Angstaffekt gegen die Verlockungen der Venus sicherlich »zugunsten einer neuen, reli-giösen Heilsperspektive« (Fink 1983, 118). Bei Hoffmann liegen die Dinge etwas anders. Zwar hat er seine erotischen Mönchsphantasien in den *Elixieren* auch einer heftigen Konfrontation von heidnischer Sinnlichkeit und christlicher Keuschheit abgewonnen und läßt auch letztere am Ende triumphieren, insgesamt verlagert er jedoch die Akzente. Er zeigt sich weniger an einer religiösen als an einer psy-chologischen Interpretation der weiblichen Verführung und der männlichen Triebhaftigkeit interessiert.

Vermittelt über ein ambivalentes Frauenbild aus Hure und Heiliger, das immer wieder zusammengebracht wird, aber immer wieder unversöhnlich auseinanderbricht, zieht sich die Identifikation von (leidenschaftlicher) Liebe und Tod leitmotivisch durch den Großteil romantischer Erzählungen. Eichendorffs steinerne Venus-Phantasie taucht in den unterschiedlichsten Imaginationen auf. Ob in Tiecks *Runenberg* als erhabene Runen-Frau, in Arnims *Melück Maria Blainville* als zauberkräftige Sirene, in Hoffmanns *Die Bergwerke zu Falun* als unterirdische Gesteinskönigin, in seinem Nachtstück *Das öde Haus* als Ölgemälde oder in *Der Sandmann* gar als romantischer Automat namens Olimpia, eines bewirken diese höchst unterschiedlichen Phantasmen in jedem Fall: Sie lenken die romantischen Jünglinge von der friedlichen, sanften Alltagsbahn in Ehe und Familie ab und locken sie in gefährliche, aber verlockende Abgründe (vgl. Böhme 1988a).

Es schwindelt die Jünglinge gewaltig beim Blick in die erotischen Abgründe weiblicher Verführung, keiner von ihnen kann jedoch den Verlockungen widerstehen, allesamt folgen sie, mit großer Angst zwar, den Verheißungen der Liebe, die eigentlich Projektionen ihrer eigenen schwülen Männerphantasie darstellen. Sie lassen sich vom Territorium der bürgerlichen Ordnung, Ehe und Familie ablenken, und verschreiben sich einer Passion, die häufig zu Ich-Spaltungen und Wahnsinn führt und nicht selten das Leben kostet. Als etwa Hoffmanns Held Elis aus den *Bergwerken zu Falun* sich, stellvertretend für die anderen romantischen Jünglinge, seiner Passion hingegeben hat, da bedankt sich die kalte Venus, die hier eher einer Medusa ähnelt, mit einem symbolischen Orgasmus, läßt aber keine Unklarheit über den Preis solch paradiesisch-teuflischer Lustbarkeit: »Sie erfaßte ihn, zog ihn hinab, drückte ihn an ihre Brust, da durchzuckte ein glühender Strahl sein Inneres, und sein Bewußtsein war nur das Gefühl, als schwämme er in den Wogen eines blauen, durchsichtig funkelnden Nebels« (Hoffmann, Serapionsbrüder I, 231).

Anders als bei Schlegel oder Novalis, die die sprichwörtliche romantische Liebe als sanften Ausgleich der Geschlechter und ganzheitlichen Gegenentwurf zur Welt der Zwecke verstehen, rückt bei Tieck und Hoffmann, bei Arnim, Eichendorff und bei Kleist das Bild der verführerischen, gefährlichen Frau in den Mittelpunkt, die nicht nur die Harmonie der Geschlechter verhindert, sondern auch, was weit schlimmer taxiert wird, die Integrität des Mannes nachhaltig bedroht und das paradoxe Projekt der romantischen Liebe als Katastrophe auflöst, Sturz des Mannes, Verklärung der Frau oder beides. Zu den bereits erwähnten Texten müssen der Vollständigkeit halber noch genannt werden Tiecks Phantasus-Märchen *Der blonde Eckbert, Der getreue Eckart* und *Liebeszauber,* Fouqués *Undine,* Brentanos *Geschichte vom braven Kasperl und schönen Annerl,* Arnims *Seltsames Begegnen und Wiedersehen* und Kleists Erzählungen *Die Verlobung von Santo Domingo* und *Das Erdbeben in Chili.* So unterschiedlich diese Texte formal und semantisch angelegt sind, beziehbar werden sie in ihrer gemeinsamen Vision eines katastrophischen, blutigen Endes romantischer Liebe. Der erfüllten romantischen Liebe, wie sie von Schlegel und Novalis konzipiert wird, widersetzen sich in der Regel ödipale Konstellationen eines Familiendramas, in dem der inzestuöse Wunsch nach einer imaginären Vereinigung mit der Mutter mit einer symbolischen Kastration und einem abschließenden Selbst-Opfer gesühnt werden muß.

Romantische Liebe wird, kaum daß sie als Modell eingeführt ist, schon nachdrücklich dementiert und mit ihrem Gegenteil, Gewalt und Tod, konfrontiert. Es ist wichtig festzustellen, daß dieses Gefälle keinen literarischen Prozeß von der Früh- zur Spätromantik beschreibt. Schon die frühen Texte Tiecks buchstabieren romantische Liebe auf blutige Gewalt und Tod (vgl. Praz 1960; Bohrer 1987). Die Voraussetzung romantischer Liebe scheint zugleich ihre Verhinderung zu sein, die radikale Individualisierung des Partners scheint die eigene Individualität zu bedrohen. Es hat den Anschein, als prädestiniere die affektive Öffnung des Selbst vorzüglich zum Leid(en), denn niemand macht sich so verletzlich wie ein emphatisch Liebender. Die Wortwahl der passionierten Liebe ist präzise: Der romantisch Liebende trägt zugleich seine Leidensgeschichte aus, weil die erwarteten Eigenschaften des Partners empirisch unwahrscheinlich sind und daraus notwendig eine narzißtische Selbstverstrickung resultiert. Ein weiteres Problem ergibt sich aus dem Selbstüberbietungszwang von reflexiver Individualität und dem damit verbundenen Verschleiß. Darin gründet das zeitliche Dilemma romantischer Liebe: bestenfalls gelingt sie für eine kurze Zeit, ihr Bezugspunkt bleibt der Augenblick. Und der ist schnell vorüber.

Die Brisanz einer individualisierten, selbstreflexiven Liebesbeziehung spricht Kleist in einem Brief an seine Cousine Marie aus, den er im Sommer 1811, wenige Wochen vor seinem Selbstmord, schreibt: »Das Leben, mit seinen zudringlichen immer wiederkehrenden Ansprüchen, reißt zwei Gemüter schon in dem Augenblick der Berührung so vielfach auseinander, um wieviel mehr, wenn sie getrennt sind. An ein Näherrücken ist gar nicht zu denken; und alles, was man gewinnen kann, ist, daß man auf dem Punkt bleibt, wo man ist« (Kleist II, 910f). Wie gefährdet selbst noch der Punkt ist, »wo man ist«, zeigt der Selbstmord Kleists wenige Wochen später. Wenn selbst der »Augenblick der Berührung« eine Trennung besiegelt, dann bleibt Liebe in der Tat nur im Tod möglich, Kommunikation gelingt dann nicht einmal mehr in der erotischen Beziehung, die die radikale wechselseitige Öffnung der Partner doch eigentlich zur Voraussetzung macht.

Bei Kleist markiert deshalb die Liebesbegegnung den Punkt höchster Gefährdung: Der Liebende hat sich in seiner gesamten Individualität preisgegeben und kann doch niemals sicher sein, ob der andere die gleichen Regeln einhält oder die Blöße nicht vielmehr zu seinem Vorteil ausnutzt. Aus dieser Unsicherheit heraus resultiert bei Kleist Gewalt. Die Liebenden, Mann oder Frau, öffnen ihre Panzerung und verzeihen ihren Geliebten niemals, daß sie fähig waren, sie zu dieser Unvorsichtigkeit hinzureißen. In der *Hermannschlacht* lockt die rachsüchtige Thusnelda ihren Liebhaber Ventidius nächtens in einen Käfig und läßt eine wütende Bärin an ihrer statt den tödlichen Liebesakt vollziehen. Penthesilea benötigt für die Zerfleischung ihres Liebhabers Achill keinen Stellvertreter, sie verwandelt sich selbst zur heulenden Schwester ihrer »mordatmenden« Doggenmeute und tötet ihn.

Auch Kleists Erzählungen sind der heillosen Verstrickung von Liebe und Aggression verpflichtet. Die Liebe des russischen Grafen zur Marquise von O. beginnt im Zeichen der Vergewaltigung. Gustav von der Ried, der Held der *Verlobung von St. Domingo*, hatte schon seine erste Liebe in Europa unter der Guillotine verloren. Hier in einem »in Empörung begriffenen Mohrenland« (Kleist II, 174) beendet er in einer »Mischung von Begierde und Angst« (ebd, 186) und voller Mißtrauen Gefährdung und Wagnis seiner Liebe zur dunkelhäutigen Toni, indem er zunächst sie und anschließend sich selbst erschießt: »des Ärmsten Schädel war ganz zerschmettert und hing, da er sich das Pistol in den Mund gesetzt hatte, zum Teil an den Wänden umher« (ebd., 206). Man ist in Kleists Erzählungen immer wieder mit der Behauptung eines unbedingten Gefühls konfrontiert (vgl. Müller-Seidel 1970, 128f). Die Marquise von O. hält es zu sich selbst und zu ihrem Geliebten gegen alle äußere Unwahrscheinlichkeit durch. Jeronimo und Josephe, das Liebespaar aus dem *Erdbeben in Chili*, halten an diesem Gefühl fest. Doch ebenso wie sich ihr »volles Glück« (Kleist II, 151) und ihre Liebesbeziehung dem glücklichen Zufall eines Erdbebens verdankt, so endet es durch einen unglücklichen Zufall tödlich. Und wieder findet die Liebe ihre Erfüllung im Tod, der wiederum durch Blut und »aus dem Hirne hervorquellendes Mark« (Kleist II, 166) dokumentiert wird. Kleist Erzählungen beschreiben eine »Welt, in der der Zufall vorherrscht« (Hermann 1973, 373) und in der die Ereignisse isoliert nebeneinander stehen. Kleists Figuren bemühen sich, den erlebten Ordnungsverlust sei es durch ohnmächtiges Entsetzen, sei es durch einen gesteigerten Anspruch aggressiv rückgängig zu machen. Die Welt gehorcht jedoch nicht einem vernünftigen Kontinuum, sondern sie untersteht bei Kleist einer Ordnung affektiver Plötzlichkeit, der die Figuren allenfalls intensive Augenblicke, nicht aber dauernde Ordnung abringen können. Die Figuren selbst sind nichts anderes als Produkte einer kontingenten Welt, in der sich Ordnung nur zufällig einstellt.

Spuren der Kleistschen Gewaltphantasien gibt es auch bei Tieck, Arnim, Hoffmann oder Brentano, insgesamt aber geht es nicht ganz so drastisch zu. Am Zusammenhang von Liebe und Tod ändert das jedoch nichts. In Tiecks *Liebeszauber* steht die leidenschaftliche Liebe des Helden Emil zu einer schönen Unbekannten von Anfang an im heftigen Kontrast zu seinen Todesvisionen. Ähnlich wie in Hoffmanns *Sandmann* oder im *Öden Haus* ist es die »Spalte« eines Fensterladens, die seinen begehrlichen Blick kanalisiert. Allabendlich stellt Emil ein Blickarrangement her, das die Liebe und ihr Objekt kultiviert, und zwar paradoxerweise indem es distanziert wird. Einmal jedoch wird er nicht Augenzeuge anmutiger weiblicher Schönheit, sondern Komplize der rituellen Schlachtung eines Kindes, der Tochter der unbekannten Schönen. Tieck hat seinen Text in der Weise allegorisch eingerichtet, daß Emil zugleich Zeuge seiner eigenen Kastration wird. Daß es hier, psychoanalytisch gesprochen, um Emils »symbolische Kastration« geht, daran läßt die Szene ebenso wenig Zweifel wie daran, daß sie ein tiefes Trauma hinterläßt, das sich erst in der abschließenden Katastrophe erledigt. In dem Augenblick, wo ihn sein abgetrenntes »Glied« in Gestalt eines »scheußlichen Drachenhalses« als ein Fremdes anblickt, als sich Emils Blickarrangement gegen ihn selbst kehrt, da ist es um sein Bewußtsein geschehen, ganz wie im Falle des Studenten Nathanael aus Hoffmanns *Sandmann*: »Ein scheußlicher Drachenhals wälzte sich schuppig länger und länger aus der Dunkelheit, neigte sich über das Kind hin, das mit aufgelösten Gliedern der Alten in den Armen hing, die schwarze Zunge leckte vom sprudelnden roten Blut, und ein grün funkelndes Auge traf durch die Spalte hinüber in Emils Blick und Gehirn und Herz, daß er im selben Augenblick zu Boden stürzte. Leblos traf ihn Roderich nach einigen Stunden« (Tieck VI, 227).

Der Mechanismus der Steigerung und Kultivierung des Liebesgefühls durch Distanzierung des Liebesobjektes ist eines der wesentlichen Merkmale des romantischen Liebesdiskurses. Der Distanzierung des geliebten Partners korrespondiert auf der Seite des Mannes eine Pflege des Narzißmus. Die voyeuristische Position an einem

Fensterspalt ermöglicht einen erotischen Genuß, der nur aus der Distanz möglich ist. Es bestätigt sich hier die Tendenz der romantischen Liebe zur Spiritualisierung bzw. zur Entkörperlichung, denn der distanzierte Genuß basiert auf der Abstraktion des Körpers. Der distanzierte romantische Liebesgenuß verwandelt den Körper des Partners in ein Bild und damit die gesamte romantische Liebe mehr oder minder in eine hoffnungslos narzißtisch eingefärbte, autoerotische Praxis. In Hoffmanns *Sandmann* ist es der Blick durch ein Fernrohr, der die Liebe des Studenten Nathanael zu seinem Automaten Olimpia kanalisiert. In seinem *Öden Haus* ist es ein verstohlener Blick in einen Taschenspiegel, der das erotische (Öl)-Bild der geliebten Frau aus der Ferne pflegt. In Arnims *Majoratsherren* entzündet sich die Liebe des Majoratsherren zur Jüdin Esther in einem Blick durch einen Fensterspalt und ähnlich wie in Tiecks *Liebeszauber* wird er später durch eben diesen Spalt Zeuge der Ermordung der Geliebten. In *Isabella von Ägypten* bedient sich der verliebte Karl V. eines »Kunstspiegels« in einem »Guckkasten« (Arnim III, 686), einer Art frühen fotographischen Apparates, um eine bildliche Verdoppelung seiner Geliebten zu erhalten. An optischen Geräten wie Spiegeln oder Fernrohren, Fenstern oder Gardinenspalten herrscht in romantischen Erzählungen bekanntlich kein Mangel. Im romantischen Liebesdispositiv fungieren sie einerseits als Medien der Distanzierung des Liebespartners, andererseits erweisen sie den Partner als imaginären Mittelpunkt einer Phantasieleistung und Gegenstand einer Projektion.

Ein Blick auf die Entwicklung der Liebessemantiken der letzten zwei Jahrhunderte zeigt, daß das frühromantische Modell leidenschaftlicher Liebe in der Wirklichkeit zwar nicht oder nur höchst kursorisch funktioniert, daß es jedoch immer noch Gegenstand der Hoffnungen und Reibungspunkt für Desillusionierungen ist. Die Diskursivierung der Liebe in romantischen Erzählungen zeigt allerdings das ganz andere Bild der romantischen Liebe als einer distanzierten, mit Lust- und Todesvisionen spielenden narzißtischen Praxis, die nicht von einer faktischen Vereinigung mit der geliebten (Ehe-)Frau träumt, sondern die sich den Körper der Geliebten gerade vom Leib hält, indem sie diese in imaginären Bildern verklärt. Zum Projekt einer romantischen Literatur scheint das aus der Distanz gepflegte Bild der verführerischen, wenn auch gefährlichen Frau unverzichtbar zu gehören. Die Insel der verführenden Sirenen, der »verlockenden Syrenenstimmen« (Hoffmann III, 150), weiträumig zu umfahren, kann für die Autoren offensichtlich nicht in Frage kommen, da sie zu ihrem Schreiben dringend eben jener erotischen Atmosphäre bedürfen, die sich über die distanzierte, d.h. imaginäre

Präsenz der sirenischen Muse aufbaut. Maurice Blanchot hat die Regeln der Metamorphose zwischen dem Autor Homer und seinem fiktiven Helden Odysseus durchschaut: »Den Gesang der Sirenen vernehmen, heißt soviel wie aus Odysseus, der man gewesen ist, Homer werden« (Blanchot 1982, 17). Er hat versäumt zu notieren, daß die Sirenen bei dieser Metamorphose die Stimme verlieren, weil sie nichts weiter als stumme Projektionen einer Männerphantasie sind, »Fantom unsers eigenen Ichs« (Hoffmann III, 23; vgl. Kittler 1977), wie es in Hoffmanns *Sandmann* heißt, oder »unwiderstehliche Sirenen in meiner eigenen Brust« (Schlegel KA V, 26), wie es in Schlegels *Lucinde* heißt. Die Stimme wird im präzisen Wortsinn übertragen. Als neue Ton-Träger empfehlen sich dann die romantischen Autoren, die sich der sirenischen Frau gelegentlich in einem Spiegelblick, durch einen Fensterspalt oder durch ein Fernrohr als Motor ihres Schreibens versichern.

VIII. Bildung zum Künstler

1. Der romantische Künstler als Vermittler

Eine der für die germanistische Literaturwissenschaft attraktivsten und gleichzeitig umstrittensten Formen des Romans ist der Bildungsroman. Der Begriff ›Bildungsroman‹ wird von dem Dorpater Rhetorik-Professor Karl Morgenstern 1817 geprägt und später von Wilhelm Dilthey als entelechische, gesetzmäßige Entwicklung eines Individuums zu umfassender Humanität ausdifferenziert, als »gesetzmäßige Entwicklung‹ durch Konflikte zu Harmonie und zur ›Persönlichkeit‹« (Köhn 1968, 431). Als Leitbild handelt die Gattungstheorie durchgängig bis in die Gegenwart Goethes *Wilhelm Meisters Lehrjahre* (1795/96), wobei man sich durchaus einig ist, daß die spätere Gattungsgeschichte eher als ständige Abweichung vom Prototyp zu verstehen ist (vgl. ebd.). Von Goethes *Meister* her ist eine künstlerische Neigung des Helden geläufig, die in der Romantik eine entschiedene Richtung auf den Künstler als einzig legitimen Helden des Bildungsromans nimmt. Was bei Goethe, in Moritzens autobiographisch gefärbtem Bildungsroman *Anton Reiser* (1785/90) oder in Jean Pauls Romanen *Hesperus* (1795), *Titan* (1800/03), *Flegeljahre* (1804/05) als starkes Motiv im Hinblick auf einen Ausgleich von Künstler und Welt angelegt ist, wird in der Romantik zum bestimmenden Thema: die Bildung zum Künstler.

Hegels abgeklärte, die Vernünftigkeit der bestehenden Verhältnisse starkmachende Beschreibung bürgerlicher Ausbildung trifft auf Goethes *Meister* gerade noch zu, mit den romantischen Varianten des Modells hat sie kaum mehr etwas gemein:

>»Diese Kämpfe nun aber sind in der modernen Welt nichts Weiteres als die Lehrjahre, die Erziehung des Individuums an der vorhandenen Wirklichkeit, und erhalten dadurch ihren wahren Sinn. Denn das Ende solcher Lehrjahre besteht darin, daß sich das Subjekt die Hörner abläuft, mit seinem Wünschen und Meinen sich in die bestehenden Verhältnisse und die Vernünftigkeit derselben hineinbildet, in die Verkettung der Welt eintritt und in ihr sich einen angemessenen Standpunkt erwirbt« (Hegel XIV, 220).

Gegenläufig zu dieser Position interpretieren die Romantiker erstens den Bildungsroman als Künstlerroman, zweitens haben sie nicht den Ausgleich mit der bestehenden Welt im Visier, sondern die Behauptung der künstlerischen Sonderstellung gegenüber Gesellschaft und Wirklichkeit. Die Richtung hat sich damit umgekehrt. Nicht um eine Erkundung individueller Möglichkeiten in der sozialen Welt geht es, sondern um eine literarische Erkundung der eigenen Innenwelten. So wichtig Goethes *Wilhelm Meister* in thematischer und kompositioneller Hinsicht für die Entwicklung des romantischen Romans gewesen ist und so sehr er von Friedrich Schlegel und Novalis zunächst auch als epochales literarisches Ereignis geschätzt wird, der genannte Perspektivenwechsel nach innen bringt es zwangsläufig mit sich, daß Goethes Roman von Novalis schließlich als »Wallfahrt nach dem Adelsdiplom« (Novalis II, 807) und gar als »albernes Buch« (ebd., 806) kritisiert wird und *Heinrich von Ofterdingen* entsprechend als Gegenentwurf angelegt ist.

Hölderlins Briefroman *Hyperion, oder der Eremit aus Griechenland* aus den Jahren 1797/99 nimmt im Hinblick auf eine Verknüpfung von Bildung und Künstlertum eine charakteristische Zwischenstellung ein, die es zwar nicht erlaubt, ihn eindeutig der Romantik zuzurechnen, die aber die Künstlerthematik in einer Weise formuliert, die sehr wohl im Zusammenhang der frühen Romantik gesehen werden kann. Die Entwicklung des neugriechischen Jünglings Hyperion hin zu einer revolutionären, republikanischen Position, die Erziehung durch den weisen Lehrer Adamas, seine Freundschaften zu Alabandas und Bellarmin sowie seine Liebe zu Diotima, vollzieht sich als exemplarischer Fall vor dem Hintergrund einer geschichtsphilosophischen Konstruktion, die nach Schillerschem Vorbild das klassische Griechenland gegen die entfremdete Gegenwart als Garant eines zukünftigen utopischen »Freistaats« (Hölderlin XI, 701) versteht.

Hölderlins Begeisterung für den griechischen Befreiungskampf nimmt strukturell das Pathos der Befreiungskriege in der späteren Romantik voraus, mit dem wesentlichen Unterschied, daß die kosmopolitischen, noch stark von einer positiven Sicht der Französischen Revolution geprägten Töne Hölderlins in Eichendorffs *Ahnung und Gegenwart* oder *Dichter und ihre Gesellen* nationalchauvinistischen Tönen weichen. Anders als die späteren Romantiker besteht Hölderlin, hierin ein Stück weit Schlegel ähnlich, zunächst darauf, daß »die heilige Theokratie des Schönen« in einem »Freistaat wohnen« (ebd. 133) muß. Es erweist sich in Hölderlins Roman jedoch sehr schnell, was im Grunde von anfang an feststeht: Hyperions Engagement im griechischen Befreiungskampf gegen die Türken dient gewissermaßen nur als Vorübung und »Initiation zum Dichter« (Hoffmeister 1994, 217). Was mit großem politischem Pathos begrüßt wird: »Der Vulkan bricht los« (Hölderlin XI, 720), weicht der baldigen Ernüchterung durch die Tatsache, daß die Befreiungskämpfer ihrerseits vor Mord, Plünderung und Vergewaltigung nicht zurückschrecken. Hyperions Genesung von einer schweren Verletzung und der Opfertod seiner Geliebten Diotima stellen seine symbolische Dichterweihe dar. Nichts weniger als »Erzieher unsers Volks« zu sein (ebd., 691), gibt Hölderlin dem Dichter auf. In durchaus romantischer Sicht ist Hölderlins Vorstellung des Künstlers jedoch auf seine Rolle als »Fremdling« und Außenseiter bezogen, dessen Existenz in bürgerlichen Verhältnissen nur als Exil möglich scheint. Die Erziehungsfunktion des Künstlers kontrastiert folglich heftig mit seiner exzentrischen Randlage. Mit dem bekannten Stichwort »So kam ich unter die Deutschen« (ebd. 774) nutzt Hölderlin das Exil seines Dichterhelden Hyperion vor allem, um die zeitgenössische deutsche Wirklichkeit als utilitaristische Zwangs- und Sklavengesellschaft zu kritisieren. Bis in die späte Romantik hinein bleibt die Kritik einer rationalistischen Geldmoderne ein bestimmendes Motiv, ebenso ein beschwörendes Versöhnungsbild, das, wie am Ende des *Hyperion*, alle »Dissonanzen der Welt« (ebd., 782) aufheben möchte, dann aber entweder der fragmentarischen Komposition zum Opfer fällt oder immer wieder ins Unendliche verschoben wird (vgl. Loquai 1984, 220).

Über die Kritik bürgerlichen Erwerbslebens und aufklärerischen Utilitarismus' ergibt sich die Möglichkeit, kursorisch ein anderes, für die romantische Prosa allerdings eher marginal bleibendes Bild des Künstlers in den Blick zu nehmen: den Lebenskünstler, der sich die Sorgestruktur der europäischen Zivilisation vom Leibe hält und sich durch die Welt treiben läßt, um sein »Glück« zu machen, bis – wie es am Ende von Eichendorffs *Taugenichts* durchaus selbstironisch heißt – »alles, alles gut« (Eichendorff II, 647) geworden ist. Schlegels *Lucinde* erprobt in der Tradition von Heinses *Ardinghello* eine »Kunst des Müßiggangs« und ein »Lob der Faulheit« als Elemente einer solchen Lebenskunst des romantischen Antikapitalismus (vgl. Mattenklott 1977), die etwa auch in Tiecks *Sternbald* anklingen. Schlegel neigt einem frivolen erotischen Leichtsinn zu, während Eichendorff in seinen Romanen und vor allem im *Taugenichts* einen Leichtsinn pflegt, der die Grenzen christlicher Moral nirgends überschreitet.

Eichendorffs Taugenichts entwickelt seine Lebenskunst des ›dolce far niente‹ ausschließlich in Auseinandersetzung mit Natur und Landschaft. Natur bezeichnet hier den sinnlichen Gesamtzusammenhang dessen, was sich gesellschaftlicher Disziplin und Zivilisation entzieht oder doch – im Sinne Rousseaus – entziehen sollte. Vom Sturm und Drang und der europäischen Empfindsamkeit her ist die Natur als Erlebnisraum des Erhabenen und des Sentimentalen geläufig. Die Romantik radikalisiert die Rolle des Künstlers zu einem magischen und mehr noch symbiotischen Sprachrohr der Natur. Wie aber alle Begriffe und Bilder der Romantik dem Spannungsfeld einer doppelten Reflexion ausgesetzt sind, erweist sich auch »Natur« als eine reflexive Figur, in der Natur zu einer Variablen der Kunst uminterpretiert wird. Es gibt in der Prosa der Romantik, namentlich bei Eichendorff und Tieck, sehr wohl Ansätze zu einer literarischen Simulation von Naturerlebnissen, insgesamt aber, und das zeigte sich oben bereits (vgl. Kapitel III), beruhen die romantischen Naturschilderungen nicht auf einem mimetischen Zug, sondern sie sind an einer künstlichen, allegorisch zugerichteten Topographie orientiert.

Das Bild des romantischen Lebenskünstlers und kindlichen Naturfreundes hat die landläufige Wirkungsgeschichte der Romantik durch die verschiedenen Neuromantiken bis auf den heutigen Tag relativ unbeschadet überdauert. Wenn dieses Bild in der Romantik selbst begründbar ist, dann sicherlich nicht in der Prosa, die überwiegend eine andere Sprache spricht, sondern in der Lyrik, in der diese Topoi eher belegt sind.

Im Zentrum romantischer Bildungsprozesse steht die Entwicklung eines oder mehrerer Helden zum Künstler, sei es als Dichter, als Musiker oder als Maler, jedenfalls mehrheitlich nicht als Lebenskünstler im genannten Verständnis. Sie entfalten sich zwischen erhabener Kunst und den Niederungen des bürgerlichen Alltags, der unter romantischer Perspektive ständig im Verdacht des ›Philisterhaften‹ steht, dem wohl aber auch kein Romantiker auf Dauer entgehen konnte, es sei denn durch frühen Tod. Die romantische Sicht des Künstlers läßt sich auf den Konflikt von Kunst und Alltagsleben beziehen und auf die Weise, wie dieser Konflikt behandelt wird. Zahlreiche romantische Erzählungen bemühen sich um einen halbwegs lebbaren Ausgleich von Künstlerexistenz und Alltag: Wackenroders *Herzensergießungen*, Tiecks *Franz Sternbalds Wanderungen*, Novalis' *Heinrich von Ofterdingen*, Eichendorffs *Ahnung und Gegenwart*, Hoffmanns *Meister Martin der Küfer* oder sein *Goldener Topf*, um nur eine kleine Auswahl zu nennen. In jedem dieser Texte schwingt der Konfliktfall romantischer Künstlerexistenz jedoch bereits mit, der in anderen Erzählungen katastrophisch ausformuliert wird.

Für die Tradition des Künstlerbildes in der späteren Romantik sind Wackenroders *Herzensergießungen eines kunstliebenden Klosterbruders* (1797) und Tiecks *Franz Sternbalds Wanderungen* (1798) außerordentlich wichtig. Als literarisch-ästhetischer Kunstessay bestehen die *Herzensergießungen* aus verschiedenen Kleinformen: fiktive Briefe in bekenntnishaftem, enthusiastischem Ton, Gemäldebeschreibungen, Künstlernovellen etc. Wackenroders und Tiecks Humanitätsideal, ihr Geniekonzept und ihre historistische Feier von Mittelalter und Früher Neuzeit sind wesentlich von Herder bestimmt und gehen kaum über ihn hinaus. Erst das Schlußstück »Das merkwürdige musikalische Leben des Tonkünstlers Joseph Berglinger«, das gleichzeitig umfangreichstes und wichtigstes Stück des gesamten Textes ist, entwirft Konturen des romantischen Künstlers, die traditionsbildend werden. Es baut die bis in den Ästhetizismus des 19. und 20. Jahrhunderts wirksame Kontraststellung des geweihten Künstlers gegenüber den gewöhnlichen Menschen in der Weise aus, daß die Auserwähltheit des Künstlers gleichzeitig den Preis seiner Selbstaufopferung bezeichnet. Der Zumutung, Krankenpfleger zu werden, widersetzt sich Berglinger, um einem »höheren, edleren Ziel« (Wackenroder, 119) zu folgen: »Er dachte: du mußt zeitlebens, ohne Aufhören, in diesem schönen poetischen Taumel bleiben, und dein ganzes Leben muß eine Musik sein« (ebd., 115). Der ästhetischen Entgrenzungsphantasie entspricht ein elitäres Bewußtsein, daß seine Elite mit einer radikalen Asymmetrie zum Publikum erkauft: »Er geriet auf die Idee, ein Künstler müsse nur für sich allein, zu seiner eignen Herzenserhebung und für einen oder ein paar Menschen, die ihn verstehen, Künstler sein« (ebd., 128). Andererseits kontrastiert die elitäre Stellung des Künstlers den feudalen Machtverhältnissen, die eine »Subordination der Kunst unter den Willen des Hofes« (ebd., 126) fordern, ein Motiv übrigens, das noch in der Spätromantik in Hoffmanns *Kater Murr* die geniale Selbstauslegung des Kapellmeisters Kreisler widerlegt und ihn zu Melancholie und Flucht treibt. Unter der Klage »Und für diese Seelen arbeite ich meinen Geist ab!« (ebd., 125) entsteht das frühromantische Porträt des Künstlers als in sich zerrissener Mensch (vgl. ebd., 130), der »in der Blüte seiner Jahre« (ebd.) an den selbstzerstörerischen Zügen seiner Phantasie, von der Gesellschaft als wahnsinnig abgetan, stirbt: »Ach! daß eben seine hohe Phantasie es sein mußte, die ihn aufrieb« (ebd., 131)

2. Bildungsreise nach Innen

Tiecks *Sternbald* schreibt die Elemente dieses Künstlerbildes fort und verbindet sie mit den Motiven der Wanderung/Reise und der Suche nach den Wurzeln der eigenen Herkunft in Kindheit und Familie. Das angesprochene romantische Bildungspostulat mit einer entschiedenen Perspektive nach innen bedeutet ein Erschließen der verdrängten und vergessenen Schichten der Persönlichkeit. Entwicklung in die und für die Zukunft heißt in einer dialektischen Kehre Entdeckung der eigenen Kindheit. Die Struktur der Reise und Bewegung im romantischen Roman berücksichtigt diese psychologische Komponente derart, daß die oberflächliche Ortsveränderung immer auch eine Reise in die eigene Vergangenheit darstellt. Die sich hieraus unmittelbar ergebende zyklische Struktur der romantischen Reise berücksichtigt gleichermaßen den lokalen und den temporalen Aspekt. Die romantischen Reisenden kommen immer wieder dort an, von wo sie ausgegangen waren. Sternbald und seine Nachfolger empfinden den Auszug aus der Heimat zugleich als Glück und als Verlust, aber sie begeben sich auf die Reise, sie gehen das Risiko der entfremdeten Welt ein, weil sie das Geheimnis ihrer psychischen Identität aufdecken wollen. Jeder Schritt in die Welt bedeutet gleichermaßen einen Schritt in die eigene Vergangenheit und in das eigene Innere. Daß jedes Detail und jedes Ereignis auf dieser (Selbst-)Erkundung in einer nachgerade magischen Bedeutung zur psychischen Disposition des Helden steht, versteht sich von selbst, denn Bedeutsamkeit ist ja gerade die Voraussetzung einer literarischen Kunst-Reise, die immer auch eine Reise in die Kunst ist. Und in dieser nimmt Zufälligkeit sofort die Gestalt des Notwendigen an. »Indem der Weg in die Welt der in die eigene Vergangenheit war (zur Geliebten, Mutter, Kunst, zum Bruder, Selbst), hat der Held die Zeit aufgehoben und – was sich in der zyklischen Struktur spiegelt – die Märchenwelt eingeholt« (Hoffmeister 1994, 227).

Novalis' *Heinrich von Ofterdingen* ist oberflächlich betrachtet ein historischer Roman. Nur der erste Teil, »Die Erwartung« genannt, ist fertiggestellt, für den zweiten Teil, »Die Erfüllung«, gibt es nur Skizzen. Beide Titel ergeben ein geschichtsphilosophisches Schema, das poetisch jedoch nur andeutungsweise eingelöst wird. Mit der Wahl des historisch nicht belegten Minnesängers Heinrich von Ofterdingen entscheidet sich Hardenberg für die Zeit der Kreuzzüge im hohen Mittelalter. Er zeigt sich auch bemüht, »das historische Kolorit« (Behler 1992a, 234) in Ansätzen zu wahren, eigentlich geht es ihm jedoch nicht darum, den Bildungsgang des Dichters Ofterdingen aus einem historischen oder kulturhistorischen Kontext transparent zu machen, sondern Novalis ist weitaus mehr daran gelegen, die Bildungsreise des Dichters als eine exemplarische Reise in die Imagination zu beschreiben. Dem Fazit Herbert Uerlings: »Natürlich ist der ›Ofterdingen‹ kein historischer Roman, jedenfalls nicht im Sinne der großen Romane des 19. Jahrhunderts« (Uerlings

1991, 459; vgl. Schulz 1964), kann man sich unschwer anschließen. Ofterdingens Entwicklung zielt auf die imaginäre Welt der Poesie, in der es wesentlich um die Vermittlung getrennter Sphären geht. Und wo könnte die Vermittlung getrennter Sphären nach romantischer Selbsteinschätzung besser garantiert werden als im (romantischen) Dichter?

Die Reise des jungen Heinrich von Ofterdingen geht in südlicher Richtung vom Elternhaus in Eisenach nach Augsburg, dem Geburtsort der Mutter, um, wie es wörtlich heißt, »aufzuthauen« (Novalis I, 318). Eigentliches Ziel ist aber nicht Augsburg, sondern die Ausbildung zum Dichter, die Stationen seiner Reise sind keine geographischen, sondern allegorisch-philosophische Orte, und sie wird nicht durch Ereignisse im strengen Sinne strukturiert, sondern durch Erzählungen, Märchen und Träume. Eine leitmotivische Funktion übernimmt die bekannte blaue Blume, die Novalis mit dem Bild der geliebten Mathilde überlagert und als symbolischen Motor der Dichterbildung und einer Sehnsucht einsetzt, die auf ein Jenseits, auch ein Jenseits des Romans verweist. Ofterdingens Reise ist eine Reise in die eigene Innenwelt, es handelt sich um eine Bewegung zu sich selbst. Deshalb muß auf seine Frage nach dem Ziel seiner Reise (»Wo gehn wir denn hin?«) in den fragmentarischen Anfängen des zweiten Romanteils die einzig mögliche Antwort folgen: »Immer nach Hause« (ebd., 373). Die wichtigen Stationen dieser Bildung faßt der Dichter Klingsohr, kurz vor der endgültigen Initiation Heinrichs zum Künstler, zusammen: »Das Land der Poesie, das romantische Morgenland, hat euch mit seiner süßen Wehmut begrüßt; der Krieg hat euch in seiner wilden Herrlichkeit angeredet, und die Natur und Geschichte sind euch unter der Gestalt eines Bergmanns und eines Einsiedlers begegnet« (ebd., 331). Ofterdingen stimmt zu und fügt noch die Liebe hinzu.

Poesie, Krieg, Natur, Geschichte und Liebe sind die Elemente der Dichterbildung und gleichzeitig Formen der Entgrenzung und Vermittlung. Als solche könnten sie durchaus integrale Bestandteile des Bildungsromans im landläufigen Sinne sein. Ob der *Ofterdingen* jedoch ohne weiteres im Sinne eines Bildungsromans verstanden werden kann, ist in der Novalis-Forschung umstritten. Von Dilthey (1865) her datiert die positive Beantwortung dieser Frage. Eine vorsichtige bis negative Antwort deutet sich bei Kluckhohn (1929) an und ist radikal von Gerhard Schulz gegeben worden (vgl. Schulz 1964). Uerlings faßt die Vorbehalte zusammen: »Das primäre Thema des Romans ist nicht die Entwicklung eines Individuums, sondern der Entwurf einer universalen Erlösungsutopie. Daß dies dargestellt wird als Entwicklung einer Hauptgestalt zum Dichter und der Roman dadurch Züge eines Bildungsromans erhält, ist ein Sekundäreffekt« (Uerlings 1991, 451). Allerdings muß festgehalten werden, daß für diese Erlösungsutopie die Bildung zum Dichter von entscheidender Bedeutung ist. D.h. *Heinrich von Ofterdingen* läßt sich als Bildungsroman im Sinne der allgemeinen romantischen Interpretation desselben als Künstlerroman lesen. Die Spannung zum Bildungsroman bringt etwa eine Stelle über die »zwey Wege« zur »Wissenschaft der menschlichen Geschichte« zum Ausdruck: »Der eine, mühsam und unabsehlich, mit unzähligen Krümmungen, der Weg der Erfahrung; der andere, fast ein Sprung nur, der Weg der innern Betrachtung. Der Wanderer des ersten muß eins aus dem andern in einer langwierigen Rechnung finden, wenn der andere die Natur jeder Begebenheit und jeder Sache gleich unmittelbar anschaut« (Novalis I, 253f).

Daß Heinrich den zweiten Weg beschreitet, liegt ebenso auf der Hand wie die Tatsache, daß die unmittelbare Anschauung, von der hier die Rede ist, ästhetische Bildung zum Künstler meint. Es zeigte sich oben (Kapitel V) bereits, daß romantische Literatur mystische und allgemein esoterische Bildungsprozesse als selbstreflexive Komponenten nutzt. Eckhart Heftrich hat Ofterdingens Entwicklung auf das Modell der unio mystica und des platonischen Seelenaufstiegs bezogen (vgl. Heftrich 1969, 86f). Es bleibt aber auch hier wichtig festzustellen, daß die ästhetische Funktion des Romans nicht auf eine Allegorie des Platonismus hinausläuft, sondern umgekehrt die mystische Entgrenzung eine Allegorie der Poesie ergibt. Im *Ofterdingen* zielt alles auf die Entwicklung zum Dichter. Die beschworene »Wiederkehr eines ewigen goldenen Zeitalters« (Novalis I, 271) ist bei Novalis nicht anders als ästhetisch gemeint, d.h. an die Funktion des Dichters zurückgebunden. Die neben dem Dichter Klingsohr ganz wichtigen Initiationsfiguren, der Einsiedler und der alte Bergmann, sind beide auf dem Hintergrund des Künstlerschriftstellers angelegt. Die »Kunst« (ebd., 291) des einen ist ebenso ein »einsames Geschäft« (ebd., 292) wie zwangsläufig das des Einsiedlers und das des Schriftstellers. Für sie ist im romantischen Blick Abstinenz von Profitdenken und Geld konstitutiv (vgl. ebd., 291). Beide, Bergmann wie Einsiedler, haben ihren topographischen Bezugspunkt in der Höhle, die bei Novalis und zahlreichen anderen Romantikern als Chiffre des Unbewußten mit einer »Traumwelt« (ebd., 298) assoziiert wird, in der sich Vergangenheit und Zukunft in einer sinnlich-poetischen Imagination vergegenwärtigen und damit verbinden:

»Es ist alles innerlich, und wie jene Künstler die äußern Sinne mit angenehmen Empfindungen erfüllen, so erfüllt der Dichter das inwendige Heiligthum des Gemüths mit neuen, wunderbaren und gefälligen Gedanken. Er weiß jene geheimen Kräfte in uns nach Belieben zu erregen, und giebt uns durch Worte eine unbekannte herrliche Welt zu vernehmen. Wie aus tiefen Höhlen steigen alte und künftige Zeiten« (ebd., 255).

Die Assoziation von »inwendigem Heiligthum« und Höhle erfüllt sich darin, daß Heinrich von Ofterdingen in der Höhle des Einsiedlers auf ein Buch trifft, das eng mit seiner eigenen Lebensgeschichte verbunden ist. Das provenzalische Buch des Einsiedlers ist im poetologischen Rahmen des *Ofterdingen* vielfach überdeterminiert. Daß es den gesamten Roman bis in seine fragmentarische Struktur als mise en abîme spiegelt, wurde oben bereits gesagt (vgl. Kapitel III). Es wird darüber hinaus zum poetischen Fokus der Geschichte des Universums und der Geschichte des Individuums Heinrich von Ofterdingen und, was die letzte Konsequenz bezeichnet, zum Konvergenzpunkt beider. Über das oben eingeführte Prinzip esoterischer Äquivalenz werden alle in Natur und Geschichte getrennten Sphären miteinander vergleichbar und werden im sinnstiftenden Akt der Poesie vereint. Heinrich sieht in diesem Buch »sein Ebenbild in verschiedenen Lagen« (Novalis I, 312). Es enthält zudem »die einfache Regel der Geschichte« (ebd., 305), die erfahrbar wird, wenn es gelingt, »aus Hoffnung und Erinnerung« ein Einheitsbild zu erstellen, das nach romantischer Vorstellung selbstverständlich nur ein poetisches und als solches eine intensive Verbindung begrifflicher und sinnlicher Komponenten sein kann.

Novalis entwickelt deshalb keinen Begriff der Geschichte, sondern er transformiert seinen Text in das Klingsohr-Märchen, das den ersten Teil des Romans beschließt. Bei aller Nähe zu philosophischen Traditionen und Gedankengängen behauptet dieses Märchen von Eros und Fabel in einer komplexen allegorischen Führung die Inkommensurabilität der poetischen Utopie, die gleichzeitig eine religiös-chiliastische ist. Der *Ofterdingen* nähert sich wie seine mosaikartigen Binnenspiegelungen im provenzalischen Buch oder im Märchen dem frühromantischen Postulat des absoluten Buches an, das als säkulare poetische Bibel ein enzyklopädisches Bild des Universums ermöglichen und alle anderen Bücher überflüssig machen soll.

Für die romantische Vorstellung vom Künstler ist es wichtig, daß Heinrichs Bildung zum Künstler, nach der Unterweisung durch Klingsohr in die »strenge« (ebd., 330), handwerklich-technische Seite der Poesie, ihren letzten Anstoß vom Bild der Geliebten Mathilde erhält, wobei von ›Bild‹ zu reden, insofern präzise ist, als es der Tod

Mathildes ist, die spiritualisierte Erscheinung der Frau, die zum Motor der Poesie wird. Die zyklische Form des Romans bestätigt sich auch in diesem Punkt, denn der Tod der Geliebten war anfangs schon Gegenstand eines Traumes. Die abschließende poetische Vereinigung mit der Geliebten ist gleichermaßen Himmelfahrt und Heimkehr, ganz wie Heinrich von Ofterdingen es am Beginn seiner Reise geahnt hat: »Die Wunderblume stand vor ihm, und er sah nach Thüringen, welches er jetzt hinter sich ließ mit der seltsamen Ahndung hinüber, als werde er nach langen Wanderungen von der Weltgegend her, nach welcher sie jetzt reisten, in sein Vaterland zurückkommen, und als reise er daher diesem eigentlich zu« (ebd., 251).

3. Heimkehr und Selbstqual

Aufgrund der fragmentarischen Form des *Ofterdingen* wie auch des *Sternbald* ist die zyklische Struktur, die Rückkehr nach Hause nur kompositionell angelegt, ausformuliert wird sie nicht. Beispielhaft ausgeführt ist die zyklische Struktur der romantischen Reise in Eichendorffs *Ahnung und Gegenwart*. Seine Bestimmung der Romantik als »freies, unendliches Reisen« (Eichendorff II, 37) und seine häufige Rede vom »freien Schweifen« (ebd., 99) widersprechen dem Befund der zyklischen Reisestruktur nicht, denn ihre Unendlichkeit ist eine kreisförmige, die bei Eichendorff in letzter Hinsicht christlich-heilsgeschichtlich motiviert ist. Der Anfang der Roman-Reise des Grafen Friedrich steht ausdrücklich im Zeichen des »Kreuzes« (ebd., 8). In einem Kloster endet die Reise: »das Kreuz hat gesiegt« (Zons 1985, 49). Im zyklischen Aufbau des ästhetischen Raums und in seiner gleichzeitigen Interpretation als »Heilsraum« (ebd., 58) besteht einer der wesentlichen Unterschiede zu Goethes *Meister*, mit dem *Ahnung und Gegenwart* motivisch und narrativ ansonsten vielfältig verbunden ist. Zur Spiegelungstechnik des romantischen Romans gehört es, daß die grundlegende Struktur des Textes an einer entscheidenden Stelle miniaturartig reflektiert wird. Als entscheidende Stelle erscheint in der Romantik immer wieder der Moment, wo die verwirrende, entfremdete Welt als Heimat erfahren und das Geheimnis einer traumatischen Kindheit entdeckt wird. Sowohl bei Tieck als auch bei Eichendorff hat die zu durchwandernde Welt »labyrinthische« Züge.

Vor der allegorischen Ankunft des Grafen Friedrich in seiner Kindheit läßt Eichendorff ihn in einer Art Engführung ein solches

Labyrinth durchlaufen, das die Funktion einer umgekehrten Initiation übernimmt. Bis in Einzelheiten handelt spiegelt es die gesamte Romananlage. Gleichzeitig stellt sie, metaphorisch gesprochen, die Schleuse zur Kindheit dar, die sich in einem allegorisch überfrachteten Denk- und Grabmal konkretisiert. Eine der im Roman zahlreichen panoramatischen Überblicke beendet das Labyrinth und erlaubt die Erkenntnis der Heimat: »Da erinnerte sich Friedrich auf einmal; ›das ist ja meine Heimat!‹ rief er, mit ganzer Seele in die Aussicht versenkt. ›Was ich sehe, hier und in die Runde, alles gemahnt mich wie ein Zauberspiegel an den Ort, wo ich als Kind aufwuchs!« (ebd., 241). Die Kindheit drängt sich dem Grafen Friedrich in einem »steinernen Grabmal« von »mannigfaltiger Bedeutsamkeit« (ebd.) zusammen. Es variiert das geläufige Bild der steinernen Venus, die lebendig wird, wenn ausschweifende männliche Phantasie, die »Liebeskupplerin« (ebd., 236), es unvorsichtigerweise so will. Hier antizipiert Eichendorff die Rettung seines Helden jedoch in der Dominanz des Kreuzes, das die Schlange der Verführung besiegt hat.

Eichendorffs Vorschlag der Vermittlung von Kunst/Künstler und Welt nimmt den romantischen Absolutismus der Kunst zurück und bindet sie an den Auftrag einer »fortwährend begeisterten Anschauung« (ebd., 136), die eindeutig der christlichen Religion und einer nationalen Gesinnung untersteht. Seine negative Einschätzung der Phantasie als »Liebeskupplerin« deutet ein prekäres Verhältnis zur Poesie an, die bei allem Lob auf romantisches Natur- und Selbsterlebnis nur ein vorübergehendes Ausweichen vom Ernst des Lebens sein darf und schließlich von ihm wieder eingeholt wird. Offensichtlich beinhaltet Eichendorffs Bildungsentwurf des romantischen ›Schweifens‹ die ganz andere Pädagogik, derzufolge das imaginäre Schweifen in der Literatur das gefährlichere Ausschweifen im wirklichen Leben verhindern solle. Friedrich wird ins Kloster geschickt, einer der Helden von *Dichter und ihre Gesellen* entsagt der »Metze« (ebd., 320) namens Dichtkunst sehr früh schon zugunsten der Rechtswissenschaft, ein anderer sucht am Ende im Zeichen der »Jahreszahl 1813« die »Eisenbraut« (ebd., 346) des Krieges, um »schlaffer Ruh und weichlicher Lust« (ebd.) zu entgehen (vgl. ebd. 506).

In Tiecks *Sternbald* liegen die Dinge anders. Zwar ist auch er an einem Ausgleich zwischen Künstler und Welt interessiert, insoweit er aber auf der Autonomie der Kunst besteht, dringen die katastrophischen Töne deutlicher in den Vordergrund. Durch alle Episoden und Verzweigungen eines abenteuerlichen, mit trivialen amourösen Partien durchsetzten Reiseromans behauptet sich die Reflexion künstlerischer Selbstverständigung und die Frage nach einem lebbaren Ausgleich von künstlerischer und sozialer Existenz als zentrale Themen des Romans. Dem pathetischen Ergebnis der einen entspricht die ratlose bis negative Beantwortung der anderen. Zwar sieht Sternbald in der Kunst Ziel und Vollendung seines Lebens, und die »Göttlichkeit [seines] Berufs« (Tieck, Sternbald, 175) steht außer Frage, sehr früh aber vermutet er schon, daß die Ausübung der Kunst ihm nicht unbedingt zum »Glücke« (ebd., 76) gereichen werde. Bereits in diesem sehr frühen Text der Romantik kommt es zu einer weitreichenden Identifikation von Kunst und Leben, die sich besser als ein Verschwinden des Lebens in der Kunst begreifen läßt: Der Künstler »führt sein Leben nur für die Kunst, und wenn die Kunst ihm abstürbe, würde er nicht wissen, was er mit seinem übrigen Leben weiter anfangen sollte« (ebd., 179).

Jenseits aller positiv besetzten pathetischen Selbstinszenierungen des romantischen Künstlers tauchen bei Tieck bereits Konturen eines katastrophischen Bildes auf, das die künstlerische Praxis als obsessives Zwangshandeln und als Selbstopfer sieht: »›Wer sich der Kunst ergibt‹, sagte [Ludoviko] weiter, ›muß das, was er als Mensch ist und sein könnte, aufopfern.‹« (ebd., 313). Sehr plastisch hat Tieck im *Sternbald* auch die pathetisch-katastrophische Sicht des Künstlers und die Behauptung ästhetischer Autonomie an die entfremdenden Zumutungen eines in Anfängen kapitalistischen Marktes geknüpft. Das Bildnis des sich selbst für die Kunst aufopfernden Künstlers vervollständigt sich in dem Punkt, daß er sich selbst, seinen eigenen Leib in Gestalt der Kunst zu Markte und vor ein Publikum trägt, das dessen gar nicht würdig ist. Die Veräußerung der Kunst stellt sich als Akt der Selbstentfremdung dar, deren Notwendigkeit in den Bedingungen der bürgerlichen Gesellschaft begründet sind. Hoffmann formuliert den traumatischen Akt der Selbstentäußerung später am Beispiel des Goldschmieds Cardillac in *Das Fräulein von Scuderi* bis hin zu Wahnsinn und Kriminalität aus. Die Nicht-Künstler können es, so Tiecks Kunstmaler, überhaupt nicht nachvollziehen, was es heißt, wenn der Künstler sein Werk »aufopfern muß, es verstoßen und von sich entfremden, daß er es vielleicht niemals wiedersieht, bloß des schnöden Gewinstes wegen und weil eine Familie ihn umgibt, die Nahrung fordert« (ebd., 179).

Gerade der letzte Punkt ist keineswegs nur beiläufig gesetzt. Er bedroht das künstlerische Projekt der Romantiker nachhaltig und zieht sich bis in die Spätromantik durch. Tieck hat seinem fiktiven Maler Sternbald eine eheliche Alltagsexistenz erspart. Als historischer Roman, der, nebenbei bemerkt, ähnlich wie schon die *Herzensergießungen* das historistische Interesse der Romantik an der Frühen Neuzeit, resp. der Reformationszeit um 1500, vorgibt, realisiert der *Sternbald* die Möglichkeit, die Figur Albrecht Dürers mit dem unkünstlerischen Ehe-Alltag zu konfrontieren. Sogar der große Maler Dürer, der nicht nur bei Tieck als leuchtendes Vorbild an künstlerischer Disziplin, deutscher Gesinnung, Tüchtigkeit und christlicher Demut gepflegt wird, »ist durch seine sozialen Bindungen in der Entfaltung seines Künstlertums behindert« (Loquai 1984, 216). Seine engstirnige Frau, so Tiecks Dürer selber, die von Kunst kein Wort verstehe, drängt ihn zur künstlerischen Arbeit nicht um der Kunst willen, sondern »um nur Geld zu sammeln« (Tieck, Sternbald, 134).

Melancholie ist nicht nur im Falle Dürers die unausweichliche Konsequenz des Künstlers in bürgerlichen Verhältnissen. Der »Talar von Melancholie« (Eichendorff II, 324), von dem Eichendorff in *Dichter und ihre Gesellen* spricht, umweht die allermeisten romantischen Künstlerfiguren angesichts des Auseinanderbrechens von künstlerischem Auftrag und sozialer Wirklichkeit. Entgegen Schlegels romantischer Vereinigung von Liebe, Kunst und Ehe hat Tieck bereits im *William Lovell*, der formal und semantisch noch stark unter dem Eindruck der Spätaufklärung steht, eine Alternative aufgezeigt, die sich besonders auch durch Hoffmanns Erzählungen zieht: Entweder man entscheidet sich für eine bürgerliche Ehe mit aller Sicherheit und Ruhe und gibt die Kunst auf (wie Francesco und Adriano in diesem Roman) oder man hält an seiner künstlerischen Berufung fest, was unter Umständen einem Selbstopfer gleichkommt (wie die Hauptfigur Balder), und meidet die Ehe(-Frau) wie der Teufel das Weihwasser.

Hoffmann hat diese Motivstruktur mit nur geringer Variation in zahlreichen Texten durchgespielt. Selbst dort, wo er ein bürgerliches Arrangement der Künstlerfigur durchaus in Erwägung zieht, steht am Ende der Verzicht auf Ehe und bürgerlichen Alltag. Selbst in seiner Erzählung *Meister Martin der Küfer*, die in der Tradition Tiecks gerade an einer sozialen Rückbindung des Künstlers an eine idealisierte spätmittelalterliche bzw. frühneuzeitliche Gesellschaft ausgerichtet ist, weigert sich der Maler Reinhold schließlich, seine Kunst dem »schnöde(n) Handwerk« und »gemeine(n) Leben« (Hoffmann, Serapionsbrüder I, 559) zu opfern, weil im »Gefängnis« (ebd.) der Ehe der künstlerische Schwung erlahmen würde.

Mit unterschiedlichen Konsequenzen befolgen diese Grundregel romantischer Künstlerbildung der Maler Berthold aus dem Nachtstück *Die Jesuiterkirche in G...*, der Maler Traugott aus *Der Artushof*, der Kapellmeister und Komponist Kreisler aus den *Kreisleriana* und dem *Kater Murr*, der Künstler Edmund in der *Brautwahl* und in selbstironischer und gleichzeitig beispielhafter Weise der Kunst-Schreiber Anselmus aus *Der Goldene Topf.* Auch der junge Bergmann Elis aus *Die Bergwerke zu Falun* zieht es noch am Morgen seiner geplanten Hochzeit vor, seine unterirdische Muse aufzusuchen und lieber den frühen Tod in den Armen der kalten, steinernen Kunstgöttin zu suchen, als sich in die Ehe zu begeben und seinen Beruf aus materiellen Gründen auszuüben.

Um den im Absolutismus der Kunst angelegten katastrophischen Fall des Künstlers auszuschließen, trifft Hoffmann in seinen etwas heiterer gestimmten Texten die ebenso einfache wie wirksame Vorkehrung, die heiratswütigen Damen mit handfesten Hof- oder Kriminalräten von den bedrohten Künstlern abzulenken. Erst wenn »Mamsell Veronika« im *Goldenen Topf* die Gemahlin des Hofrates Heerbrand oder ihre Entsprechung im *Artushof* diejenige des Kriminalrates Mathesius geworden ist, erst dann ist die Existenz des »vormaligen Studenten, jetzigen Dichters Anselmus« (Hoffmann II/1, 316) in der Kunst zumindest von dieser Seite her abgesichert. Im *Goldenen Topf* formuliert Hoffmann auf narrativer Ebene den Idealfall künstlerischer Bildung aus, der ansonsten als poetologisches Dispositiv eines fiktiven, zumeist ironischen Erzähler-Spiels in den Texten impliziert ist. Der Erzähler verdoppelt am Ende zwar nur das Märchen vom *Goldenen Topf,* wenn er selbst in die Rolle seines Schreibers schlüpft und im Schriftzimmer des Archivarius Lindhorst Platz nimmt, um, von einigem Punsch und dem platonischen Bild der Frau getragen, die Geschichte zu Ende zu schreiben. Anders als sein im Reich der Poesie flüchtiger Jüngling weiß er aber, daß seine poetische Begeisterung nur als die andere Seite seines Alltags-Ichs zu verstehen ist. Was im Handlungszusammenhang der Erzählungen in der Regel getrennt ist, Künstler und Alltagsmensch, kombiniert der Erzähler in einer Person. Seine damit einhergehende Anfälligkeit für Spaltungserfahrungen oder Schizophrenie endet nur für den Fall nicht katastrophisch, daß ihm die Balance zwischen Künstler und Ehemann gelingt. Es ist in erster Linie diese schwebende Balance zwischen den Welten, zwischen Phantasie und Realität, die Hoffmann und andere Romantiker seinem Erzähler, sich selbst und vor allem dem Leser als romantisch-imaginatives Bildungsprojekt zumuten.

In der Prosa der Romantik gelingt eine Versöhnung von Künstler und Gesellschaft allenfalls als selbstironisches Projekt oder ausnahmsweise, in Hardenbergs *Heinrich von Ofterdingen,* um den Preis einer geschichtstheologisch inspirierten ästhetischen Verklärung einer mittelalterlichen Gesellschaft und des Künstlers Ofterdingen gleichermaßen, dessen Künstlertum Züge einer gemeinsam mit der

Geliebten vollzogenen Himmelfahrt annimmt. Der Versuch, diese Versöhnung als sozial lebbares Modell zu erproben und zu behaupten, überschreitet die Grenzen der Romantik auf zumeist biedermeierliches Terrain. Mörikes Roman *Maler Nolten* (1832) etwa hat nur recht oberflächlich gesehen (Episodenführung, Salongespräche etc.) etwas von einem »hoffmanesken Künstlerroman« (Sengle 1971 I, 245). Ganz anders als bei Hoffmann erwartet Mörike von seinem Künstler, »das Leben seines Innern harmlos und ruhig mit der Gesellschaft zu vermitteln« (Mörike III, 79). Einige späte, als Revision der Romantik angelegte Texte Tiecks gehen ebenfalls in diese Richtung. Am Ende von *Des Lebens Überfluß* müssen der Schriftsteller und seine Frau das romantische Dachstübchen verlassen, um sich der Öffentlichkeit zu stellen und um ein Bild des erfolgreichen biedermeierlichen Marktschriftstellers zu ermöglichen. Stärker noch hat Tieck die soziale Versöhnung des Künstlers in seinem letzten Roman *Der junge Tischlermeister* als Abkehr von den ›Taugenichtsen‹ der Romantik verstanden, was gleichzeitig eine Verflachung und Trivialisierung des komplexen romantischen Künstlerbegriffs bedeutet: »Ich muß nach Haus, und um kein Taugenichts zu werden, in meine alte Ordnung zurückkehren« (Tieck XI, 313). Dieser Vorsatz des Tischlermeisters Leonhard taugt offenkundig weder als Selbstbeschreibung eines romantischen Künstlers noch trifft er das Bild des Künstlers, das die Romantik, vermittelt über Symbolismus und Ästhetizismus den Avantgarden der Moderne überliefert hat.

4. Der Künstler als Außenseiter

Das geläufige Bild des romantischen Künstlers orientiert sich demgegenüber am sozialen Ausnahmefall. Wackenroders Berglinger, Tiecks Held Christian aus dem *Runenberg*, Klingemanns Nachtwächter, Hoffmanns Kapellmeister Kreisler, seine zahllosen Malerfiguren und sein Ritter Gluck, Brentanos Künstlerfiguren: sie alle sind dem Bild des romantischen Künstlers als Exzentriker verpflichtet, der die Rückbindung in sozialen Verhältnissen, Familie und Ehe, im aufopferungsvollen Kampf für die höheren Werte der Kunst aufgibt, um dafür im Gegenzug mit psychischen Leiden und drohendem Wahnsinn, aber mit wenig Gunst und noch weniger Verständnis beim Publikum entlohnt zu werden. Bis in welche Details und allegorisch-märchenhaften Verstellungen hinein dieses exzentrische Bild des Künstlers gepflegt wird, kann Tiecks Märchen *Der Runenberg* belegen. Die Faszination des Helden Christian für die verführerische Frau vom Berge hängt eng mit dem Umstand zusammen, daß sie auf dem *Runen*berg wohnt und sich nur über eine Schrifttafel mitteilt, die esoterische Tabula Smaragdina der Literatur (vgl. Kapitel V). Sie ist die Muse der romantischen Poesie, die einerseits von geradezu überirdischer Schönheit ist und andererseits ein häßliches Waldweib, da sie den romantischen Jüngling nicht nur über den schnöden Alltag auf die erhabenen Höhen der Poesie führt, sondern ihn auch über die Abgründe seines eigenen Inneren belehrt und um seinen (Alltags-)Verstand bringt. So findet sich auf der Runentafel eine Inschrift der leidenschaftlichen Liebe, die mit ›Wehmut‹ und ›Schmerzen‹ einhergeht und zumeist nur um den Preis des Lebens zu haben ist.

Christians Verschwinden in der »Einsamkeit« des Gebirges spielt auf die romantische Reise in poetische Schrift an. Er ist dort für die Alltagsrealität »so gut wie gestorben« und muß die phantastische Nähe zur Poesie des Runenberges mit drohendem Wahnsinn bezahlen, dem, wie Brentano sagt, »unglücklichen Bruder der Poesie« (Brentano II, 126). Von seiner Reise kann Christian dann aber die »kostbarsten Schätze« der »Einbildung« und des »Herzen« mitbringen, die unter dem Blick des Eingeweihten ihr ästhetisches Leben entfalten können.

Seit der Romantik hat sich ein Bild des Künstlers überliefert, das solange unvollständig bleibt, wie als Kehrseite des genialen Entwurfs phantastischer Welten nicht die Vereinsamung des Autors und die Dokumentation einer traumatischen Psyche berücksichtigt wird. Neben dem *Runenberg* halten auch andere frühe Erzählungen Tiecks (*Der blonde Eckbert, Liebeszauber* etc.) das Porträt des einsamen Autors, der sein soziales Leben preisgibt und sich in Literatur verwandelt, im Spiegel der einsamen Märchenhelden fest. Im *Godwi* macht Brentano eine folgenschwere Unterscheidung zwischen dem klassischen und dem romantischen Dichter. Neben einem ausgeprägten Hang zur Selbstreflexivität besteht die vor allem in der Darstellung des eigenen Innenlebens: »denn die romantischen Dichter haben mehr als bloße Darstellung, sie haben sich selbst noch stark« (ebd., 260).

Im romantischen Selbstverständnis postuliert der Künstler eine enge existenzielle Verbindung seines Lebens mit der Literatur. Der romantische Künstler hängt mit allen Fasern seines Körpers und seines Geistes am und im Text. Brentano hat die körperliche Beziehung zum geschriebenen Text häufig und weitergehend als andere Romantiker mit der traditionellen Metapher der Tränen- und Blutschrift beglaubigt. Beide konvergieren in der »Absorption von Körpersäften durch das Buch« (Schmidt 1991, 71). In der *Chronika des fahrenden Schülers* läßt er eine Variante des romantischen Schriftstellers, den Schönen Bettler, sich die Adern aufritzen und ein »kurzes Lied von seinem Untergang« schreiben (Brentano II, 594). In einem Brief an Luise Hensel aus dem Jahre 1822 nimmt er den Aderlaß als Bild seines eigenen Schreibens: »Das Schreiben ist mir wie ein Aderlassen an einer ordentlichen Pulsader« (vgl. Schmidt 1991, 71). Daß es sich hier wahlweise auch um das Blut der Geliebten handeln und aus dem Schreiben ein Akt des erotischen Vampirismus werden kann, war oben schon klar geworden (vgl. Kapitel VII).

In seinen Prosatexten hat Brentano gleichsam eine Dokumentation der eigenen psychogenen Krankengeschichte hinterlassen, die sich – an dieser Stelle sehr verknappt (vgl. Kapitel IX) – als eine inzestuöse Symptomatik präzisieren läßt. Die inzestuöse Phantasie einer Vereinigung mit der Mutter, die gleichzeitig gewollt ist, aber nicht ausgesprochen werden darf, bildet den wunden Punkt in Brentanos Erzähltexten. Er ist derjenige unter den Prosaautoren der Romantik, der seine eigene Psychohistorie am breitesten und am wenigsten verborgen in den Texten austrägt. Im *Godwi* dreht sich alles um das *Stammbuch der Familie*, wie die *Chronika* nichts anderes ist als »die Chronik meines ganzen Stammes« (Brentano II, 591). Weit mehr als in anderen Fällen einer an psychogenen Familiendramen nicht eben armen romantischen Literatur lesen sich Brentanos *Godwi* und seine Erzählungen gleichsam als offene Wunden.

Ansonsten sind die Lebensspuren des Autors im romantischen Text weitreichend verwischt oder zumindest soweit verstellt, daß sie die ästhetische Autonomie nicht gefährden. Die Metapher des Spurenverwischens deutet bereits an, welch prekäres Verhältnis zwischen dem literarischen Schreiben und der außerliterarischen Ich-Identität des Autors herrscht. Sie beschreibt einen Fluchtraum, in dem sich soziale und künstlerische Identität austauschen. Der damit verbundenen imaginären Selbstmultiplikation des Künstlers liegt eine zerstreute Form der Selbstwahrnehmung zugrunde, wie sie seit dem ausgehenden 18. Jahrhundert geläufig ist und wie sie Hoffmann als »Sonderbaren Einfall auf dem Ball am 6« in sein Tagebuch notiert: »Ich denke mir mein Ich durch ein Vervielfältigungsglas – und alle Gestalten die sich um mich herum bewegen sind Ichs und ich ärgere mich über ihr thun und lassen ppp« (Hoffmann, Tagebücher, 107). Romantisches Schreiben darf nicht einseitig als Suche nach der verlorenen sozialen Position interpretiert werden, eher geht es für die Autoren, zumal für Hoffmann, darum, sich selbst im imaginären Raum der Kunst zu entziehen.

Auf der Ebene der Figurenkonstellationen führt dies im romantischen Text zu Verdopplungen und ganzen Serien von Metamorphosen, wobei die Figuren, kaum daß sie eingeführt sind, schon wieder andere geworden sind. Die Metapher des »Feuerkreises« verwendet Hoffmann nicht nur zur Beschreibung einer gespaltenen und vom Wahnsinn bedrohten Persönlichkeit – wie in *Die Elixiere des Teufels* und *Kater Murr* –, sie dient auch als impliziter Hinweis auf sein poetisches Verfahren, Figuren in einen Figurenzirkel und Bedeutung in einen Kreis von Bedeutungen aufzulösen. Der Kapellmeister *Kreisler* ist Stammvater aller Figuren, sie sind allesamt lauter Kreisler: »In diesen Kreisen kreiselt sich der Kreisler« bis zu den »Sprüngen des St. Veits Tanzes« (Hoffmann V, 78). Hoffmann versäumt es nicht, das psychologische Interesse zu nennen, das diesem poetischen Veits-Tanz zugrunde liegt. Wenn er sich in Kreisler verwandelt, dann besteht er darauf, daß seine Herkunft und Identität im Dunkeln bleiben. Die ersten Aufzeichnungen über Kreisler beginnen ausdrücklich unter dieser Voraussetzung: »Wo ist er her? – Niemand weiß es! – Wer waren seine Eltern? – es ist unbekannt!« (Hoffmann II/1, 32). In den *Kreisleriana* der *Fantasiestücke* bewegt er sich schon »dicht an der großen Dornenhecke, der Grenze der Vernunft« (ebd., 361). Später im *Kater Murr* lauert ihm der Wahnsinn »wie ein nach Beute lechzendes Raubtier« auf, um ihn zu zerfleischen (Hoffmann V, 172).

Verweigerte Identität bleibt in Hoffmanns Texten keinesfalls nur Episode. Von seiner ersten veröffentlichten Erzählung, dem *Ritter Gluck* aus dem Jahre 1809, bis hin zum *Kater Murr* von 1822 bleibt sie Fokus seines Schreibens. Im *Ritter Gluck* hält Hoffmann es in der Schwebe, ob er seinen Helden als eine phantastische Wiedergeburt des alten Meisters versteht oder als einen Wahnsinnigen, der sich nur dafür hält. Genau darin gründet der Reiz der kurzen Erzählung, darin, daß er aus Gründen der Chronologie nicht Christoph Willibald Gluck sein kann und es dennoch ist. Die Chronologie stellt kein adäquates Maß, dem Ritter Gluck gerecht zu werden. Er gehört einer Zwischenwelt an. Seine leeren Notenblätter sind vergilbt, das Tintenfaß von dicken Spinnweben überzogen. Zur unrastigen Existenz des »Ewigen Juden« wurde er verdammt, weil er, wie es heißt, Heiliges an Unwürdige verraten hat. Seine Strafe ist es, und hierin spielt er auf den romantischen Künstler an, fortan als einsames Genie unter lauter »Unheiligen« und Dilettanten herumzuirren, um bisweilen vielleicht einen Wahlverwandten im Geiste der Kunst zu treffen. Kennzeichnend dabei ist, daß er »gestaltlos« sei und außerdem von rascher Beweglichkeit, beides mit dem erklärten Ziel, daß ihn »Niemand kenne« (Hoffmann II/1, 30), denn: »Namen sind zuweilen lästig« (ebd., 23).

Aus der Möglichkeit zur imaginären Selbstmultiplikation des romantischen Autors resultiert als Kehrseite sein Unwille oder auch seine Unfähigkeit, sich zu entscheiden und auf eine bestimmte Identifikation festlegen zu lassen. In der verweigerten Identität ist das genaue Gegenstück zum neuhumanistischen Bildungsgedanken und Identitätspostulat des Bildungsromans fixiert. Es ist von daher konsequent, daß Hoffmann nach seinem Verwirrspiel in *Prinzessin Brambilla*, das in seiner Art kaum zu überbieten ist, die fragmentarische Doppelbiographie über Kater Murr und Johannes Kreisler fortschreibt. Er vollzieht damit die Zerstörung und Verweigerung von Identität auf ihrem ureigensten Terrain: dem des Bildungs- bzw. Entwicklungsromans. Im Kontrast von Kreislers Künstlerbiographie und den satirischen Bildungsbekenntnissen eines tierischen Burschenschaftlers »aus der illustren Familie des gestiefelten Katers« (Hoffmann V, 37) entsteht Bildungs-Parodie, in der sich humane Perfektibilität und psychologische Modulation in den ›charakterlosen‹ Lebensansichten einer schreibenden Katze und in fragmentarischen Makulaturblättern verlieren.

IX. Psychologische Konturen

1. Romantische Psychologie

In einem groben Überblick läßt sich die deutsche Psychologie des 18. Jahrhunderts als die Entwicklung von einer metaphysisch gegründeten rationalen Psychologie der Wolff-Schule hin zu einer transzendental organisierten rationalen Vermögenspsychologie Kants darstellen. Auf den ersten Blick unterscheiden sich diese von den französischen und englischen Varianten einer Erfahrungs- bzw. Empfindungspsychologie, Sensualismus und Empirismus, gravierend. Wo die einen den Primat der menschlichen Psyche im Verstand sehen, stützen die anderen sich auf empirische Empfindungsdaten. Eines vereint diese grundsätzlich divergenten Erklärungsmodelle der Seele, und das nimmt die Romantik gegen sie ein: Beide Erklärungsmodelle bedienen sich – von je unterschiedlichen Ansätzen – mechanistischer Schemata. Ihr Bezugspunkt ist die Maschine. Das gilt für die rationale Vermögenspsychologie ebenso wie für die Psychologie der Empfindungen. Als exemplarisch kann die sprichwörtlich gewordene Metapher der Mensch-Maschine, »L'homme machine«, angesehen werden, die La Mettrie plastisch und titelgebend eingeführt hat und die Hélvétius, Holbach, Condillac, um nur einige zu nennen, fortgeführt haben.

Gegen die Mechanik der Aufklärungspsychologie setzt die Psychologie der Romantik einen starken Akzent auf dynamische und chemische bzw. alchemistische Aspekte. Hier wie in anderen Punkten kann sie auf Herders entwicklungsgeschichtliches Denken und Karl Philipp Moritzens spätaufklärerische Bemühungen um eine Erfahrungsseelenkunde zurückgreifen, die im *Magazin zur Erfahrungsseelenkunde* der Jahre 1783-1793 vorlagen. Dem aufklärerischen Primat des Verstandes steht in der Romantik der Blick auf ein komplexes, in sich widersprüchliches Triebbündel gegenüber, in dem den irrationalen, gefühlsbetonten und unbewußten Komponenten ein erheblich stärkerer Stellenwert zukommt. Anders als die statische Vermögenspsychologie geht die Konzentration auf unbewußte Motivationen, die sich über Traum, Somnambulismus, Visionen, Paroxysmus, Hypnosezustände mitteilen, mit einer Entdeckung der Kindheit als traumatischer Entwicklungsphase der menschlichen Psyche einher (vgl. Barkhoff 1995).

Ablesbar wird dieser Umstellungsprozeß an Schellings und Novalis' Rezeption und Veränderung der weitgehend noch mechanistisch ausgerichteten Theorie des Schotten John Brown, die auf einer elektrischen Differenz von erhöhten und verminderten Reizzuständen basiert (Sthenie und Asthenie). Nach der Veröffentlichung der Schriften Browns in deutscher Sprache im Jahre 1795 haben Schelling und Novalis sie gelesen und verarbeitet, und zwar in der »Modifikation durch Röschlaub, der zwischen der Empfänglichkeit der Muskeln für Reize (der Reizbarkeit) und der des Gehirns und Nervensystems (der Sensibilität) unterschied« (Mahlendorf 1994, 594). Schon 1798 in *Von der Weltseele* hat Schelling Browns psychologisches Reizmodell seiner dialektischen Konstruktion der Naturgeschichte und der individuellen psychischen Entwicklung eingefügt. Ähnlich wie Schelling geht es Novalis darum, Natur- und Menschheitsgeschichte als Funktion psychischer Energien zu begreifen. Alles Materiell-Körperliche erscheint in dieser idealistischen Perspektive als Effekt des Geistes. Bezugspunkt ist der magische Akt, in dem das Spirituelle dem Körperlichen die Ordnung vorgibt. Als breit diskutierte Beispiele in der Romantik gelten der Magnetismus und die nach Ernst Florens Friedrich Chladni benannten Klangfiguren, in denen die unsichtbaren akustischen Wellen Materie zu Bildern konfigurieren.

Novalis geht in seinen *Fragmenten* insofern über Schelling hinaus, als er Browns Reiztheorie zu einer geschichtsphilosophischen Stellung des Künstlers ausbaut. Novalis beschreibt seine Zeit, den Dichter und in erster Linie natürlich sich selbst als asthenisch und hypersensibel. In ihm kommt das Krankhafte seiner entfremdeten Zeit zum vollständigsten Ausdruck, und in einer Art dialektischen Wende wird, ähnlich wie in Schillers *Ästhetischen Briefen*, der an Hypersensibilität Erkrankte zum »transcendentale[n] Arzt« (Novalis II, 324) eben dieses Krankheitssymptoms (vgl. Schipperges 1978).

Gotthilf Heinrich Schubert hat wenige Jahre später Schellings Naturphilosophie der menschlichen Seele mit den Ergebnissen der theoretischen und praktischen Forschungen des österreichischen, in Frankreich arbeitenden und publizierenden Arztes Franz Anton Mesmer zu einer Psychologie verbunden, die stark am pathologischen Fall ausgerichtet ist und die für die spätere Romantik, vor allem Hoffmann, von großer Bedeutung gewesen ist (vgl. Schott 1985; Barkhoff 1995, 195ff). Die romantische Faszination für Somnambulismus, Hypnose, bzw. tierischen, d.h. organischen Magnetismus beruht auf der Vorstellung, daß sich im Zustand des ausgeschalteten Bewußtseins das Geheimnis einer tieferen Verbindung des Individuums mit der Natur und dem kollektiven Unbewußten in einer immateriellen psychischen Dynamik enthüllen ließe. In seiner

Symbolik des Traums (1814), die Freud als Vorläufer seiner psycho-analytischen Traumdeutung gelten ließ, hat Schubert einige zentrale Aspekte einer romantischen Psychologie zusammengefaßt, die in der Literatur der Romantik vorher bereits angelegt sind, dann aber in der späteren Romantik Dominanz erhalten.

Drei Aspekte sind dabei von besonderer Bedeutung. Ausgehend von der naturmystischen Vorstellung, daß die Natur als sprachlich-hieroglyphisches Zeichensystem aufgebaut ist (vgl. Kapitel V), behandelt Schubert auch den Traum bzw. die Bilder und Bilderge-schichten, die unter Hypnose mitgeteilt werden, als Sprache, als »Abbreviaturen- und Hieroglyphensprache« (Schubert 1814, 2). Den Traum wie einen Text entziffern zu können, setzt die Unter-scheidung von einer Oberfläche und einer inneren Tiefenstruktur voraus. Das oberflächliche Erscheinungsbild in Handeln und Reden, das Bewußtsein, wird in Abhängigkeit von der psychischen Tiefen-struktur, dem verborgenen Unbewußten, gesehen. Genauer genom-men versteht Schubert das bewußte Verhalten als Verdrehung oder gar Umkehr der inneren Beweggründe: Es steht, so Schubert, in »ironischem Widerspruch« zu den Äußerungen des gemeinen Le-bens (ebd., 56). Der dritte entscheidende Punkt ist, daß der tiefen-strukturelle Motor psychischer Vorgänge als poietische Aktivität konzipiert ist. Die Dynamik des Unbewußten faßt Schubert in die Metapher vom »versteckte[n] Poet[en] in unserm Innern« (ebd., 3), die z. B. Hoffmann des öfteren wörtlich zitiert hat und die er, was wichtiger ist, modellhaft in seinen Erzählungen angewendet hat. Schuberts Metapher vom »versteckten Poeten« macht deutlich, wie sehr sich die romantische Literatur in Analogie zur Dynamik des Unbewußten verstehen konnte (vgl. Schott 1981; Kohlenbach 1991; Barkhoff 1995, 221ff).

Vor Schuberts *Ansichten von der Nachtseite der Naturwissenschaft* (1808) und seiner *Symbolik des Traumes* hatten schon J.C. Reil in seinen *Rhapsodien über die Anwendung der psychischen Curmethode auf Geisteszerrüttung* (1803) und Heinrich Jung-Stilling in der *Theo-rie der Geisterkunde* (1808) den Mesmerismus einem interessierten deutschen Publikum als Synonym für Theorie und Praxis hypnoti-scher, magnetischer Heilverfahren vermittelt. Auch von einer sich disziplinär organisierenden Psychiatrie erfährt das Interesse für psy-chische Krankheitsbilder, Abnormitäten, vorübergehende pathologi-sche Ausnahmezustände eine starke Konjunktur. Die wichtigsten seien hier wenigstens erwähnt: Reil, Hufeland, Koreff, Wolfart, Ca-rus (vgl. Segebrecht 1978; Dörner 1969; Auhuber 1986).

Für die Rezeption der frühen Psychiatrie in der romantischen Prosa bleibt festzuhalten, daß die Phänomene von Ichspaltung,

Wahnvorstellungen und abweichendem Verhalten aller Schattierungen nicht im Kontrast zu einem normativen Gesundheitszustand abqualifiziert werden, sondern als mögliche Zustände auch dem sogenannten Gesunden geläufig sind. Die scharfe Trennung zwischen psychischer Gesundheit und Wahnsinn, auf der die aufklärerische Psychologie weitgehend bestand, wird aufgehoben. Die Grenze zwischen Vernunft und Wahn geraten in Fluß. Der romantische Blick vermag Traum und extatischen Wahnzuständen eine höhere Wahrheit abzugewinnen, umgekehrt erscheint ihr die alltägliche Vernunft als platteste Form der Geistlosigkeit.

In diesem Kapitel über die Bedeutung der Psychologie für romantische Erzählungen geht es selbstverständlich nicht um die Darstellung einer disziplinären romantischen Psychologie. Das würde seine Grenzen und Ziele ebenso sprengen wie der detaillierte Nachweis ihrer Rezeption in der romantischen Prosa. Reflexe des Mesmerismus, Magnetismus, Somnambulismus etc. lassen sich leicht und allenthalben in den Erzählungen der Romantik nachweisen, insbesondere bei Hoffmann, aber auch bei Arnim, Fouqué oder Tieck. Statt dessen geht es um eine Darstellung des Bestands an psychologischer Reflexion in den Prosatexten der Romantik und um die Bedeutung, die diese für die ästhetische Kontur derselben haben. Hermann August Korff hat im vierten Band seines *Geist der Goethezeit* das merkwürdige, zutiefst abwertend gemeinte Urteil gefällt, E.T.A. Hoffmanns Gestalten seien »gar keine wahren Menschen«, sie leben – so Korff weiter – »nur auf dem Papiere«. Sie seien »nicht natürliche, aus der Hand des natürlichen Schöpfers hervorgegangene Geschöpfe, sondern Phantasieprodukte eines sozusagen naturlosen Geistes. Man denke zum Vergleich an Goethes Geschöpfe, und man wird ohne weiteres verstehen, was damit gemeint ist« (Korff 1964, 607). Sein Vorwurf läuft auf eine mangelhafte psychologische Differenzierung der Figuren in romantischen Erzählungen hinaus. Um nicht den Eindruck aufkommen zu lassen, Hoffmann sei in dieser Hinsicht ein Einzelfall, beeilt er sich hinzuzufügen, daß mangelnde Charakterdifferenzierung und fehlende psychologische Tiefenzeichnung ein Kennzeichen der Romantik insgesamt seien. Hoffmann sei nur die »Endstufe eines Entnatürlichungsprozesses der dichterischen Gestalten, an dem die ganze Romantik von Tieck und Jean Paul an beteiligt ist« (ebd.).

Korffs Diagnose der Romantik als eines »Entnatürlichungsprozesses« übersieht, daß romantische Erzählungen in psychologischer Hinsicht außerordentlich reflektiert sind, nicht im Sinne einer Charaktermodulierung des Bildungsromans, wohl aber im Sinne einer psychologischen Tiefenstrukturierung des gesamten Textes. Die gesteigerte »Entnatürlichung« oder besser gesagt: die prononcierte Künstlichkeit romantischer Literatur bedeutet nicht den Verzicht auf Psychologie, ganz im Gegenteil, allerdings arbeitet sie nicht an der ästhetischen Illusion eines psychologisch durchgebildeten Charakterhelden, sondern sie löst die Psychologie von einem Illusionsobjekt und verteilt sie auf die Figurenbeziehungen und auf den gesamten Textkörper.

Gegenüber Korff und einer geistesgeschichtlichen Kritik der Romantik kommt es hier darauf an, den romantischen Text insgesamt als, wie Hartmut Böhme es genannt hat, »protopsychoanalytisches strukturales Feld« (Böhme 1981, 136) zu behaupten und zu dokumentieren. Die Entzweiung von Natur und Gesellschaft, von der oben (vgl. Kapitel VIII) die Rede war, wiederholt sich im romantischen Subjekt als spannungsvolle Beziehung zwischen Bewußtsein und Unbewußtem. Die Romantik ist sicherlich nicht die erste Epoche, die die Bedeutung des Traums und des Unbewußten für das Denken und Handeln in ihren Texten behandelt hat, wohl aber steht sie am Anfang einer typisch modernen Entwicklung, die den literarischen Text zu einem versteckten Szenario psychogener Symbolismen verdichtet und diesen Vorgang selbst reflektiert, ohne den Text auf psychoanalytische Fallbeispiele zu reduzieren. Von ihren Vorgängerinnen unterscheidet sich die Romantik durch die Konsequenz, mit der die Literatur sich als ästhetische Metamorphose psychischer, in der Regel in der neu entstehenden Kleinfamilie begründeter Dramen etabliert (vgl. Kittler 1977, 160; Kittler 1978).

Die romantischen Erzählungen nutzen die Verdichtung und Verschiebung dessen, was Freud später ›Traumarbeit‹ genannt hat, als Paradigma einer gleitenden Signifikation im literarischen Text, die symbolische Spuren hinterläßt, ohne auf diese reduzibel zu sein. Das subjektive Gesetz der Phantasie regelt zwei Unbestimmtheiten des romantischen Textes: die Ununterscheidbarkeit von Traum und Wirklichkeit in der fiktiven Vorstellungswelt und – engstens damit verbunden – die Verwirrung der Figurenidentitäten. Beide unterstehen einer Logik des Widerspruchs, derzufolge eine Szene zugleich Traum und (fiktive) Erlebnisrealität und eine Figur gleichzeitig sie selbst und eine andere sein kann.

In einem ›protopsychoanalytischen‹ Interesse fördern romantische Erzählungen bevorzugt die verdrängten Nachtseiten des Ich zutage. Der Metapher des ›Förderns‹ korrespondiert die Rekurrenz von Höhlen und Bergwerken, in denen keine Kohlen, sondern die gewalttätigen, sexuellen, jedenfalls verdrängten Wünsche des eigenen Inneren und der eigenen Kindheit gefunden werden. Man denke etwa nur an Novalis' *Heinrich von Ofterdingen*, Hoffmanns *Die*

Bergwerke zu Falun oder Tiecks *Die Elfen* und *Der Runenberg*, um eine Vorstellung von der Verbreitung des Höhlen-bzw. Bergwerksmotivs zu bekommen. In allen Fällen dient es als Chiffre des Unbewußten, das nur selten ein harmonisches, befriedetes Bild der eigenen Identität, zumeist ein beschädigtes Bild aus Angst, Vagheit, Schrecken, Schmerz und Gewalt ergibt. Die Motive, die romantische Texte zur analytischen Lektüre anbieten, dürfen jedoch nicht als begriffliche Dispositive verstanden werden, über die die Texte auf Beispielfälle psychoanalytischer Theorie reduziert würden. Aus der Sicht des Psychoanalytikers ist Freuds Aussage über Hoffmanns *Sandmann* ausreichend und befriedigend, aus semiotischer Perspektive ist sie es gewiß nicht: »Wir würden es also wagen, das Unheimliche des Sandmanns auf die Angst des kindlichen Kastrationskomplexes zurückzuführen« (Freud 1947, 245; vgl. Kittler 1977, 150f).

Ein semiotischer Umgang mit dem romantischen Text ist gehalten, die psychoanalytischen Motive (Kastration, Ödipuskomplex etc.) als symbolische Spuren in einem ästhetischen Spiel zu begreifen, die in sich selbst gebrochen sind und von anderen Bedeutungsschichten überlagert werden. Wichtig ist dann nicht in erster Linie die Identifikation eines Kastrationskomplexes, sondern sein Zusammenspiel mit anderen Motiven und seine ästhetische Funktion. Innerhalb der romantischen Dramatisierung des Unbewußten sind drei Themenbereiche von zentraler Bedeutung: die Entdeckung der Kindheit als traumatischer Ort, der das spätere Leben nachhaltig bestimmt, der Fokus auf die Kleinfamilie als Treibhaus ödipaler Konstellationen und allgemein inzestuöser Konflikte und der Wahnzustand als verschobene und gespaltene Wahrnehmung.

2. Kindheit als traumatischer Ort

Tiecks, Brentanos, Arnims und Hoffmanns Behandlung der Kindheit als traumatische Lebensphase muß von Novalis' verklärter Sicht auf die Kindheit unterschieden werden. Sie haben nicht, wie Novalis, das Kind als einheitsstiftende, nicht differenzierte und deshalb nicht entfremdete Existenz im Blick, die es auf reflektiertem Niveau wieder einzunehmen gelte, sondern Kindheit als Akt einer fundamentalen Verletzung, die sich als unbewußte Wunde handlungssteuernd durch das gesamte Leben zieht. Die romantische Sicht der frühen Kindheit als psychische Beschädigung kommt – in abgewandelter Form – Freuds Begriff der ›Urszene‹ nahe. Was bei Freud jedoch auf das verdrängte Erlebnis des elterlichen Beischlafs beschränkt ist, erscheint in den Erzählungen der Romantik breiter gefächert. Die folgenden Beispiele werden das illustrieren.

Am Anfang von Hoffmanns *Die Elixiere des Teufels* wird der kleine Franz und spätere Mönch Medardus in seinen, vom Vater symbolisch ererbten erotomanischen Lebensweg initiiert. Zwei Umstände verweisen auf die psychische Implikation der Initiation. Erstens wird die blutende Wunde durch ein »diamantnes Kreuz« (Hoffmann II/2, 18) beigebracht, ein Schmuckstück mithin, das zudem eine Dame auf der Brust trägt, bei der es sich um die frühere Geliebte seines Vaters handelt. Zweitens stellt die Äbtissin den Zusammenhang des Familienfluchs selbst auch ausdrücklich her, indem sie den kleinen Franz mit dem Namen des Vaters, Franziskus, identifiziert und das erotische Verhältnis zum Vater am Sohn wiederholt (vgl. ebd.). Das Diamantkreuz der fürstlichen Äbtissin hat eine »rote kreuzförmige Narbe hinterlassen, die die Zeit nicht vertilgen konnte« (ebd., 205). Die Wunde scheint erst zu verschwinden, nachdem sowohl das Objekt der Begierde, Aurelie, als auch die körperliche Begierde selbst in einem symbolischen Kastrationsakt ausgelöscht worden ist.

Die kindliche Beschädigung als lebenslange Prägung durch ein Schmuckstück wiederholt sich in leichter Veränderung in Hoffmanns *Das Fräulein von Scuderi*. Ganz im Stile des autonomen Künstlers, der es nicht ertragen kann, seine Kunst zu Markte zu tragen, hält der Goldschmied Cardillac den Gedanken nicht aus, seine Kunstwerke von fremden Menschen getragen zu wissen. Ist jemand dennoch so hartnäckig, ihm eines seiner Preziosen abzuringen, so dauert es nicht lange, bis Cardillac den Besitzer ermordet und das Geschmeide wieder in seinen Besitz gebracht hat. Hoffmann läßt die ästhetische Obsession Cardillacs bis hin zum Kriminalfall gehen, um erste Züge eines Detektivromans zu zeichen, der später über Poe eine wichtige Prosaform der Moderne wird. Entscheidend hier ist, daß Hoffmann Cardillacs Kriminalität als eine frühkindliche, besser noch vorgeburtliche Verletzung einsichtig macht. Als seine Mutter mit ihm im »ersten Monat schwanger ging« (Hoffmann, Serapionsbrüder II, 224), ließ sie sich durch eine »blitzende Juwelenkette« zum Ehebruch hinreißen, bei dem der Kavalier in dem Augenblick, wo die Mutter voller Begierde nach den Juwelen greift, zu allem Unglück stirbt. An der Mutter scheint der grausige Akt schadlos vorbei gegangen zu sein, nicht so, wie sich später herausstellt, am Sohne: »Aber die Schrecken jenes fürchterlichen Augenblicks hatten *mich* getroffen. Mein böser Stern war aufgegangen und hatte den Funken hinabgeschossen, der in mir eine der seltsamsten und verderblichsten Leidenschaften entzündet. Schon in der frühesten Kindheit gingen mir glänzende Diamanten, goldenes Geschmeide über alles« (ebd., 225). Unschwer läßt sich die Leidenschaft des Knaben und späteren Goldschmieds, ähnlich wie im Fall des Mönchs Medardus, als inzestuöse Phantasie lesen. Der Vater schreitet entsprechend zwar frühzeitig gegen dieses Begehren ein: »Den grausamsten Züchtigungen des Vaters mußte die angeborne Begierde weichen« (ebd.), später aber, selbst erwachsen geworden, bricht der verdrängte, »angeborne Trieb« (ebd.) mit den genannten kriminellen Folgen um so heftiger wieder aus.

Sehr drastisch fällt auch die frühkindliche Traumatisierung des Helden Nathanael in Hoffmanns *Sandmann* aus. Entsprechend gestaltet sich auch die psychologische Reflexion des Falls. Freud hat in seinem genannten Aufsatz »Das Unheimliche« die zerstörerische Funktion des Bildes vom Sandmann in Hoffmanns Erzählung als Abwehr einer väterlichen Kastrationsdrohung, als Aufbegehren gegen den Vater und als Wunsch nach Vereinigung mit der Mutter interpretiert. In der überhitzten kindlichen Phantasie Nathanaels setzt sich das Schreckbild des Sandmanns durch ein gruseliges Ammenmärchen über Kinderaugen, die »blutig zum Kopf herausspringen« (Hoffmann III, 13), fest. Selbst in einem Alter, wo er die Realität des Märchens längst nicht mehr glaubt, ist er deshalb mehr denn je mit der Obsession des Sandmanns beschäftigt.

Hoffmann hat die psychologischen Bedingungen kindlicher Imaginationskraft so plastisch aufgezeigt, daß der Weg für eine Identifikation der Sandmann-Vision mit dem Advokaten Coppelius bestens vorbereitet ist, als der nunmehr herangewachsene Nathanael die ›Kinderstube‹ verlassen darf und eine Kammer unmittelbar neben dem väterlichen Arbeitszimmer bezieht. Seine Phantasmagorie hat eine solche Dynamik entwickelt, daß sie in Coppelius grausige Gestalt annehmen kann. Egal also ob der Advokat wirklich über Qualitäten eines Kinderschrecks verfügt oder nicht, in der bis zum Zerreißen gespannten Phantasie Nathanaels *ist* er der gräßliche Kinderschreck, der die Familie und ihn selbst tödlich bedroht. Sein Schreckbild ist ihm übrigens ebenso tief »eingeprägt« (ebd., 20) wie Medardus und seinen Doppelgängern das Kreuz der Äbtissin in den *Elixieren des Teufels* oder dem Goldschmied Cardillac aus dem *Fräulein von Scuderi* das Diamantencollier des Verführers.

Die pubertäre Verstärkung seines Kindheitstraumas, die ihn später in eine heillose Liebe zum Automaten Olimpia und in Wahnsinn und Tod treibt, erlebt Nathanael während eines alchemistischen Experiments des Vaters und des Advokaten Coppelius, des, wie Freud sagt, »bösen Vaters« (Freud 1947, 244). Das Sandmann-Märchen hat sich ihm so tief eingeprägt, daß er das alchemistische Werkeln als Wiederholung desselben erfährt. Die beiden väterlichen Alchemisten haben sich der künstlichen Menschenschöpfung verschrieben. Als der Advokat mit dröhnender Stimme nach Augen verlangt, um das Werk zu vollenden – »Augen her, Augen her!« (Hoffmann III, 17) – , da bezieht Nathanael diese Forderung sofort auf sich selbst. Der Sandmann raubt ihm zwar nicht die Augen, er behandelt ihn aber als ›Automaten‹, als Simulation des Lebens vom Tode her. Er nimmt die Rechte des Todes an seinem lebendigen Körper wahr: »Und damit faßte er mich gewaltig, daß die Gelenke knackten, und schrob mir die Hände ab und die Füße und setzte sie bald hier, bald dort wieder ein« (ebd., 17f). Die Reduktion zum Automaten simuliert den Verlust des Augenlichts als Ohnmacht: »alles um mich her wurde schwarz und finster«. Als er »wie aus dem Todesschlaf« erwacht, findet er sich sofort in der Obhut der Mutter vor, die den »wiedergewonnenen Liebling herzt und küßt«. Der Sandmann hat seinen Einfluß verloren, Coppelius ist verschwunden: »es hieß, er habe die Stadt verlassen« (ebd., 18), nur aber um ihn später um so nachhaltiger mit seinem Kindheitstrauma zu konfrontieren.

Hoffmanns genannte Erzählungen bestätigen ähnlich wie Brentanos Prosatexte eine Vermutung Karl Philipp Moritz' aus dem *Magazin zur Erfahrungsseelenkunde*, derzufolge das Leben eine Ausformulierung kindlicher Dispositionen ist, genauer gesagt: eine Verdoppelung, Verschiebung oder Wiederholung eines Kindheitstraumas: »Sollten vielleicht gar die Kindheitsideen das feine unmerkliche Band sein, welches unsern gegenwärtigen Zustand an den vergangnen knüpft, wenn anders dasjenige, was jetzt unser *Ich* ausmacht, schon einmal, in andern Verhältnissen, da war?« (Moritz III, 105).

In Brentanos *Geschichte vom braven Kasperl und schönen Annerl* täuschen die titelgebenden Diminutive eine Kindlichkeit vor, die der Text mitnichten einlöst. Brentanos Prosatexte vermitteln ein gänzlich anderes Bild als dasjenige, das weitgehend über einige seiner bekannteren Gedichte (*Der Spinnerin Lied* etc.) in einem breiteren Publikum festgeschrieben wurde. Wie bei Hoffmann oder Tieck ist auch in Brentanos Geschichte Kindheit keineswegs ein idyllischer Ort. Der Fehltritt des schönen Annerl – sie hat sich vom Grafen Grossinger verführen lassen und hat das uneheliche Kind anschließend ermordet – ist durch eine heftige Irritation in der Kindheit motiviert. Der Schwere ihres Vergehens entspricht ihr blutiges Ende und die schreckliche Vorwegnahme desselben in frühen Kinderjahren. Die kindliche Verletzung fordert als schicksalhafte Notwendigkeit im späteren Leben ihr Recht: »Ach, das Annerl ist ein eignes Mädchen immer gewesen. Manchmal, wenn kein Mensch es sich versah, fuhr sie mit beiden Händen nach ihrer Schürze und riß sie sich vom Leibe, als ob Feuer drin sei, und dann fing sie gleich entsetzlich an zu weinen; aber das hat seine Ursache, es hat sie mit Zähnen hingerissen, der Feind ruht nicht« (Brentano II, 784). Dieser mehrfach wiederholte Kommentar der Großmutter, die in einer Rahmenerzählung die narrativen (und familienpsychologischen) Fäden spinnt, trifft die sexuelle Traumatisierung des dreijährigen Annerl ganz buchstäblich, denn es sind die Zähne im abgeschlagenen Kopf des Liebhabers der Mutter, die sich in ihrem kindlichen Schoß verbeißen (vgl. ebd., 797). Bis in das kleinste Detail entspricht der Vorgang einem innerfamiliären sexuellen Übergriff auf das dreijährige Mädchen, den Brentano nur minimal verstellt: Die Rolle der Mutter übernimmt die Groß-Mutter mit Namen Anne Margret, diejenige des Vaters der Liebhaber der Mutter und Jäger Jürge. Die ›Mutter‹ ist sofort zur Stelle, um den ungeheuerlichen Übergriff des ›Vaters‹ auf das kleine Mädchen mit einer Schürze zu verbergen, aber es hilft nichts, das Trauma pflanzt sich fort und fordert sein Recht im Tod des Mädchens, der eine letzte Wiederholung des Traumas darstellt.

3. Kleinfamilie als Treibhaus inzestuöser Konflikte

In allen aufgeführten Beispielen zeigt es sich, daß das psychoanalytische Motiv der traumatisierten Kindheit durchweg auf dem Hintergrund der Kleinfamilie entwickelt wird (vgl. Kittler 1977; Kittler 1985a). In zahlreichen romantischen Erzählungen erscheint die sozialgeschichtlich um 1800 neue Form der Kleinfamilie als Treibhaus, in dem Konflikte und Katastrophen weit besser gedeihen als Glück und Identität. Alle behandelten Fälle von Kindheitstraumata münden in Familiendramen mit inzestuösen und speziell ödipalen Konflikten. In Hoffmanns *Elixieren* stellt sich der Lebensweg des Mönchs als ständiger Wechsel zwischen dem ödipalen Versuch dar, die jungfräuliche Geliebte/Mutter zu schänden, und der Reue darüber. Kleists Erzählung *Der Findling* dreht sich um den ödipalen Wunsch des Findlings und angenommenen Sohnes Nicolo, mit seiner Stiefmutter zu schlafen. Kleist konfrontiert seinen Helden mit sich selbst in der Gestalt seines verstorbenen leiblichen Vaters, mit dem ihn auch die »logographische« (Kleist II, 225) Äquivalenz der Namen verbindet: *Nicolo* »glüht vor Begierde« (ebd., 221), mit seiner Stiefmutter zu schlafen, während die in einem heimlichen Kabinett in leidenschaftlicher Liebe dem lebensgroßen fetischistischen

Bild seines Vaters *Colino* hingegeben ist. Auch hier wird der Inzest des Sohnes mit dem Tode bestraft.

In Brentanos *Geschichte vom braven Kasperl und schönen Annerl* wird die Einheit der Familie ausschließlich im Tod bestätigt. Die zerstreuten, traumatisierten Familienmitglieder finden erst auf dem Friedhof, im Familiengrab, zueinander. Die inzestuösen Verwicklungen sind es in erster Linie, die, in welcher symbolischen Verstellung auch immer, die Katastrophe herbeiführen. Die inzestuöse sexuelle ›Schändung‹ durch den verschobenen Vater wiederholt sich für Annerl in der Verführung durch den Grafen Grossinger, dessen Name ihn symbolisch in die Nähe der Großmutter, der großen Mutter, rückt und zu einem ›großen‹ Vater macht. Hierzu paßt, daß die Kindsmörderin hingerichtet wird, weil sie den Namen des Vaters nicht preisgegeben hat. Vollends sinnfällig wird eine ödipale Struktur für den braven Kasperl, den es anläßlich des Sterbetages der Mutter, wie seine Geliebte Annerl, »mit den Zähnen nach Hause« (Brentano II, 785) zieht. Bevor es zur katastrophischen Vereinigung mit der Mutter auf ihrem Grab kommen kann, muß nach ungeschriebenem ödipalem Gesetz noch der Vater beseitigt werden, der ihm auf seiner Heimreise ausgerechnet den (Jungfern-)Kranz der Mutter und sein geliehenes Pferd, eingespielte Chiffre der Männlichkeit, stiehlt.

Der Familienname stützt die phallische Signifikanz: In Analogie zu Kasperl läßt sich der Name des Vaters »Finkel« auf Fink zurückführen, was im Rotwelsch »Mann« bedeutet und etymologisch aus Pink schimpfwortlich für »männliches Glied« gebildet ist (vgl. Kluge 1989, 215). Auf einer Schreibtafel hinterläßt Kasper sein ödipales Testament: »aber der Sohn eines Diebes, der seinen Vater aus Ehre selbst fangen und richten lassen muß, kann seine Schande nicht überleben« (Brentano II, 792f). Symbolisch gesprochen bestraft Kasper sich für seinen inzestuösen Wunsch und die Tötung des Vaters in einem wahrhaften ödipalen Horrorszenario auf dem Grab der Mutter. Weit mehr als andere Romantiker pflegt Brentano seine eigene katastrophale Kindheit beinahe im Klartext: »Kasper lag tot auf dem Grabe seiner Mutter, er hatte sich die Kugel durch das Herz geschossen, auf welches er sich das Kränzlein, das er für schön Annerl mitgebracht, am Knopfe befestigt hatte; durch diesen Kranz hatte er sich ins Herz geschossen. Den Kranz für die Mutter hatte er schon an das Kreuz befestigt« (ebd., 790). Seine »Sehnsucht nach der Heimat« (ebd., 786), von der die Romantik seit Novalis soviel Aufhebens machte, wird erst in der tödlichen Vereinigung mit der Mutter gestillt.

Die Grundstruktur der inzestuösen Familiendramen wiederholen sich mit geringen Variationen in einer großen Zahl romantischer Erzählungen. Die größte semiotische Dynamik entfaltet Brentano wohl in seinem Roman *Godwi*. Die psychische Wunde datiert von dem gewalttätigen Übergriff des Vaters Godwi auf die Mutter, mit der der Sohn Godwi, ohne um ihre Identität zu wissen, ein inzestuöses Verhältnis hatte (vgl. ebd., 87f). In drastischem Vokabular führt der Sohn Beschwerde gegen den aggressiven Vater. Er habe der Mutter das »Edelste zertrümmert« (ebd., 379) und sie »über die Klinge springen« (ebd., 377) lassen. Um die Schändung der Mutter Molly Hodefield – auch hier ist der Name zugleich Omen – ertragen zu können und den eigenen Wunsch nach inzestuöser Verbindung mit ihr nicht zu gefährden, läßt Brentano sein alter ego Godwi das Mutterbild aufspalten. In Gestalt der heißblütigen Molly gibt er den einen Teil preis, um sie in Person der Kordelia vor den Nachstellungen des Vaters in Sicherheit zu bringen. Nach Mollys Fall entfernt sie sich immer weiter von ihr und vor allem verweigert sie sich dem Vater entschieden (vgl. ebd., 379). Nur in sublimierten Gestalt der bewahrten Keuschheit kann der Sohn das »steinerne Bild der Mutter«, so der Untertitel des Romans, ödipal pflegen.

In der Zeit um 1800 bringt die Institution der Kleinfamilie eine intime soziale Konstellation hervor, die in der Prosa der Romantik zahlreich dokumentiert und die für die psychologischen und poetologischen Implikationen der romantischen Literatur, auch und gerade für das Inzestthema, von großer Bedeutung ist: die Alphabetisierung der männlichen Kinder und späteren Schriftsteller durch die Rede der Mutter. Kittler hat diese Beziehung von Dichter und ›Muttermund‹ zur Keimzelle des »Aufschreibesystems 1800« (Kittler 1985a) erhoben: die soufflierte Rede der Mutter, die unter den Händen der Söhne Schriftgestalt annimmt. Ihre radikale Form hat diese literarische Initiation des Sohnes durch die Mutter in der Biographie Brentanos angenommen. Er wurde von seiner Mutter Maximiliane, bei weitestgehender Abwesenheit des Vaters, von jüngsten Jahren an auf die Dichterrolle fixiert, um die Lücke, die Goethe offenbar in ihrem Leben hinterlassen hatte, zu füllen. Sie hat ihren begabten Sohn in einer Weise lebenslang an sich gebunden, die den Tatbestand der Kindesmißhandlung streift. Durch die frühkindliche erotische Mutterfixierung hat sich bei Brentano der ambivalente Wunsch herausgebildet, sich mit der Mutter zu vereinigen, ohne sich das natürlich gestatten oder auch nur aussprechen zu können. Aus diesem Dilemma resultiert sein Schreiben als verschobene inzestuöse Suche nach der Mutter, die in seinen Erzählungen selbst thematisiert wird. Brentanos *Chronika* enthält den Akt der literarischen Initiation durch die Mutter gleich zweifach. Beide Dichter, Johannes in der Rahmenerzählung und der sog. Schöne Bettler in der Binnenerzählung, werden von der Mutter bei abwesendem Vater alphabetisiert: »Ich bin in Franken geboren [...] und das erste, dessen ich mich deutlich erinnere, ist, wie mich meine Mutter das Vaterunser und Ave Maria lehrte; ich stand vor ihr und faltete meine Hände und sah ihr nach den Lippen, und wie sie es mir vorsagte, sprach ich es kindisch nach und war dabei ganz fromm, wie es ein Kind vor Gott ist« (Brentano II, 525).

Mustergültig hat Achim von Arnim in seiner Erzählung *Seltsames Begegnen und Wiedersehen* (1817) die Alphabetisierung seines Helden aus einem ödipalen Dreieck entwickelt. Arnim intoniert gleich zu Beginn das ödipale Thema, denn der Held tötet, selbstverständlich ohne daß er es weiß, im Zweikampf den alten Vater seiner Braut. Schon kurz nach der Tat fühlt er sich »so entsetzt, als hätte [er seinen] Vater unbewußt umgebracht« (Arnim III, 919). Die Braut löst das Verlöbnis auf. Den fälligen Abschiedsbrief läßt sie jedoch ihre Freundin Constanze schreiben. Und damit bereitet Arnim die enge funktionale Verquickung von Schrifterwerb und inzestuösen Familienverhältnissen vor (vgl. Wingertszahn 1990, 384ff). Mit der Handschrift Constanzes hat es eine ganz besondere Bewandtnis. Der Rittmeister, der die Handschrift der Geliebten erwartet, findet zu seiner Überraschung die Züge der mütterlichen Schrift wieder, nach deren Regel er selbst als Kind schreiben gelernt hat. Über dieser irritierenden Identität verblaßt der Inhalt des Briefes bis zur Bedeutungslosigkeit. Über die Signatur dieser Handschrift organisiert Arnim schließlich sogar das Wiedererkennen von Mutter und Sohn, die sich über Jahre aus den Augen verloren hatten. Über die Schrift des Briefes richten sich die Familiensubjekte einer nach dem anderen wieder auf. Bildlich gesprochen muß der Sohn Schrift werden, um seine Stellung im familiären Dreieck wieder einzunehmen. Die Mutter bittet den inzwischen zum Obersten beförderten Sohn um eine Schriftprobe. So stellt sich in romantischer Sicht das Wiedersehen von Mutter und Sohn dar, die sich wechselseitig für tot hielten: »Nur zweimal bedurfte es der Schrift auf der Schiefertafel, da erkannten sie sich, die in den Revolutionsstürmen hieher verschlagene arme *Mutter* den verlornen *Sohn*, den die Welle hoch emporgetragen hatte« (Arnim III, 947).

Die Schrift, an der der Sohn schreiben gelernt hat, stellt sich als diejenige des Vaters heraus, als Symbol des – wie es heißt – in seiner Kindheit »abwesenden Vaters«. Nach Briefmustern des abwesenden Vaters hatte ihn die Mutter in die Schrift eingeführt. Das Rätsel der »Gleichheit beider Handschriften«, der Constanzes und der des Vaters, löst sich in einer Doppelexistenz des Vaters auf. Er ist nicht nur der Vater des Obersten, sondern gleichzeitig auch der Oheim Constanzes, und er hat sowohl Constanze als junges Mädchen als auch seinen Sohn, das Produkt einer »heimlichen Liebe« (ebd., 961), nach dem Muster seiner Handschrift im Schreiben unterwiesen.

Hinter den Schriftzügen der Freundin und der Geliebten verbergen sich ebenso die Züge des Vaters wie hinter der Handschrift der Mutter. Vor der Erkenntnis, daß alles nur die Handschrift des Vaters trägt, bleibt dem Sohn am Ende nur die symbolische Kastration und Regression zum »wehrlosen« Kind: »sein linker Arm war schon zerhauen, da wurde auch sein rechter durch einen Hieb unbrauchbar, und er mit allem Mute so wehrlos, wie ein Kind« (ebd., 958). Der abschließende Tod des Obersten klärt immerhin für die Nachwelt und besonders für den Vater und die Geliebte das Geheimnis der Handschriften auf. Für ihn selbst kommt die Aufklärung »zu spät« (ebd., 961), denn er hat die ödipal motivierte Tötung des alten, weißhaarigen Mannes gesühnt, wobei er sich – wie gesagt – so fühlte, »als hätte [er seinen] Vater unbewußt umgebracht.«

4. Verschobene Wahrnehmung

Poetologischer Fluchtpunkt des romantischen Interesses an der Psychologie ist die perspektivisch verschobene Wahrnehmung in Traum, Wahnsinn, Ichspaltung und Doppelgängertum. Romantische Erzählungen arbeiten zumeist mit einer strukturellen Verschränkung von Zeitebenen und Raumordnungen, die die Beziehungen der Figuren und ihre Identifikationen problematisiert. Ihre Strategie besteht darin, einen imaginären phantastischen Raum zu öffnen, in dem einfache Relationen sich in Verdoppelungen und Multiplikationen auflösen. Die Konstruktion eines solchen magischen Raumes nimmt ihren Ausgang zumeist von einem ›fremden‹ Blick, der die alltägliche Logik in Fluß bringt und die gewohnten Dinge in eine perspektivische Ordnung überführt. In seiner Erzählung *Ritter Gluck* hat Hoffmann diesen Blick an das magische Auge der (romantischen) Kunst gebunden. Es liegt im Innern des Künstlers selbst verborgen und hält sein Versprechen einer ästhetischen Entgrenzung nur im Zwiespalt von lustvoller Selbsterhöhung und wahnhafter Selbstzerstörung. Es leuchtet nur, wie es im *Ritter Gluck* heißt, im »Reich der Träume«, es scheint nur in der Tiefe der eigenen, verschlungenen Psyche und eröffnet damit nach romantischem Verständnis auch einen Blick auf die Nachtseite der Dinge, auf »die grinsenden Larven der Ungeheuer« (Hoffmann II/1, 25) oder die schaurigen »Fantome unseres eigenen Ichs« im Falle Nathanaels im *Sandmann*.

152

So schrecklich der Blick in die Abgründe des eigenen Unbewußten sein mag, er ist gleichzeitig zu verlockend, als daß er hätte unterbleiben können. Schuberts erwähnte *Symbolik des Traumes* wird vom Motiv des Erschrekens bestimmt: »Ich erschrecke, wenn ich diese Schattenseite meines Selbst einmal im Traume in ihrer eigentlichen Gestalt erblicke!« (Schubert 1814, 118). Schrecken stellt sich auch darüber ein, daß ansonsten »gleichgültige Naturen« im Traum zu »Mordthaten und Verletzungen« fähig sind, letztlich überwiegt aber die Neugierde und das systematische Interesse, der dunklen, bedrohlichen »Sprache« des Schlafs einen Sinn, »eine höhere Art von Algebra« (ebd.) abzugewinnen. Die Angst vor der eigenen Zerrissenheit steht in fortwährender Spannung mit der Lust an der Entdeckung seelischer Vielschichtigkeit. Den Zugang zur unheimlichen und gleichwohl lustvollen Komplexität des Innenlebens kann das Auge der Kunst mit allen widersprüchlichen Folgen versprechen, da man sich in den Kreisen der Romantiker darüber einig ist, daß die Algebra des Traums den gleichen Assoziationsregeln folgt wie die poetische Schrift. Aus dieser Affinität hat Claudio Magris die Schlußfolgerung gezogen, Hoffmanns Kunst unterstehe einer »realistischen und rationalen Bewußtseinsbildung über psychische Prozesse« (Magris 1980, 9). Selbst wenn er einräumt, daß der romantische Subjektbegriff kein einheitlicher sei (vgl. ebd., 56), vernachlässigt er doch die ästhetische Differenz zu disziplinären Formen psychoanalytischen Wissens.

Die ersten großangelegten Entwürfe moderner Selbstidentität um 1800 werden begleitet von einem nicht minder großangelegten Dementi. Gegen die idealistische Intention, Identität als Einheit von Einheit und Gegensatz festzuschreiben, täuscht sich die romantische Literatur nur selten über den differenten und widersprüchlichen Charakter moderner Identität. Sie entdeckt in der Prozeßhaftigkeit identischer Subjektivität ein fatales Moment der Unruhe, das Selbstidentität mit Selbstauflösung konfrontiert. Beide zusammen bezeichnen den Zwiespalt, dem jede Identitätsbildung ausgesetzt ist, ohne ihn vermutlich jemals auf Dauer lösen zu können. Schillers dialektisch verstandene Bestimmung des Subjekts als »Person« und »Zustand«, als konstantes Ichbewußtsein in der Veränderung (Schiller XX, 341), verklärt sich gegen Ende seiner *Ästhetischen Briefe* zu einer überschwenglichen Bildungsutopie der allseitig gebildeten, in sich selbst ruhenden Persönlichkeit (ebd., 398).

Wo immer man einen Blick auf die Figuren in romantischen Erzählungen wirft, sieht man sich mit einem ganz anderen Bild konfrontiert. Stellvertretend für andere läßt Hoffmann seinen Mönch Medardus, nachdem er von den Elixieren des Teufels getrunken hat, dieses Bild skizzieren:

»Mein eignes Ich zum grausamen Spiel eines launenhaften Zufalls geworden, und in fremdartige Gestalten zerfließend, schwamm ohne Halt wie in
einem Meer all' der Ereignisse, die wie tobende Wellen auf mich hinein-
brausten. – Ich konnte mich selbst nicht wiederfinden! [...] Ich bin das, was
ich scheine, und scheine das nicht, was ich bin, mir selbst ein unerklärlich
Rätsel, bin ich entzweit mit meinem Ich!« (Hoffmann II/2, 73).

Daß Hoffmanns Diagnose eines gespaltenen Ichbewußtseins um
1815 keineswegs neu ist, belegen neben Brentanos *Godwi* etwa
Tiecks *William Lovell* von 1795 oder Klingemanns *Nachtwachen von
Bonaventura* aus dem Jahre 1805. Die Erfahrung zerrissener Identität reicht weit zurück bis in die Spätaufklärung und in den Sturm
und Drang. Tiecks Lovell faßt am Ende des langen Romans die Vergeblichkeit seiner Suche nach Identität in die für den spätaufklärerischen Skeptizismus typische Frageform: »Und wer bin *ich* denn? –
Wer ist das Wesen, das hier so ernsthaft die Feder hält, und nicht
müde werden kann, Worte niederzuschreiben? [...] Wer ist das seltsame *Ich*, das sich so mit mir selber herumzankt?« (Tieck MA I,
691). Auch dem Nachtwächter Kreuzgang gelingt es nicht, seinem
Ich eine substantielle Einheit abzugewinnen. Die nächtliche Suche
nach einem identischen Kern des Subjekts verliert sich in einem heterogenen Bündel verschiedener Rollen und Charaktermasken und
einem abschließenden Echo, das nicht einmal mehr den schönen
Schein von Identität wahrt, sondern in »Nichts« ausläuft.
   Die sinnfällige Metapher der Romantik für dieses in sich gebrochene Bild problematischer Identität, die weit über die Romantik
bis in die Moderne ausstrahlt, ist die Marionette. Sehr früh hat
Tieck der Romantik das Motiv vorgegeben. Im *Lovell* heißt es: »alle
Menschen tummeln sich wie klappernde Marionetten durcheinander, und werden an plumpen Drähten regiert, und sprechen von ihrem freien Willen« (ebd., 441). Die *Nachtwachen* handeln von ihr,
durch Tiecks Märchen geistert sie, in Kleists Erzählungen dient sie
als Modell des Verhaltens (vgl. *Über das Marionettentheater*), Büch-
ners Danton schneidet selbst die großen Revolutionäre von 1798
auf ihren Maßstab zurück (vgl. Drux 1986), zahlreiche von Arnims
Helden zeichnen sich durch die Verbindung von Starre und Sprung-
haftigkeit aus, die von der Marionette abgeschaut ist. Heine hat diesen Zug in den Texten Arnims gespürt und mit Recht auf eine Imagination des Todes bezogen:

»Er war kein Dichter des Lebens, sondern des Todes. In allem was er
schrieb, herrscht nur eine *schattenhafte Bewegung*, die Figuren tummeln sich
hastig, sie bewegen die Lippen, als wenn sie sprächen, aber man sieht nur
ihre Worte, man hört sie nicht. Diese Figuren springen, ringen, stellen sich

auf den Kopf, nähern sich uns heimlich, flüstern uns leise ins Ohr: wir sind tot« (Heine V, 440).

Die Ausrichtung der Figuren an Marionetten, Gespenstern, »Pappdeckelfiguren« (Hoffmann III, 899) oder Automaten folgt dem poetologischen Primat der Romantik, ihre Artifizialität als literarische Theorie der Imagination ständig mitzureflektieren.

Anders als bei Heine, der Arnim einen Mangel an nachvollziehbarer Lebendigkeit auf der Ebene des Inhalts vorrechnet, muß die romantische Marionetten-Ästhetik im Hinblick auf die Form des literarischen Textes und die Struktur der Schrift erweitert werden. Hierin gründet die poetologische Bedeutung der figuralen Todesbilder in den Erzählungen der Romantik, die im Sinne einer prekären, in sich zerrissenen Identität immer auch eine psychologische Dimension besitzt. In diesem Punkt ergibt sich eine Entsprechung zu demjenigen Motiv, das zum Sinnbild romantischer Ich-Spaltung geworden ist: das Motiv des Doppelgängers. Beeinflußt von psychoanalytischen Untersuchungen zum Bild des Doppelgängers als Vision des Todes hat sich auch in der literaturwissenschaftlichen Behandlung der Romantik ein Konsens darüber eingestellt, daß die Begegnung mit einem Doppelgänger in romantischen Erzählungen (sei es im Traum, im Schlafwandeln oder in phantastischen Wahnvorstellungen) Todessignale enthalte (vgl. Rank 1914). In psychoanalytischem Verständnis handelt es sich bei dem Blick auf einen Doppelgänger um die regressive Spiegelung des Selbst im Anderen, die mit einem schockhaften Erlebnis von Ich-Verlust Todesangst provoziert. Was im Stadium des primären Narzißmus als »Versicherung des Fortlebens« dient, verwandelt sich im späteren Leben »zum unheimlichen Vorboten des Todes« (Freud 1947, 247).

Auf den ersten Blick entspricht die Inszenierung des Doppelgängermotivs in romantischen Erzählungen diesem Befund der Psychoanalyse, der zudem in den Mythen archaischer oder primitiver Kulturen abgesichert ist. Den breitesten Anschauungsraum für die Funktion des Doppels in der Romantik liefert Hoffmanns *Elixiere des Teufels*. Sooft der Mönch seinem Doppel Viktorin begegnet, stehen die Zeichen auf Mord und Totschlag. Sein Auftauchen ist an Wahnzustände des Mönchs gebunden, die jedesmal einen Vorschein auf seinen eigenen Tod geben. Im Nachtstück *Ignaz Denner* erscheint dem Titelhelden der Teufel persönlich in Gestalt seines Doppelgängers (vgl. Hoffmann III, 89), bevor ihn der Tod ereilt. Der Held des *Öden Haus*, der sich ähnlich wie Nathanael im *Sandmann* in eine tote Spiegelung seiner selbst im weiblichem Geschlecht verliebt hat, »erbebt« ebenso über dem Blick in sein »Spiegelbild« (ebd., 193) wie alle seine Vorfahren und Nachfahren bei Fouqué, Arnim oder Hauff. In Hoffmanns *Prinzessin Brambilla* sind die Todessignale des Doppelgängermotivs vorhanden, aber von einem karnevalesken, komödiantischen Treiben gebannt. Danach verliert es sich in der deutschen Romantik im Übergang zum Biedermeier, um allerdings in anderen Literaturen des 19. Jahrhunderts fortgeführt zu werden. Man denke nur etwa an Edgar Allen Poe.

Das Doppelgängermotiv steht in einem engen strukturellen Zusammenhang mit dem Verlust des Spiegelbilds und dem Verlust des eigenen Schattens. Allesamt dementieren sie die Identität des romantischen Subjekts. In Chamissos *Schlemihl* steht das Motiv im Kontext einer romantischen Kritik der ubiquitären Geld- und Warenverfügung. Seinen Schatten oder sein Spiegelbild, für sich genommen höchst immaterielle und überflüssige Dinge, zu veräußern, um dafür im Gegenzug alle materiellen Wünsche befriedigen zu können, scheint auf den ersten Blick ein guter Handel zu sein. Den gravierenden Preis einer Veräußerung des Schattens oder Spiegelbilds bezeichnet jedoch die Isolation von der Gesellschaft der Mitmenschen und mithin Vereinsamung. Es taucht im Hintergrund dieses Motivs erneut eine Momentaufnahme des modernen Künstlers auf, der in der Romantik beginnt, seine soziale Bindung zu verlieren. Hoffmanns *Abenteuer der Sylvesternacht* schreiben es fort, in Fouqués *Geschichte vom Galgenmännlein* taucht es auf, ebenso am Ende der 1820er Jahre in den Märchenzyklen Hauffs *Die Karawane, Der Scheik von Alessandria* und *Das Wirtshaus im Spessart*, und in Tiecks *Des Lebens Überfluß* von 1839 erhält es eine ironisch-melancholische Nachrede.

Doppelgänger und verlorene Spiegelbilder auf Todesbilder einzuengen, heißt jedoch, die vor allem ästhetische, aber auch psychologische Komplexität des Motivs zu verfehlen. In semiotischer Hinsicht ist die Relation der Verdoppelung nur der einfache Fall einer Identitätsverwirrung, die als verschobene Identität und als mutiple Verzweigung von Figuren in den Erzählungen der Romantik weitaus kompliziertere Formen annimmt. Es zeigte sich schon im Abschnitt über romantische Bildungskonzepte, daß mit der vielfältigen Metamorphose von Figuren ein Motiv der Verweigerung verbunden ist, das die imaginative Welt der Literatur als Raum der Fluchtmöglichkeit und Selbstmultiplikation öffnet. Den frühen Märchenerzählungen Tiecks, Brentanos *Godwi* oder Hoffmanns *Sandmann* ließ sich wiederholt entnehmen, wie ein sozialpsychologischer Befund von Ich-Spaltung semiotisch in einer Weise umgesetzt wurde, daß sich die Bezeichnung »Figurenkarussell« aufdrängt. Einzelne Figuren sind dort nicht als prägnant umrissene Charaktere angelegt. An den Rändern bleiben sie unscharf. Sie können sich bei jeder Gelegenheit zu anderen Figuren verzweigen, mit denen sie entweder signifikante Ähnlichkeiten im Namen oder Äquivalenzen in bestimmten Attributen haben und mit denen sie fortan in der komplexen Beziehung einer nicht-identischen Identität stehen.

Bekanntestes Beispiel einer solchen nicht-identischen Identität ist wohl die Beziehung zwischen dem Advokaten Coppelius und dem Wetterglashändler Coppola in Hoffmanns *Sandmann*, die Freud aus psychoanalytischer Sicht zurecht als *eine* Figur liest, die in semiotischer Hinsicht jedoch das paradoxe Kunststück fertigbringen, zugleich identisch und different zu sein. Hoffmann sichert dies durch die Technik, seine Figuren an den Rändern unscharf zu zeichnen und sie zu Korrespondenzen mit anderen Figuren zu öffnen. Hierin, in den äußerst komplexen allegorischen Verweisen zwischen ihnen und in den ständigen metonymischen Verschiebungen des signifikanten Sprachmaterials liegt der bis heute erhaltene ästhetische und psychologische Reiz der romantischen Texte, ihre, wie Manfred Frank es über den *Sandmann* formuliert hat, »einzigartige Atmosphäre von Dichte und Unentrinnbarkeit« (Frank 1978, 352), die es dem Leser, auch dem heutigen Leser, erlaubt, während der Lektüre und zumal der wiederholten Lektüre (vgl. Barthes 1976, 20f) selbst an einem Verwirrspiel von angebotenen und verweigerten Identifikationen teilzuhaben.

X. Romantische Geschichte

1. Geschichtsphilosophie

Für die Konjunktur historischer Diskurse in der Romantik gibt es zahlreiche Beispiele aus den unterschiedlichsten Zusammenhängen. Im Rahmen der Romantik konstituiert sich nicht nur eine in Ansätzen moderne wissenschaftliche Beschäftigung mit der Geschichte, die mit Niebuhr und Ranke beginnende Historische Schule, sondern auch die deutsche Nationalphilologie als historische Sprach- und Literaturgeschichte. Von der Hagens Edition des Nibelungenliedes, Tiecks Ausgabe der *Minnelieder aus dem Schwäbischen Zeitalter* (1803), Joseph Görres Sammlung *Die teutschen Volksbücher* (1807), Brentanos und Arnims Lieder-Kollektion *Des Knaben Wunderhorn* (1805/08) und Jacob und Wilhelm Grimms *Kinder- und Hausmärchen* (1812/15) dokumentieren die enge Verbindung von nationalem, germanistischem und historischem Erkenntnisinteresse ebenso wie Grimms *Deutsches Wörterbuch*, J. Grimms *Deutsche Mythologie* (1835), Franz Bopps Beiträge zu den indogermanischen Wurzeln des Deutschen im Sanskrit und Friedrich Schlegels oder Johann Arnold Kannes Arbeiten zur Entwicklungsgeschichte der Sprache und zur Etymologie. Daß sich diese historisierende Tendenz der Romantik keineswegs auf einen nationalen Aspekt eingrenzen läßt, zeigen die zahlreichen, wiederum von den unterschiedlichsten Punkten aus entwickelten Ideen eines einheitlichen, zumeist am katholischen Mittelalter ausgerichteten Europa. Ganz am Rande und nur kursorisch seien hier erwähnt: A.W. Schlegels literaturgeschichtliche Vorlesungen der Jahre 1801/04, Friedrich Schlegels historische Vorlesungen *Über die neuere Geschichte* (1810), Novalis' geschichtsphilosophisch-poetische Rede *Die Christenheit oder Europa*, Schellings und Creuzers Untersuchungen zur Mythologie, von Savignys Historisierung des Rechts, aber auch Adam Müllers, Friedrich von Gentz' und Franz von Baaders an Europa orientierten Entwürfe eines politischen Konservativismus.

Wie sich romantische Psychologie vom Rationalismus des 18. Jahrhunderts über dynamische und entwicklungsgeschichtliche Ausrichtung abgrenzt, zeichnet sich die romantische Reflexion der Geschichte durch eine umfassende Verzeitlichung aus. Ähnlich wie im Fall der Psychologie ist auch das historische Bewußtsein der Romantik stark mit spätaufklärerischen Vorgaben vermittelt. Zwei Momente sind hier insbesondere traditionsbildend: 1. die Geschichtsphilosophie Lessings, Herders, Kants und Schillers sowie Condorcets unmittelbar im Zusammenhang der Französischen Revolution entstandener *Entwurf einer historischen Darstellung der Fortschritte des menschlichen Geistes* (1793); 2. der frühe Historismus Justus Mösers und vor allem Herders.

Die ältere rationalistische Metaphysik der Leibniz-Wolff-Schule war gegen Ende des 18. Jahrhunderts ebenso wenig in der Lage, die starke Verzeitlichung und Beschleunigung gesellschaftlicher Entwicklungen zu reflektieren, wie die zunächst noch religiös, dann naturrechtlich, letztlich aber statisch argumentierende Aufklärungshistorie. Die Verzeitlichung der Gesellschaft in der von Koselleck so genannten »Sattelzeit« zwischen 1770 und 1830 erfordert eine historische Theorie, die es erlaubt, bewegliche Horizonte zu denken. In dieser geschichtlichen Situation ist es in erster Linie ein geschichtsphilosphischer Diskurs, der die Orientierungsfunktion der älteren Metaphysik übernimmt, indem er Harmonie nicht als gegeben behauptet, sondern als ein Postulat oder, wie Kant sagt, als eine regulative Idee für die Zukunft formuliert und das zeitgenössische Unbehagen an der Zivilisation in einem utopischen Projekt aufhebt.

Ihren breiten theoretischen Erfolg von Lessing, Herder und Kant bis hin zu Schiller und Hegel verdankt die Geschichtsphilosophie offensichtlich ihrer Fähigkeit, das Verhältnis des Individuellen zum Allgemeinen nicht mehr hierarchisch und mechanisch, sondern dynamisch zu denken, gleichwohl aber die unverkennbaren Individualisierungstendenzen gegen Ende des 18. Jahrhunderts in allgemeinverbindliche Ordnungssysteme aufzunehmen. Sowohl die deutsche wie die französische Geschichtsphilosophie orientiert sich an der Vorstellung einer unendlichen Perfektibilität, die jede Gegenwart radikal an eine bessere Zukunft delegiert. Condorcets *Entwurf* erweist sich in der Aufbruchstimmung der Französischen Revolution als vorgeschobenster Posten der Fortschrittsapologie. Seine Universalgeschichte des menschlichen Geistes, die auf den jungen F. Schlegel eine starke Wirkung ausgeübt hat, zieht den Schluß, »daß die Möglichkeit der Vervollkommnung des Menschen unbegrenzt ist« (Condorcet 1976, 219).

Nach seinen historistischen Anfängen im Sturm und Drang entwirft Herder in den 1780er und 1790er Jahren auf der Basis einer unendlichen Perfektibilität des Menschengeschlechts Humanität als Ziel und Sinn der Geschichte. Aus dem offensichtlichen zeitgenössischen Defizit resultiert eine Rhetorik der Beschwörung, die für den geschichtsphilosophischen Diskurs vielfach kennzeichnend wird: »Die

Perfektibilität ist also keine Täuschung; sie ist Mittel und Endzweck zur Ausbildung alles dessen, was der Charakter unseres Geschlechts: Humanität verlangt und gewährt« (Herder XVII, 122). Bei aller skeptischen Modulierung seiner *Erziehung des Menschengeschlechts* bleibt auch Lessing dem Grundschema der Geschichtsphilosophie verbunden, wenn er die vollendete moralische Autonomie des Subjekts als »Zeit eines neuen, ewigen Evangeliums« (Lessing VIII, 508) verkündigt.

Das Grundmuster der geschichtsphilosophischen Argumentation besteht in einem triadischen Schema aus idealisierter Frühzeit, einer negativ qualifizierten Gegenwart als Übergang und einer projektierten idealen Zukunft. Die politische und gesellschaftliche Gegenwart verflüchtigt sich dabei, eingeklemmt zwischen zwei ideale Werte, notwendig zu einem Unwert (vgl. Koselleck 1976, 110ff). In Schillers *Ästhetischen Briefen* (1795) wird das geschichtsphilosophische Schema von Lessings Erziehung des Menschengeschlechts auf ein ästhetisches Motiv pointiert, das für die Romantik von großer Bedeutung ist und zu einem »ästhetischen Absolutismus« (Lypp 1972) ausgedehnt wird. Schiller interpretiert die Gegenwart des absolutistischen Staates als Zwangsstaat, dem im Rückblick auf eine idealisierte griechisch-antike Polis und Kunst das Zukunftsbild des ästhetischen Staates gegenübergestellt wird, der seine grundlegenden Motive der Zwanglosigkeit und Freiheit vom Spielcharakter autonomer Kunst und Literatur entlehnt. Die Abstraktheit des solchermaßen Goldenen Zeitalters bringt es mit sich, daß nicht nur die Antike als inhaltliche Füllung desselben in Frage kommt, sondern jede andere idealisierbare und hinreichend weit zurückliegende Zeit.

Abgesehen vom frühen F. Schlegel und von Schelling, die an der geschichtsphilosophischen Vorbildfunktion der griechischen Antike festhalten, übernimmt in breiten Kreisen der Romantiker, parallel zum Abstand von der Französischen Revolution und einem radikalen Republikanismus, das nicht minder idealisierte christliche Mittelalter die Funktion des Goldenen Zeitalters. »Als ›Sündenfall‹ erscheint jetzt die Reformation, die als Triumph einer emanzipierten Subjektivität über die alteuropäische Glaubenseinheit, des Wissens über die Poesie und zugleich als Präfiguration der Revolution interpretiert wird« (Schwering 1994d, 546). An der Verklärung des christlichen Mittelalters ist sowohl die frühere als auch die spätere Romantik beteiligt. Von Tiecks *Sternbald* und Novalis' *Ofterdingen* hin zu Hoffmanns *Meister Martin der Küfer und seine Gesellen* und Tiecks *Tod des Dichters, Der Griechische Kaiser* oder *Vittoria Accorombona* verliert sich allerdings zusehends der geschichtsphilosophische Impuls zugunsten eines historistischen Blicks für geschichtliche Details und Ereignisse.

Die geschichtsphilosophische Kritik der Gegenwart als krisenhafter Prozeß (vgl. Koselleck 1976) erreicht ihre ausgeprägte spekulative Konsequenz in der Frühromantik bei Novalis, der den ästhetischen Akt des »Romantisierens« insgesamt auf das geschichtsphilosophische Modell der »Annihilation des Jetzigen« abbildet. Vereinfacht dargestellt, lassen sich drei Funktionalisierungen der Geschichtsphilosophie für die romantische Prosa unterscheiden: 1. die radikale Ästhetisierung des Modells zur »Utopie ›Kunstwerk‹« (Bohrer 1983, 52), 2. die zwischen Mystik und christlicher Transzendenz schwebende Existenzialisierung des Modells und 3. das kryptische Spiel mit geschichtsphilosophischen Einzelmotiven. Im ersten Fall liegt das ästhetische Reich der Freiheit nicht in irgendeiner Zukunft, sondern im Augenblick der ästhetischen Erfahrung des Kunstwerks, die als Entgrenzung gegenüber Alltagsstrukturen und als Epiphanie gedacht wird. Die Epiphanie der ästhetischen Erfahrung überlagert sich mit einer allgemeinen mystischen Vergegenwärtigung des geschichtsphilosophischen Projekts. Die Schwebe zwischen geschichtsphilosophischem Universalismus und epiphanischer Augenblicksemphase markiert eine ästhetische Reduktionsform der Geschichtsphilosophie in der Frühromantik. In einem Aphorismus notiert Novalis den engen Zusammenhang von Romantik und Universalisierung: »ROMANTIK. Absolutirung – Universalisirung – *Classification* des individuellen Moments, der individuellen Situation etc. ist das eigentliche Wesen des *Romantisirens*« (Novalis II, 482).

Novalis selbst hat die Realisierungschancen eines solchen reflexiven Universalprogramms in Zweifel gezogen und die geschichtsphilosophische Markierung eines endzeitlichen Goldenen Zeitalters im Dreischritt der Geschichte zugunsten einer individuellen utopischen Realisation im Augenblick aufgebrochen. Angesichts alltäglicher Zwangverhältnisse sieht sich die Sehnsucht nach Identischem in extreme Randsituationen abgedrängt: Augenblicke des Rauschs, der Liebe oder des mystischen Eingedenkens, in denen sich zeitliche Strukturen auflösen, Vergangenheit, Gegenwart und Zukunft verschwimmen. Die *Hymnen an die Nacht* sind die wohl eindrücklichsten Beispiele des Novalis für ein Schweben zwischen Hoffnung und Scheitern, zwischen aufgeschobener Heilserwartung und augenblicklichem Glücksbedürfnis. Allerdings, und das weist Novalis weit stärker als Tieck, Arnim oder Hoffmann in der Tradition der Geschichtsphilosophie aus: je momentaner und deshalb brüchiger das letztere sich erweist, desto nachhaltiger der Rückgriff auf die Ordnungsfunktion und den Trost des allgemeinverbindlichen utopischen Entwurfs, in dem sich die Geschichtsphilosophie als säkulare Religion erweist und der geschichtsphilosophisch inspirierte Dichter, paradigmatisch der sagenhafte Heinrich von Ofterdingen, zum Priester avanciert. Bei aller ästhetizistischen Aufweichung der Geschichtsphilosphie ist hier wieder der diskursive Ort erreicht, an dem Novalis – radikaler noch als die Vorgänger im 18. Jahrhundert – eine zentrale Figur der Geschichtsphilosophie einbezieht: die missionarische Selbststilisierung zum Advokaten der Menschheit und Geschichte (vgl. Koselleck 1976, 90). Aufbauend auf dem verwegenen Urteil: »Wenige Menschen sind Menschen« (Novalis II, 656), schwingt der elitäre »Dichter und Priester« sich zum »Repräsentanten der Menschheit« (ebd., 261) auf und sieht sich »auf eine[r] Mission: zur Bildung der Erde« (ebd., II, 241).

Wenn man für Schlegel und Novalis einerseits eine ästhetische Interpretation der Geschichtsphilosophie konstatieren muß, dann muß man für letzteren auch eine Resakralisierung derselben einräumen. Neben den ästhetischen Epiphanien sind die religiösen Wege in christlich-katholische Transzendenz bei Novalis unübersehbar. Er wird deshalb später für Eichendorff zum mustergültigen Repräsentanten einer Identifikation von Romantik und Katholizismus, die Eichendorff selbst zum einzig legitimen Interesse der Romantik uminterpretiert hat. Eichendorffs *Ahnung und Gegenwart* berücksichtigt zwar in seinen drei Teilen genauestens die geschichtsphilosophische Trias von anfänglicher Unschuld und Einheit, einsetzender Entfremdung in der Welt und abschließender Wiedergewinnung der Identität und religiöser Heimkehr (Zons 1985, 40). Der Weg des Helden Friedrich ins Kloster gibt aber schon die katholische Überformung der Geschichtsphilosophie vor.

Eichendorff geht in der Resakralisierung der Geschichtsphilosophie so weit, daß er auf Elemente einer vormodernen, von christlicher Heilsdogmatik bestimmten Historiographie zurückgreift und die alte Unterscheidung der Zwei-Staaten-Lehre von civitas Dei und civitas terrena aktualisiert, der er jeweils eine eigene, von einander unabhängige Geschichte zubilligt: »Und so gewahren wir denn über den Profangeschichten der verschiedenen Nationen immerfort den geheimnisvollen leisen Gang einer höheren Weltgeschichte« (Eichendorff KA X, 129f). In einem entscheidenden Punkt fällt jedoch auch Eichendorff nicht hinter das transzendentale Reflexionsniveau der Romantik zurück. Die zwei Welten und ihre Geschichten werden nicht ontologisch objektiviert, sondern als Wahrnehmungsweisen des Subjekts beschrieben, wobei der romantischen Poesie die Funktion zukommt, die Wahrnehmung für die höhere, weil christliche Weltgeschichte zu sensibilisieren.

Von Eichendorffs und Novalis' unironischer Interpretation der Geschichtsphilosophie und ihrem beinahe existenzialistischen Ernst muß ein Umgang mit geschichtsphilosophischen Motiven in der späteren Romantik unterschieden werden, in dem diese nurmehr Zitat sind und gewissermaßen Figuren in einem ästhetischen Spiel. Arnim etwa spielt wiederholt mit triadischen Modellen, so z. B. in der Novellensammlung von 1812, ohne jedoch die geschichtsphilosophische Struktur einzuhalten. Ähnlich zitiert Hoffmann Motive von Schellings Geschichtsphilosophie, ohne deshalb seine Erzählungen als Illustrationen derselben zu verstehen. Umgekehrt werden diese Motive Spielsteine in einem phantastischen Verwirrspiel, etwa in der genealogischen Märchenerzählung des Archivarius Lindhorst im *Goldenen Topf,* so auch in der *Prinzessin Brambilla.* In der märchenhaften Parallelgeschichte aus dem Urdarland läßt Hoffmann seinen Magus Hermod ein Orakel sprechen, das die Trias der romantischen Geschichtsmythologie variiert: »Der Gedanke zerstörte die Anschauung, aber dem Prisma des Kristalls, zu dem die feurige Flut im Vermählungskampf mit dem feindlichen Gift gerann, entstrahlt die Anschauung neugeboren, selbst Fötus des Gedankens!« (Hoffmann III, 821). Aber der spekulative Dreischritt »naive Anschauung – Gedanke – reflektierte Anschauung« ergibt keinen Schematismus, mit dem sich, wie Helga Slessarev es versucht hat (vgl. Slessarev 1970), die komplizierte Erzählung auf Geschichtsphilosophie reduzieren läßt. Die oberflächliche Parallele führt in die Irre. Es geht Hoffmann nicht um den Entwurf einer romantischen Utopie, in der die Hochzeit von Reflexion und Sinnlichkeit ein neues Kapitel in der Geschichte aufschlagen würde. Reflektierte Anschauung stellt kein Regulativ für irgendeine Zukunft dar, sondern bezieht sich ganz konkret auf die Phantasieleistung eines jeweiligen imaginativen Akts und die ästhetisch reflektierte Vermittlung von Leben und Imagination.

2. Historismus

Weit wichtiger als die Bedeutung der Geschichtsphilosophie für romantische Prosa ist die Rezeption des frühen Historismus, den Herder vor allem in seinem Reisejournal von 1769 und in *Auch eine Geschichte der Philosophie zur Bildung der Menscheit* von 1774 entwickelt hat. »Der aufgeklärte Mensch der späteren Zeit, Allhörer nicht blos will er sein, sondern selbst der letzte Summenton aller Töne! Spiegel der Allvergangenheit, und Repräsentant des Zwecks der Komposition in allen Scenen!« (Herder V, 560). In diese spöttischen Worte kleidet Herder im Jahre 1774 seine Kritik an einem aufklärerisch überheblichen Umgang mit der Geschichte. Gegenüber der Aufklärung klagt er die Rechte des Ereignisses ein, seine Einzigartigkeit, Konkretheit und seine Sinnlichkeit. Noch bevor das Säkulum der Aufklärung beendet ist, wird die aufklärerische Abwertung der Vergangenheit zu minderwertigen Vorstufen der Vernunft zurückgewiesen. Herders Betonung des individuellen Unterschieds verdichtet sich in der Vorstellung, daß keine Epoche je zum Nutzen und Zweck einer späteren existierte und in der Geschichte alles »Einzig! – nur sich selbst gleich!« (ebd., 523) sei. Angesichts jeder einzelnen Zeit gibt Herder seinem Staunen Ausdruck: »welch ein Eräugniß!« (ebd., 515).

Allerdings ergibt sich hieraus das schwerwiegende Erkenntnisproblem, wie denn eine bestimmte historische Zeit, die als Ereignis eigenen Rechts gedacht wird, überhaupt aus zeitlichem Abstand erkannt und verstanden werden kann. Herder umschreibt das historische Erkenntnisproblem metaphorisch als »Kluft«. Um diese »Kluft« zwischen dem Eigenen und dem (zeitlich) Fremden zu überwinden, setzt Herder auf Selbstvergessenheit und Einfühlung: »gehe in das Zeitalter, in die Himmelsgegend, die ganze Geschichte, fühle dich in alles hinein« (ebd., 503?).

Herders Akzent auf das Ereignis und seine individualisierende Sicht der Geschichte machten ihn gleichermaßen für die Romantik und die Historische Schule des 19. Jahrhunderts interessant. Rankes berühmte Wendung aus dem Jahre 1854 stellt den Zusammenhang von Individualität und Ereignis ganz noch im Sinne Herders heraus: »Ich aber behaupte: jede Epoche ist unmittelbar zu Gott, und ihr Wert beruht gar nicht auf dem, was aus ihr hervorgeht, sondern in ihrer Existenz selbst, in ihrem Eigenen selbst« (Ranke 1971 II, 59f).

Seine und Herders Parteinahme für die Rechte des Individuellen und des Ereignisses könnte zu der Annahme verleiten, als würden beide gänzlich auf Generalisierungen verzichten. Dem ist jedoch keineswegs so. Zwar gleicht in Herders Geschichtsbild kein Ereignis dem anderen, in jedem kommt aber ein gestalterisches Prinzip zur Erscheinung, das es erlaubt, den Geschichtsprozeß als organischen Gesamtzusammenhang zu sehen. Ganz noch im Nachhall von Leibnizens prästabilierter Harmonie unterstellt Herder eine Entsprechung von Sein und Bewußtsein, in der sich letztlich die Identität von Einzelnem und Allgemeinem durchsetzt. Das, was sich geschichtlich durchsetzt, ist gut, aber es steht im vorhinein fest, daß es das Gute ist, was sich durchsetzt. In der Frühschrift noch zögernd, entschieden dann, wie oben bereits gesagt, in den *Ideen zur Philosophie der Geschichte der Menschheit* (1784/91) und den *Briefen zur Beförderung der Humanität* (1793/97) formuliert Herder Humanität als Ziel und Sinn der Universalgeschichte aus.

Gegenüber dem abstrakteren Zugriff der Geschichtsphilosophie hat die Historische Schule eine größere Nähe zu den konkreten historischen Ereignissen gehalten. Rankes Selbstverpflichtung auf Objektivität läßt ihn dem Problem der Interpretation zugunsten einer quellenkritischen Aufbereitung von ›Tatsachenmaterial‹ ausweichen. Dessen Chronologie steckt zugleich den Rahmen historischer Mimesis im Sinne einer Nacherzählung wirklicher Begebenheiten ab. Jedoch kommt auch der historistische Versuch, die Ereignisse vermeintlich selbst sprechen zu lassen, wie sie ›eigentlich‹ gewesen sind, nicht ohne Ordnungsvorgaben aus. Gegen seine erklärten Voraussetzungen konstruiert Ranke oberhalb der Ebene der reinen Chronologie allgemeine Ordnungsfiguren, die über den Ereignischarakter bestimmter Vorgänge allererst entscheiden (vgl. Rüsen 1993, 114ff). Von historischen Ereignissen spricht Ranke nur, wenn ein Zusammenhang mit den Mächten besteht, die sich in Kirche und Nationalstaaten manifestieren. Bei allem Akzent auf das Einzelne und das Ereignishafte in der Geschichte schneidert er in beinahe geschichtsphilosophischer Manier ein allgemeines Prinzip der Weltgeschichte zurecht. Als solches postuliert er nicht, wie Herder, Humanität, sondern eine »Macht an sich« (Ranke 1975, 89) die in ihren konkreten historischen Erscheinungen zum erhabenen Ereignis stilisiert wird.

Ranke scheut sich, den Zusammenhang von Einzelnem und Allgemeinem begrifflich zu fassen. Statt dessen zeigt er sich optimistisch, daß sich die Einheit von Ereignis und Geschichte »zeigen« wird: »während der Betrachtung des Einzelnen wird sich ihm [dem Historiker] der Gang zeigen, den die Entwickelung der Welt im allgemeinen genommen« (ebd. 88). Der Vorgang des »Zeigens« enthält einen ästhetischen Kern, der den Geschichtsschreiber als Erzähler ausweist. Ihm obliegt es, den Sinn der Geschichte in der narrativen Verknüpfung von Ereignissen zu »zeigen«. Ohne verallgemeinernde Annahmen sind diese im disziplinären Zusammenhang der Geschichtsschreibung offensichtlich aber nicht lesbar zu machen. Der Begriff des Ereignisses beinhaltet ein ästhetisches Motiv, das sich von seiner Entdeckung im Sturm und Drang her auch als Selbstbeschreibung der romantischen Literatur anbietet. Die ästhetische Qualität des Ereignisses ist in der Etymologie des Wortes gleichsam archiviert. Es bezeichnet dasjenige, was vor Augen gestellt wird, das sinnlich in seiner Einzelheit wahrgenommen werden will, das im genauen Sinn des Wortes im Augenblick *erscheint*. Es ist »Eräugniß«. Es markiert den Raum der sinnlichen Erscheinung und ist deshalb prädestiniert, als Beschreibungsmerkmal der Literatur zu dienen. Die Schriften der sog. Geniezeit liefern zahlreiche Beispiele dafür, wie der Ereignisbegriff mit dem Erhabenen verknüpft wird. Hier scheint eine Wahlverwandtschaft vorzuliegen, die sich in beiden Fällen auf die Unterscheidung eines Einzelnen, eines Individuellen richtet. Wie ein Heraustreten aus dem Unsichtbaren als Ereignis bezeichnet wird, hebt sich das Erhabene aus den Niederungen des Allgemeinen als Besonderes hervor. Subjekt dieser Verwandlung ›flacher‹ Alltäglichkeit in ästhetische Erhabenheit ist das Genie. Seine Originalität wird für die breite Masse zum Ausdruck des Individuellen im emphatischen Sinne, zum Ereignis schlechthin. Seit dem frühen Sturm und Drang entwirft das dichterische Genie seine Kunst als erhabenes Medium, das es erlaubt, die leere Zeit des Alltags im erfüllten Augenblick der Poesie zu überschreiten. Über die Romantik hinaus ist diese dichterische Selbstbeschreibung traditionsbildend für einen gewichtigen Teil der Literarischen Moderne geworden.

In der Generation der Romantiker entspricht dem erhabenenen Profil wohl niemand besser als Heinrich von Kleist. Seine Dramen und Erzählungen führen die Zeitform des Ereignisses als Augenblicksemphase und Plötzlichkeit aus. Er hat die Vermutung geäußert, daß ein plötzliches und unscheinbares Gebärdenspiel, »das Zucken einer Oberlippe ... oder ein zweideutiges Spiel an der Manschette« (Kleist II, 323f), die Französische Revolution in Gang gesetzt habe. Einem Historiker würde dies als Erklärung der Französischen Revolution vermutlich nicht genügen. Kleists Pointe über Mirabeaus zuckende Oberlippe sagt weniger etwas über die Geschichte der Französischen Revolution als über die Zeitverfassung seiner Literatur aus. Sie formuliert ein ästhetisches Verhältnis zur Geschichte und gibt nebenbei auch den historischen Bezugspunkt einer veränderten, beschleunigten Zeiterfahrung. Diese findet sich in Kleists Texten einmal auf der Ebene der Darstellung historischer Ereignisse, vor allem aber in der dramatischen Inszenierung der Sprache selbst. Vor die inhaltlich verfügbaren Bilder einer Tradition des Erhabenen schiebt sich bei Kleist eine erhabene, sprunghaft und in Brüchen sich vollziehende Kunst-Sprache. Sie reflektiert die psychologischen und ästhetischen Bedingungen des erhabenen Ereignisses in der Form der Sprache.

3. Historische Erzählung, Historischer Roman

Stärker inhaltlich am Ereignis, auch am historischen Ereignis ausgerichtet, zeigt sich die zeitgenössische Novellentheorie und die Pflege historischer Sujets in romantischen Erzählungen und Romanen. Von der romantischen Poetik der Imagination und des Phantastischen her muß der Bezug auf historische Wirklichkeiten verwundern, da dieser mit einem Grundbestand an Mimesis verbunden ist. Es hängt dem romantischen Rückbezug auf historische Wirklichkeit deshalb etwas Ambivalentes an. Diese Ambivalenz zeigt sich exemplarisch in der Form des historischen Romans, der in der Zeit der Romantik, beflügelt von Historimus und politischer Restauration (vgl. Lützeler 1989, 645ff), eine starke Konjunktur erlebt, wobei aber fraglich bleibt, ob es *den* historischen Roman in der deutschen Romantik überhaupt gibt. Zwar handeln Tiecks *Sternbald*, Novalis' *Ofterdingen*, Arnims *Isabella von Ägypten* von historischen Zeiten, um sie aber als historische Romane oder Erzählungen zu behandeln, fehlt es an historischer Differenzierung. Die Prosatexte, die sich um eine detailliertere Bestandsaufnahme bestimmter historischer Epochen bemühen, stehen zur romantischen Poetologie bereits in einer spannungsvollen Beziehung und werden in der Forschung zumeist dem Niemandsland von Biedermeier und beginnendem, auf C.F. Meyers historische Novellistik vorausweisendem Realismus zugeordnet (vgl. Weibel 1925, 28f; Lützeler 1983). Dies gilt für Tiecks Erzählung *Der Aufruhr in den Cevennen* (1826), seinen letzten Roman *Vittoria Accorombona* (1842), Hauffs *Lichtenstein* (1826) und Willibald Alexis' Adaptionen von Scott-Romanen, *Walladmor* (1824) oder *Schloß Avalon* (1827).

In *Aufruhr in den Cevennen* behandelt Tieck unter Benutzung zahlreicher historischer Quellen (vgl. Thalmann 1966, 820f) den Aufstand der protestantischen Camisarden gegen die Zwangskatholisierung zu Beginn des 18. Jahrhunderts (1702 bis 1713), die auf die Aufhebung des Ediktes von Nantes zurückgeht. Ganz offenkundig ist Tieck ebenso an einer realistischen Differenzierung der historischen Verhältnisse wie an einer literarischen Entfaltung der Probleme des rechten christlichen Glaubens interessiert. Die historistische Genauigkeit der Schilderung dient als Hintergrund, vor dem die verschiedenen religiösen Haltungen der zum Teil fiktiven Figuren typologisch zugespitzt und auf einen liberalen Ausgleich hin angelegt werden. Der Text favorisiert, sofern seine fragmentarische Struktur einen solchen Schluß zuläßt, ein christliches Ethos, das auf jeden Missionarismus verzichtet und Glauben und Erleuchtung zu einer privaten, nicht kommunizierbaren Erfahrung erklärt (vgl. ebd., 822). Der Bezug zur Theosophie Böhmes wird im Text selbst hergestellt. Eine Anbindung dieser Erzählung an die romantische Poetik, wie Tieck selbst sie in seinen frühen Texten mitbegründete, steht auf äußerst schwachen Füßen. Die wenigen eingestreuten Träume oder die naturreligiösen Ansätze reichen gewiß nicht hin, sie als romantisch einzuschätzen. Was in den sehr späten Erzählungen der Romantiker in aller Regel ausfällt, ist die Ambivalenz von Realistisch-Alltäglichem und Phantastisch-Wunderbarem. Das aber muß als eine der Grundfunktionen romantischer Prosa gelten.

Für seinen historischen Roman *Vittoria Accorombona* wiederholt sich das auf eine weniger einsichtige Art und Weise. Tieck hat für die Niederschrift seines Romans ein »ausgiebiges Quellenstudium« (Schweikert 1986, 1323) unternommen. Uwe Schweikert nennt die historischen und literarischen Quellen ausführlich (vgl. Schweikert 1986, 1259ff) und hebt einige Texte des zeitgenössischen Historismus hervor, vor allem Rankes *Römische Päpste* (1834-37). Hinzu kommen das englische Renaissance-Drama John Websters *The White Devil* (1612), das die Geschichte des Herzogs von Bracciano und der Kurtisane Vittoria Corombona thematisiert, die historischen Romane Scotts, Manzonis und Hugos historisches Drama *Lucrèce Borgia* (1833) (vgl. ebd., 1323). Tiecks Text behandelt, wie die allermeisten historischen Erzählungen aus der Zeit der Romantik, die krisenhaften Umbrüche in der Frühen Neuzeit im 16. Jahrhundert als »ein Labor der Moderne« (Battafarano 1994, 214). Vor dem historischen Panorama der Renaissance (vgl. Vietta 1994) entwickelt er ein Intrigenspiel, in dem die individuelle Selbstbehauptung seiner Hauptfigur, einer selbstbewußten, amoralischen »Renaissancefrau« (Weibel 1925, 62), die Züge aus Heinses *Ardinghello* (1787) aufnimmt, ihr leidenschaftlicher Anspruch auf Glück und Selbstverwirklichung, an den willkürlichen Macht- und Gewaltverhältnissen der Zeit scheitern. Einige inhaltliche Motive der *Vittoria Accorombona* legen es, oberflächlich betrachtet, nahe, den Text auf die literarischen Anfänge Tiecks in *William Lovell* und *Franz Sternbalds Wanderungen* zurückzubeziehen. An erster Stelle ist hier eine libertine Kritik gesellschaftlicher Zwangsmoral und ein ebenso libertines Lob auf individuelle Freizügigkeit, Amoralität und sinnlichen Genuß zu nennen. Hinzu kommen die geläufigen Motive des Wahnsinns, des Unheimlichen, der Angstträume und Ahnungen, der dunklen, magischen Kräfte und der schicksalhaften Determination des Lebenslaufs: Der gefährliche Sturz der jungen Vittoria in eine Grotte wird zum schicksalhaften Zeichen stilisiert, das ihren gewaltsamen Tod vorherbestimmt. Auf die romantische Poetik weist auch der breite Raum zurück, der einer Reflexion der Künstlerexistenz gewidmet ist. Tieck entwickelt den Dichter Torquato Tasso zu einer männlichen Parallelfigur seiner Heldin, die er aus diesem Grund gegen die historischen Quellen zur Schriftstellerin umarbeitet. Beide stehen nicht für die luzide Genialität des typischen Renaissancekünstlers, sondern an ihnen erprobt Tieck die »Atonalität des Manierismus« (Thalmann 1966, 827), die der Romantik von Anfang an geläufig war: »Vittoria Accorombona ist ein weiblicher Tasso. In ihm und in ihr hat Tieck seine eigene Situation vergegenwärtigt und zur Repräsentation zu erheben versucht für die Unvereinbarkeit des Schönen mit den zerstörerischen Konflikten der neuzeitlichen Geschichte, deren krisenreichste Phase er selbst erfahren hatte« (Ribbat 1978, 234).

Die Konfiguration romantischer Motive hat Thalmann dazu geführt, Tiecks letzten Roman als »romantische Dichtung« (Thalmann 1966, 826) zu begreifen. Ähnlich interpretiert ihn auch Uwe Schweikert im Hinblick auf eine »werkgeschichtliche Einheit« (Schweikert 1986, 1327) des Romantikers Tieck. Dem muß jedoch entgegen gehalten werden, daß das skizzierte Ensemble romantischer Motive in *Vittoria Accorombona* eher als Zitat zu lesen wäre, als Selbst-Zitat einer romantischen Tradition von deutlich jenseits der Romantik. Es reicht auch nicht aus, Tiecks späte Texte als »entdämonisierte Romantik« (Sengle 1971 I, 248) zu beschreiben (vgl. Paulin 1987, 86ff). Tieck arrangiert die romantischen Motive in einer literarischen Form, die weit mehr mit der realistischen Prosa des 19. Jahrhunderts zu tun hat als mit Wackenroders *Herzensergießungen* oder mit dem *Sternbald*.

Schon Hauffs historischer, auf einer württembergischen Sage basierender Roman *Lichtenstein* (1827) unterhält eine problematische Beziehung zur romantischen Poetik. Einige Angstträume, Prophezeiungen, dunkle Ahnungen und ein integriertes Märchen stehen recht vereinzelt und hilflos inmitten von handlungsprall erzählten historischen Ereignissen – Zweikämpfe, Schlachten und politische Auseinandersetzungen –, realistisch gefärbten Natur- und Landschaftsbeschreibungen, die nichts mehr mit der allegorischen Semiotik der genuin romantischen Prosa gemein haben, und einem beschaulichen biedermeierlichen Regionalismus, der bis hin zur Integration von längeren Dialektpassagen geht (vgl. Hauff I, 118ff). Romantik hat sich in Hauffs *Lichtenstein* zu einem biedermeierlichen Adjektiv verflüchtigt, das allenfalls noch die Funktion eines Dekors erfüllt. Hauff beschwört dieses Adjektiv »romantisch« an zahlreichen Stellen, es meint hier aber keineswegs mehr »progressive Universalpoesie«, sondern einerseits einen in bunten Farben gewirkten Historismus des heroischen deutschen Rittertums, das im 16. Jahrhundert untergeht und hier patriotisch »verzeichnet« wird (Geppert 1979, 92), und andererseits eine schöne, aber eben unvernünftige Vorstellung, ganz so wie der heutige Sprachgebrauch romantische Flausen führt. Hauff behandelt das Unabhängigkeitsstreben einiger schwäbischer Ritter, fokussiert um den Untergang des Lichtenstein-Geschlechts, gegen die imperialen Bestrebungen des kaiserlichen Bundes zu Beginn des 16. Jahrhunderts. Er greift dabei explizit auf Scotts literarische Aufbereitung der schottischen Geschichte zurück, die Wiederkehr des rechtmäßigen Herrschers in *Ivanhoe*, und erzählt in einer Weise, die weit mehr mit der späteren historistischen Malerei eines Moritz von Schwindt als etwa mit Arnims historischem Roman *Die Kronenwächter* zu tun hat.

Nach dem epochalen Einschnitt der Französischen Revolution, der Napoleonischen Herrschaft über Europa und ihrem Ende, den Befreiungskriegen, die zum Wiener Kongreß führen, und der beginnenden Restauration nach 1815 sieht sich das europäische Bürgertum offensichtlich vor die Notwendigkeit gestellt, seine eigene Geschichte und seine politische Stellung zu reflektieren. Die Bedeutung der Romane Scotts lassen sich wohl kaum überschätzen. Dennoch muß für Arnims *Kronenwächter* auch in dieser Hinsicht eine Sonderstellung berücksichtigt werden, denn er beginnt seine Arbeit an diesem Roman bereits zwei Jahre vor dem Erscheinen von Scotts Erstling *Waverly* (1814). Für die Veröffentlichung des ersten Teils der *Kronenwächter, Berthold's erstes und zweites Leben*, im Jahre 1817 ist Arnims Beschäftigung mit Scott jedoch belegt. Die bürgerliche Reflexion der eigenen Geschichte und Stellung in den historischen Romanen der Restaurationszeit gruppiert sich um einen recht einheitlichen Katalog von Themen und Fragestellungen: Legitimität von Herrschaft, traditionelle und neue, gerechte und ungerechte Herrschaft, Widerstandsrecht, Bürgerkrieg, Nationenbildung, Beziehung von Adel und Bürgertum, Katholizismus und Protestantismus.

In den allermeisten Fällen führt die historische Reflexion zurück in die grundlegende Krisen- und Schwellensituation in der Frühen Neuzeit ab 1500, die mit der Durchsetzung absolutistischer Zentralmacht, der Entdekung der Neuen Welt, Reformation, Humanismus etc. das Ende des Mittelalters besiegelt. Grund für die Konjunktur des historischen Romans nach 1815 scheint nur zu einem kleinen Teil das zensurbedingte Ausweichen in die Geschichte zu sein. Wichtiger ist die umfassende Schärfung und Streuung eines historischen Bewußtseins, die ihren wichtigsten Ausdruck in der Durchsetzung der Historischen Schule findet. Die historistische Entdeckung der Eigenart vergangener Epochen wird in den historischen Erzählungen ausformuliert. Das Andere wird in seiner historischen Differenz plastisch erfaßt, aber auch auf eine Präfiguration der und eine dynamische Beziehung zur Jetztzeit befragt, ohne jedoch die Eigenarten geschichtsphilosophisch zu nivellieren.

Das erwähnte prekäre Verhältnis zwischen einer romantischen Theorie der Imagination/des Phantastischen und einer literarischen Darstellung historischer Wirklichkeiten bestätigt sich bei Tieck und

Hauff darin, daß ihre historische Prosa den Boden einer romantischen Poetik weitgehend verläßt. Im Fall von Arnims *Kronenwächter* bestätigt es sich von der anderen Seite: Die romantische Poetik wird so weitgehend befolgt, daß ein Gattungsbegriff des historischen Romans heftig strapaziert wird. Die Klitterung verschiedener Zeitebenen, die Integration überlieferter oder erfundener Volks-, Lokal- und Heldensagen, die Vermischung mythischer, christlicher oder dämonologischer Traditionen mit historischen Quellen hat Werner Vordtriede veranlaßt, den Roman nicht als historischen zu verstehen (Vordtriede 1962, 137). Paul Michael Lützeler behilft sich mit dem Etikett historischer »Sagenroman« (Lützeler 1989, 651; vgl. Lützeler 1983). Hans Vilmar Geppert will das historische Reflexionsniveau in Arnims Roman nicht vergeben und rettet den Gattungsbegriff, indem er ihn in die Nähe des »›anderen‹ historischen Roman[s]« (Geppert 1979, 98) rückt, der eine historische Geschichtserzählung mit Elementen einer Strukturgeschichte verknüpft. Gepperts Etikett des »anderen« historischen Romans ist hilfreich, den Roman auf eine gewisse Distanz zum Historismus zu bringen. Und das empfiehlt sich angesichts der Dichte von phantastischen, bis in die Groteske und ins Bizarre getriebenen Motiven und Formen (vgl. Haustein 1974).

Der oben ausgeführte Katalog der Elemente romantischer Prosa findet sich in den *Kronenwächtern* vollständig wieder. Es sei nur kurz an die magisch-alchemistisch inspirierte Bluttransfusion erinnert, mit der der schwächliche Staufererbe Berthold unter der Regie des Doktor Faust mit dem Blut des starken Knaben Anton vom ersten in sein zweites Leben promoviert wird (vgl. Arnim II, 114ff). Die damit vollzogene Verdoppelung des Helden ist aus der romantischen Prosa geläufig. Für einen historischen Roman ist sie, vorsichtig gesprochen, ungewöhnlich. Zwar zeichnet er sich in aller Regel durch einen »mittleren Helden« aus, der »im Koordinatensystem der gegensätzlichen historisch wirksamen Mächte« (Lützeler 1989, 649) besteht oder – wie in Arnims Fall – untergeht, aber die Diskreditierung des Helden durch eine groteske Bluttransfusion würde sich mit der Poetik der übrigen hier behandelten historischen Erzählungen überhaupt nicht vertragen. In gleicher Weise setzt Arnim seine Technik der figuralen Präfiguration ein, um seinen Helden zu ironisieren und zu diskreditieren. Die Weise, in der die beiden ungleichen Figuren Anton und Berthold auf ihre mythischen Präfigurationen Herkules und Paris bezogen werden, kann das verdeutlichen. Bei seinen ersten Reitübungen auf einem Theaterrequisit, das ein »trojanisches, hölzernes Pferd« (Arnim II, 124) vorstellt, bricht es zusammen, und aus seinem »hohlen Bauche« (ebd.) betritt Anton den Roman. Auch die biblischen Präfigurationen des Helden Berthold haben keineswegs die traditionelle Funktion einer erhabenen Stilisierung, sondern umgekehrt einer grotesken Distanzierung. Wie Moses wird er in einem Kasten gefunden und seine Geburt geschieht nach dem Vorbild der Geburt Christi, allerdings mit den für Arnim charakteristischen Verdoppelungen und Entstellungen. Aus dem einen Stern werden, gemäß der zwei Helden des Romans, zwei, aus dem biblischen Vater Joseph werden ebenfalls zwei Väter usw. (vgl. Lützeler 1989, 657f).

Im Kern bezieht Arnim seine Reflexion über Legitimität und Tradition von Herrschaft in *Die Kronenwächter* auf die mittelalterliche Kaiserprophetie, die nach dem Ende der Staufer-Herschaft 1268 sich zunächst auf Friedrich II., später auf Friedrich I. Barbarossa bezog und den Wunsch nach einer Fortsetzung des deutschen staufischen Kaisertums zum Inhalt hat. Über diese staufische Kaiserprophetie hinaus thematisiert Arnim die »Universalismus-Idee des römischen Kaisertums« (ebd., 659) insgesamt in Gestalt der sagenhaft überzeichneten Kaiser Karl der Große, Friedrich I. Barbarossa und Maximilian I. Im Roman übergibt Maximilian das Schwert Karls des Großen an den Staufererben Anton. Barbarossa wird gar zum phantastischen Doppelgänger Bertholds, der ihn zu Beginn seines zweiten Lebens verläßt. Aber auch hier funktioniert die Helden-Präfiguration nicht im traditionellen Sinne. Schon die Tatsache, daß Berthold exakt in der Ruine des Barbarossa Palastes lesen lernt, beinhaltet eine romantische Entstellung des Helden und einen Einwand gegen die Restauration historisch überkommener Herrschaft. Arnims Roman bestreitet das geheimbündlerische Projekt seiner titelgebenden Wächter der Krone, die unterbrochene Stauferherrschaft mit neuem Leben und neuer Macht zu füllen, nachhaltig. Sämtliche Nachkommen, obwohl eigentlich mit den besten genealogischen Referenzen ausgeweisen (ebd., 660f), lassen die notwendige Herrscherqualität vermissen. Sie werden entweder Händler, fahrende Sänger, Künstler oder Verbrecher. Das Projekt der Kronenwächter wird als Mystifikation einer erbadligen Legitimation von Herrschaft in Arnims Roman zurückgewiesen.

Politisch virulent wird diese Kritik, wenn man sie auf Arnims Zeitgeschichte um 1815 bezieht. 1806 wurde auf Napoleons Betreiben das Ende des Heiligen Römischen Reiches Deutscher Nationen besiegelt, indem der Habsburger Franz II. den römischen Kaisertitel ablegte. Es stellte sich vor und nach dem Wiener Kongreß das Problem der Einheit Deutschlands, die bekanntlich erst sehr viel später erreicht wurde. 1812, als Arnim die Arbeit an dem Roman begann, ging es zunächst um die Befreiung von der napoleonischen Herrschaft, die in einem integrierten Teil des Textes, dem sogenannten »Hausmärchen« allegorisch thematisiert wird. Dieses »Hausmärchen« endet mit der Beseitigung der Fremdherrschaft Attilas und dem Herrschaftsantritt eines neuen Monarchen, der ausdrücklich durch Leistung und nicht durch Genealogie und Geburt legitimiert ist. In seiner publizistischen Tätigkeit hat sich Arnim wiederholt in diesem Sinne für eine auf Leistung abgestellte Neuorientierung des Adels, eine Art Verdienstadel eingesetzt.

Wenn sich der diskontinuierlichen Struktur von Arnims historischem Panorama der *Kronenwächter* überhaupt ein vereinheitlichender Sinn und mehr noch ein einheitlicher politischer Sinn auf die zeitgenössische Restauration abgewinnen läßt, dann sicherlich dieser, daß überkommene, von der Geschichte überholte Herrschaftsansprüche nicht künstlich restituiert werden können. Aber diese vergleichsweise triviale politische Aussage verblaßt restlos angesichts der komplexen literarischen Reflexion von Geschichte, die in Arnims Roman immer zugleich methodische Reflexion der Möglichkeit von Historiographie und Reflexion der Beziehung von literarischer Fiktion und historischer Quellenlage ist. Aus dieser doppelten Reflexion ergibt sich einerseits die Unmöglichkeit einer kontinuierlich und einlinig durcherzählten Geschichte und andererseits die Tendenz zu einer »verräumlichenden Form der Geschichtsdarstellung« (Geppert 1979, 98), die einen einfachen Historismus mit Elementen einer Strukturgeschichte verbindet und eine »kritische Tradition des Historismus« (ebd., 109) begründet. Wegen seiner »Poetik der Diskontinuität von Fiktion und Historie« (ebd., 102) hat Geppert die *Kronenwächter* in die Nähe des von ihm so genannten »anderen« historischen Roman gerückt, der im 19. und 20. Jahrhundert eben nicht den mittleren historischen Realismus der Scott-Romane tradiert, sondern – wie Döblins *Wallenstein* oder Brechts *Caesar* – Geschichte, auch Geschichte im literarischen Text, als Effekt einer komplexen Konstruktion behandelt: »Geschichte ist für Arnim ein Konstrukt: widersprüchlich, vieldeutig, unabgeschlossen, angewiesen auf und offen für Erkenntnis« (ebd., 109).

In der Einleitung zu seinem Roman unter dem Titel »Dichtung und Geschichte« geht Arnim von einer diskontinuierlichen Geschichte und einer historischen Dichtung aus, die ihre Fiktionen in die Lücken der Geschichte einbaut, um zwar Kohärenz herzustellen, keinesfalls aber eine geschichtsphilosophische Vereinheitlichung oder gar ideologische Rechtfertigung des Geschichtsprozesses. Vor allem ist er nicht an der Simulation von Geschichte als eines objektiven Tatsachenraums interessiert, der im historischen Roman authentisch widergespiegelt würde. Anknüpfend an die Ergebnisse der

Transzendentalphilosophie bestimmt Arnim Geschichte als Ort einer Konstruktion. Historische Erkenntnis ist Ergebnis eines hermeneutischen Aktes, der die Position des Beobachters mitdenkt und voraussetzt. Einheit erhält das diffuse Feld historischer Welten erst im Akt der Erkenntnis. Erst in der »Kristallkugel im Auge« (Arnim II, 14) des Dichters, so die provokante Metapher Arnims, schließen sich die Lücken der Geschichte für Augenblicke, bevor die Geschichte selbst achtlos darüber hinweggeht und neue Lücken schafft. Schon in der Novellensammlung von 1812 hat Arnim der Erzählung *Melück Maria Blainville*, stellvertretend für alle anderen, seine Sicht der Geschichte als katastrophischer Prozeß eingeschrieben. Der Erzähler will seine Geschichte der arabischen Hausprophetin aus dem historischen Umfeld der Französischen Revolution schon mit einem idyllischen Bild des Glückes schließen, als die Geschichte selbst katastropisch interveniert: »und wir wünschten mit diesem Bilde der Unschuld die Geschichte schließen zu können: die Geschichte begnügt sich aber nicht mit schönen Bildern des Glücks« (Arnim III, 766). Das Prinzip der Geschichte ist nicht Glück, sondern, und daran erinnert auch Arnims Einleitung zu den *Kronenwächtern*, Lücke.

XI. Germanistische Forschung
und literarische Rezeption

1. Germanistische Forschung

Die germanistische Forschung zur Romantik läßt sich in vier Phasen einteilen.

1. Im 19. Jahrhundert ist sie weitgehend durch eine zum Teil schroffe Ablehnung durch Linkshegelianer und liberaldemokratische Literaturhistoriker geprägt. Die Kritik ist durchweg politisch motiviert und bezieht sich auf die vermeintliche gegenaufklärerische, vernunftfeindliche Tendenz der Romantik.
2. Seit der Reichsgründung gegen Ende des Jahrhunderts beginnt mit Dilthey und Haym eine Umwertung der Romantik, die sich nach dem Ersten Weltkrieg zu einer paradigmatischen Stellung der Romantik in der Germanistik verstärkt. Die romantische Literatur wird als irrationale, gefühlsbesetzte Geist- und Lebensphilosophie gefeiert. Ihre Einschätzung als Muster einer kulturellen deutschen Identität wurde von der nationalsozialistischen Literaturwissenschaft für den völkischen Kulturbegriff und die Blut-und-Boden-Ideologie aufbereitet.
3. Abgesehen von den deutschtümelnden Ausläufern des Nationalsozialismus nach dem Zweiten Weltkrieg kommt es zögerlich seit den 1950er Jahren, stärker dann in den 1960er und 1970er Jahren zu einer Neuorientierung der Romantikforschung, die ihre Hauptaufgabe zunächst darin sieht, die Romantik von jeder Konnotation des Obskurantismus oder Irrationalismus zu befreien. Diese Neuorientierung läuft über unterschiedliche Anschlußpunkte für die Romantik: Aufklärung, Philosophie des Deutschen Idealismus, Geschichtsphilosophie. In einem Punkt besteht jedoch zumeist Einheit: in der starken Gewichtung der Frühromantik Schlegels und Novalis' und einer Trennung von Früh- und Spätromantik.
4. In den 1980er und 1990er Jahren ist eine breite und deshalb nicht leicht zu systematisierende germanistische Auseinandersetzung mit der Literatur der Romantik zu beobachten, die, befreit von dem historischen Zwang, Romantik zu rehabilitieren, den Weg für neue theoretische Beschreibungsmodelle (Psychoanalyse, Strukturalismus, Diskursanalyse und Dekonstruktion) öffnet.

Zwar gilt die Romantik gemeinhin als Beginn einer deutschen Literaturwissenschaft, der Beginn der germanistischen Rezeption der Romantik steht jedoch unter einem eindeutig negativen Vorzeichen. Gestützt auf Goethes und Hegels Krik der Romantik bekämpfen das Junge Deutschland und die sogenannten Linkshegelianer die Romantiker als rückwärtsgewandte, katholische Dunkelmänner, die zur Frage einer liberaldemokratischen Revolution keine Argumente beizutragen haben. Das bekannteste und bis heute interessanteste Verdikt der Romantik stellt Heines *Romantische Schule* aus dem Jahre 1836 dar. Heine will einem französischen Publikum einen ersten literarhistorischen Abriß der jüngstvergangenen deutschen Romantik liefern und tut dies in einer gleichermaßen detaillierten und polemischen Art und Weise. Im pauschalen Überblick charakterisiert Heine die Romantische Schule als Restitution eines verklärten Mittelalters und schlimmer noch als Kampforgan der katholischen Reaktion. In einigen Detailuntersuchungen, vor allem zu Hoffmann und Arnim, gelangt er allerdings auch zu wesentlich differenzierteren Standpunkten und kann hier bisweilen seine eigenen romantischen Züge einräumen. Bemerkenswert ist jedoch, daß die Aufwertung von Hoffmanns und Arnims Prosa darauf hinausläuft, daß beide schon außerhalb der Romantik gesehen werden (vgl. Heine V, 440, 457f). Heine hat damit eine Struktur etabliert, die über die marxistische Literaturwissenschaft (Georg Lukács, Hans Mayer, Claus Träger u.a.) bis in die Gegenwart hinein tradiert wird: eine Kritik der Romantik über eine Loslösung der 'fortschrittlichen' Autoren, vor allem Hoffmanns, aus dem Zusammenhang der Romantik. In struktureller Hinsicht berührt sich Heines *Romantische Schule* mit Eichendorffs *Geschichte der neueren romantischen Poesie in Deutschland* (1847): Beide legen die Romantik einseitig und polemisch auf Katholizismus fest, der eine als später, selbst noch im Kontext der Romantik argumentierender Wortführer einer katholischen Literatur, der andere als liberaler Kritiker des Katholiszismus.

Heines jungdeutsche Kritik setzt sich in der linkshegelianischen Publizistik Arnold Ruges und Theoder Echtermeyers fort. Ihr wichtigstes Manifest ist *Der Protestantismus und die Romantik* (1839/40). Die gleiche ablehnende Haltung kennzeichnet auch die germanistische Literaturgeschichtsschreibung (vgl. Fohrmann 1989). Einer ihrer wichtigen Begründer im 19. Jahrhundert, Georg Gottfried Gervinus, folgt dem Vorbild Heines. Er stellt die Romantik insgesamt unter den Verdacht des katholischen Obskurantismus und wirft ihr vor, den politischen Konflikten der Gegenwart in eine nebulöse Vorzeit und in Traum- und Wahnwelten ausgewichen zu sein. Sein politisches Engagement für Demokratie und nationale Einheit läßt gerade noch die antinapoleonische Befreiungsliteratur Kleists, Arndts, Körners u.a. gelten, mit der Phantastik Hoffmanns oder Arnims kann es nichts anfangen. Seine philosophische und ästhetische Option für Aufklärung und Klassizismus setzt konsequenterweise Goethe und vor allem Schiller als Maßstab einer liberalen nationalen Literatur ein.

Von Gervinus' erstem Hauptwerk *Geschichte der poetischen Nationalliteratur der Deutschen* (1835-42) sind damit Goethe und Schiller als Dioskuren einer nationalliberalen Literaturpflege inthronisiert. Verstärkt durch das Schiller-Jubiläum 1859 und die sogenannte 'Klassik-Legende' ändert sich an der liberaldemokratisch gemeinten kulturpolitischen Vormachtstellung der deutschen Klassik bis zum Ende des Jahrhunderts prinzipiell nichts. Mit der Pflege des Schiller-Bildes ist eine Ausrichtung am Drama und an der Lyrik verbunden, was den Blick für die romantische Prosa naturgemäß verstellen muß. »Den Bruch der Brüder Schlegel mit Schiller betrachtete er [Gervinus, D.K.] als die verhängnisvolle Wende zum Bösen« (Peter 1980, 4). Ähnlich wie Gervinus sind auch Theodor Danzel (*Gotthold Ephraim Lessing. Sein Leben und seine Werke* (1850)), August Koberstein (*Grundriß der Geschichte der deutschen National-Litteratur* (1827; 4. völlig überarbeitete Auflage in 3 Bänden 1845-66)), Hermann Hettner (*Literaturgeschichte des achtzehnten Jahrhunderts* (1856-70)) und Julian Schmidt (*Geschichte der deutschen Nationalliteratur im neunzehnten Jahrhundert* (1853); *Geschichte der deutschen Literatur seit Lessing's Tod* (5. Auflage 1866-67) in ihren Literaturgeschichten stark an der Tradition der Aufklärung und vor allem an der deutschen Klassik orientiert. Die epochalen Neuerungen der romantischen Prosa kommen weder in diesen Literaturgeschichten noch sonst irgendwo in der germanistischen Literaturwissenschaft des mittleren bis ausgehenden 19. Jahrhunderts vor. Nach der Reichsgründung setzt sich diese Tendenz beispielhaft in den Schriften Wilhelm Scherers (*Geschichte der deutschen Literatur* (1880-83)) fort, allerdings mit einer entscheidenden, für die germanistische Rezeption der Romantik bis 1945 wichtigen Änderung, die bei aller Reserve gegenüber den ästhetischen Errungenschaften der Romantik ihre nationalen Tendenzen in einer Weise aufwertet, die einem gegen Frankreich gerichteten Chauvinismus und der späteren Volkstümelei zuarbeitet.

Nicht zufällig im Jahre 1870 entstehen bzw. erscheinen zwei Schriften, die für die folgende Aufwertung der Romantik von großer Bedeutung sind: Rudolf Hayms Monographie *Die Romantische Schule* und Scherers Aufsatz *Die deutsche Literaturrevolution.* Mit dem Fazit einer im Grunde nicht vorhandenen Romantikforschung beginnt Haym sein Buch: »Im Bewußtsein der Gegenwart erfreut sich das, was man 'romantisch' nennt, keinerlei Gunst« (Haym 1870, Neudruck 1961, 3). Es muß für Hayms Beitrag zur Rehabilitation der Romantik ausdrücklich festgestellt werden, daß er ebenfalls in der Tradition des nationaldemokratischen Liberalismus formuliert wird, daß er an der Identifikation von Romantik und politischer Reaktion festhält, daß nun aber, unmittelbar vor der Reichsgründung und beinahe ein halbes Jahrhundert nach Ende der Romantik, erstens das politische Feindbild der Romantik verblaßt ist und damit zweitens die Möglichkeit zu einer objektiveren historischen Behandlung derselben gegeben ist. Zwar läßt man mit Hayms *Romantischer Schule* allgemein die germanistische Rezeptionsgeschichte der Romantik beginnen (vgl. Peter 1980, 5), eine Perspektive für die revolutionären Veränderungen der literarischen Form vor allem in den Prosaformen der Romantik entwickelt Haym jedoch nicht einmal in Ansätzen. Gleiches gilt auch für Scherers Aufsatz *Die deutsche Litteraturrevolution.* Was hier unter »Literaturrevolution« verstanden wird, bezeichnet weniger eine Revolution der Literatur als ein literarisches Projekt zur Revolution des politischen und kulturellen, jedenfalls deutschen Geistes.

Klaus Peter kommentiert die Aufwertung der Romantik seit der Reichsgründung als Umwertung der Germanistik zur »'deutschen' Wissenschaft« (ebd., 6), die Schritt für Schritt die liberale Tradition der Aufklärung aufgibt und konservativ wird: »Der Nationalismus, der sein Ziel erreicht hatte, gab sein liberales Erbe preis, wurde konservativ. Für die Germanistik hieß dies: motiviert wurde diese Wissenschaft jetzt nicht mehr durch die Aufklärung, nicht einmal mehr so sehr durch die Klassik; motiviert wurde diese Wissenschaft von nun an wesentlich durch die Romantik« (ebd., 5). Was die tendenzielle Verschiebung des germanistischen Forschungsschwerpunkts in Richtung auf die Romantik betrifft, kann man Peter zustimmen, allerdings darf man nicht vergessen, daß die deutsche Klassik nach wie vor paradigmatische Geltung in der Germanistik behält.

Außerhalb des engeren Disziplinenzusammenhangs der Germanistik findet die Aufwertung der Romantik ungefähr gleichzeitig statt. Wilhelm Diltheys Neubegründung der Geisteswissenschaft interpretiert 'Geist' im wesentlichen als geschichtliche Artikulation des Lebens. Sein hermeneutisches Interesse verweist ihn zurück auf die poetologischen Fragmente der Frühromantik und natürlich auf Schleiermacher. Diltheys erster Beitrag zu Novalis datiert aus dem Jahre 1865. Er geht später in seinen literaturwissenschaftlichen Haupttext *Das Erlebnis und die Dichtung: Lessing, Goethe, Novalis, Hölderlin* (1906) ein. 1870 erscheint seine grundlegende Studie zu Schleiermachers Hermeneutik, die gleichzeitig eine Selbstverständigung über die methodische Bestimmung der Geisteswissenschaft ist. 'Geist' meint hier weniger den Ausdruck eines Vernunft- oder Rationalitätsstandards als den Zusammenhang eines Erlebnisses. Sein Akzent auf das Erleben verschiebt das Forschungsinteresse vom 18. Jahrhundert ein Stück weit auf die Romantik. Es muß allerdings auch gegenüber Dilthey festgestellt werden, daß seine Studien zur Romantik kein explizites Profil der romantischen Prosa als eines eigenständigen literarischen Formzusammenhangs erstellen. Die geistesgeschichtliche Orientierung kann Romantik nur als Weltanschauung erscheinen lassen, als »Weltansicht«, wie Dilthey es nennt (vgl. Dilthey 1906, 14. Aufl. 1965, 188).

Als germanistische Randphänomene müssen Hermann Bahrs Essay *Die Überwindung des Naturalismus* (1891) und Ricarda Huchs *Blütezeit der Romantik* (1899) bedacht werden, die ebenso wie die sogenannte literarische Neuromantik auf dem Umweg über Richard Wagner und Friedrich Nietzsche und über den französischen Symbolismus auf die romantische Literatur als Begründung einer Tradition der Moderne aufmerksam werden. Im Anschluß an Ricarda Huch ist es in der disziplinären Germanistik einzig Oskar Walzel, der in *Deutsche Romantik* (1908) zwar auch einer philosophischen Sichtung der Romantik verpflichtet bleibt, der aber immerhin im Einklang mit Huch die »intellektuelle analytische Potenz der Frühromantik« (Bohrer 1989, 277) herausarbeitet.

Weitgehend außerhalb der germanistischen Disziplin steht Walter Benjamins Dissertation *Der Begriff der Kunstkritik in der deutschen Romantik* (1920), die sich vor allem mit Schlegels und Novalis' frühromantischen Fragmenten zur Poetik und Ästhetik befassen. Ähnlich wie Hermann Bahr entwickelt Benjamin eine Sicht auf die Modernität der frühromantischen Kunstphilosophie, die nicht über eine Weltanschauung vermittelt ist, sondern bei der formalen, semiotischen Struktur des romantischen Kunstwerks ansetzt. Benjamin rekonstruiert das »Werk« als »Zentrum der Reflexion« (Benjamin I.1, 72; vgl. Bohrer 1989, 25ff; Menninghaus 1987, 232ff). In der Weimarer Republik und selbstverständlich auch im Dritten

Reich bleibt Benjamins Schrift folgenlos. Erst in den 1960er und 1970er Jahren findet Benjamins *Kunstkritik* Eingang in die germanistische Literaturwissenschaft als frühes Beispiel für eine Erkenntnis der formalen Modernität der Romantik. Benjamin setzt außer bei Haym und Huch bei einigen wenigen monographischen Versuchen zur Romantik an, die unmittelbar vor seiner Dissertation veröffentlicht wurden. In Carl Enders' *Friedrich Schlegel. Die Quellen seines Wesens und Werdens* (1913) findet sich ein Hinweis auf die Bedeutung der »Souveränität der produktiven Schöpferkraft« (Enders 1913, 1; vgl. Benjamin I.1, 70f) und die traditionskritische Rolle der Reflexion bei Schlegel. Breit diskutiert Benjamin eine Arbeit von Siegbert Elkuß aus dem Jahre 1918, die in ihrer negativen Einstellung zur Romantik außerdem für Carl Schmitts Kritik der Romantik (*Politische Romantik* (1919)) wichtig ist: *Zur Beurteilung der Romantik und zur Kritik ihrer Erforschung* (vgl. Bohrer 1989, 27).

Im Zentrum der germanistischen Forschung zur Romantik stehen nach dem Ende des wilhelminischen Reiches eine Reihe von Beiträgen, die die nationale Identifikation der Romantik bei Haym und Scherer aufgreifen und zu einer nationalchauvinistischen Ideologie verdichten: Julius Petersens *Wesensbestimmung der deutschen Romantik* (1926) führt deutlich schon jenen verquasten, deutschtümelnden Diskurs, der wenig später von den Nationalsozialisten gepflegt wird:

»Der Mensch von heute darf schwerlich als Romantiker bezeichnet werden. Aber mehr noch vielleicht als damals fühlt er in seinem Antiintellektualismus, in seinem Gegensatz gegen Rationalismus, Mechanismus und Materialismus, in seinem religiösen und metaphysischen Drang nach ewigen Werten und in seinem Streben, die Dinge von innen zu sehen, eine Wahlverwandtschaft, die ihn zur alten Romantik treibt« (Petersen 1926/1968, 3; zit. b. Peter 1980, 8).

Alfred Baeumler ist in diesem Zusammenhang ebenso zu nennen wie Paul Kluckhohn (*Die deutsche Romantik* (1924)) und Josef Nadler, dessen *Literaturgeschichte der deutschen Stämme* von 1912-28 einen Zusammenhang von Lebensraum, ethnischer Abstammung und literarischer Produktion behauptet, der der Blut-und-Boden-Ideologie der Nationalsozialisten direkt zuarbeitet.

Von diesen nationalchauvinistischen Beiträgen zur Romantikforschung müssen einige Beiträge unterschieden werden, die zwar auch einen bisweilen dumpfen und pathetisch versetzten Geist-Diskurs pflegen, die insgesamt aber gegenüber einer Deutschtümelei Abstand halten: Herbert Cysarz' *Von Schiller zu Nietzsche* (1928) und Hermann August Korffs *Geist der Goethezeit* (1923-54), der die Romantik als Verfall gegenüber der Klassik wertet und insgesamt keine Sensibilität für eine romantische Theorie der Imagination und der Phantastik entfaltet. Etwas stärker an der formalen Erscheinung der romantischen Texte zeigt sich Fritz Strichs *Deutsche Klassik und Romantik oder Vollendung und Unendlichkeit* (1922) interessiert, das im Anschluß an Heinrich Wölfflins *Kunstgeschichtliche Grundbegriffe* (1915) eine stilkritische Perspektive auf die Romantik entwickelt, nicht jedoch im Sinne einer Semiotik der romantischen Erzählung, sondern einer schematisierenden, überhistorischen Kunstmetaphysik. Als Fazit der germanistischen Forschung zur Romantik bis zum Ende des Zweiten Weltkrieges und weiter bis an das Ende der 1950er Jahre kann festgehalten werden, daß abgesehen von wenigen, randständigen Beiträgen (etwa Benjamin) keine genuin am ästhetischen Erscheinungsbild romantischer Prosa ausgerichteten Ansätze vorliegen.

1960-1980

Es kann deshalb nicht verwundern, daß die vereinzelten philologischen Rehabilitationen der Romantik in den 1960er Jahren nicht in der Tradition der deutschen Germanistik stehen, sondern auf einem europäischen Umweg entstanden sind, und zwar einem Weg, der über den französischen Symbolismus und Ästhetizismus des 19. Jahrhunderts führt. Für diesen Umweg steht am Ende der 1950er Jahre vor allem Hugo Friedrichs *Die Struktur der modernen Lyrik* (1956), dessen Behauptung der Modernität romantischer Poesie von anderen Autoren auf die romantische Prosa übertragen wird. Direkt von Friedrich abhängig sind: Werner Vordtriede, *Novalis und die französischen Symbolisten* (1963) und Marianne Thalmann, *Romantik und Manierismus* (1963) und *Zeichensprache der Romantik* (1967). Thalmann hatte bereits 1923 eine Untersuchung zum Trivialroman des 18. Jahrhunderts und zum romantischen Roman veröffentlicht, aber erst in ihren Arbeiten der 1960er Jahre bestätigt sie Friedrichs Modernitätsthese der Romantik über Formanalysen romantischer Erzählungen (vor allem Tiecks). Aus anderen Traditionen kommen Emil Staiger und Wolfgang Kayser (Kayser 1957) ebenfalls zu formalen Interpretationen romantischer Prosatexte. Ihr Projekt einer 'werkimmanenten Interpretation' darf jedoch nicht darüber hinwegtäuschen, daß sowohl Staigers Bezug auf Heideggers Existenzialontologie als auch Kaysers Bezug auf Phänomenologie und New Criticism einen stark existenzialphilosophisch versetzten Formalismus erzeugen.

Neben den frühen philologischen Rehabilitationen der Romantik, die Ausläufer bis in die unmittelbare Gegenwart hinein haben, stehen in den 1960er und 1970er Jahren eine ganze Reihe unterschiedlicher Forschungen zur Romantik. Eine wichtige Forschungslinie nimmt die ältere Differenz von Aufklärung und Romantik wieder auf, indem sie das rationale Reflexionsniveau der Frühromantik betont und als aufklärerische Tradition politisch anschlußfähig macht. Der Preis für die Rettung der philosophischen Frühromantik ist allerdings zumeist die Abtrennung der Literatur der späten Romantik und eine Blindheit gegenüber ihrer ästhetischen Struktur des Phantastischen und der Imagination. Beispielhaft sind hier die zahlreichen grundlegenden Arbeiten von Ernst Behler, die fast ohne Ausnahme Friedrich Schlegel betreffen und den Nachweis seines Zusammenhangs mit der idealistischen Philosophie zum Ziel haben (vgl. etwa Behler 1963). Sie reichen von den fünziger Jahren bis hin zu einem Sammelband zur Aktualität der Frühromantik aus dem Jahre 1987 (Behler/Hörisch 1987) und einem Einführungsband zur Frühromantik von 1992. Die Anbindung der Frühromantik an aufklärerische Traditionen setzt sich bei Helmut Schanze fort, der 1966 eine Monographie zu Schlegel und Novalis unter dem programmatischen Titel: *Romantik und Aufklärung* vorlegt und ein Jahr später einen Sammelband, dessen Titel nicht minder Programm ist: *Die andere Romantik.* Trotz seiner Kritik an Behler (vgl. Peter 1980, 10ff) bleibt auch Klaus Peter dem aufklärerischen Paradigma der Frühromantik in zahlreichen Schriften verbunden. Seine Monographie aus dem Jahre 1980 steht hier exemplarisch für andere: *Stadien der Aufklärung. Moral und Politik bei Lessing, Novalis und Friedrich Schlegel.* Die enge Verbindung von Aufklärung und Frühromantik unterstreicht noch einmal Silvio Vietta in einem Aufsatz aus dem Jahre 1983: *Frühromantik und Aufklärung.*

Die Behandlung der Romantik in der Literaturwissenschaft der DDR steht von Anbeginn unter dem Verdikt Georg Lukács', der die liberaldemokratische Kritik der Romantik des 19. Jahrhunderts wieder aufnimmt und die Romantik als obskurantes Projekt einer »Zerstörung der Vernunft« bezichtigt, so der Titel einer seiner Schriften aus dem Jahre 1954. In etwas gemäßigter Form taucht die Kritik auch bei Hans Mayer auf. Entsprechend der fundamentalen Kritik mußten die ersten positiveren Einschätzungen der romantischen Literatur in der DDR ebenfalls das kritische Vernunftpotential der frühromantischen Theorie hervorheben. Erwähnt seien hier Werner Krauss, *Französische Aufklärung und Deutsche Romantik* (1962) und Claus Träger, *Ursprünge und Stellung der Romantik* (1975) (vgl. Peter 1980, 22ff).

Von der Anbindung der Frühromantik an die Aufklärung muß ein zweiter Strang der neueren Romantik-Forschung trotz etlicher Überschneidungen unterschieden werden. Hier läuft die Beobachtung der Romantik über einen Nachweis der Nähe der romantischen Poetik zu Kategorien der idealistischen Philosophie Fichtes, Hegels, Schellings u.a. Auch für diese Ausrichtung ist zunächst eine starke Konzentration auf Fragen der frühromantischen Poetik und Ästhetik charakteristisch. Nur ganz vereinzelt kommen in dieser Ausrichtung Probleme der ästhetischen Struktur und Funktion romantischer Erzählungen in den Blick (etwa bei Ingrid Strohschneider-Kohrs, *Die romantische Ironie in Theorie und Gestaltung* (1960) und in einigen Beiträgen von Manfred Frank), zumeist erscheinen sie als literarische Variationen der idealistischen Philosophie. Auszugsweise zu nennen sind hier: Richard Brinkmann, *Romantische Dichtungstheorie in Friedrich Schlegels Frühschriften* (1958); Klaus Peter, *Friedrich Schlegels ästhetischer Intellektualismus* (1966); Bernhard Lypp, *Ästhetischer Absolutismus und politische Vernunft* (1972); Manfred Frank, *Einführung in die frühromantische Ästhetik* (1989).

Eine Ausdifferenzierung dieser Analogiebildung von (früh)-romantischer Poetik und idealistischer Philosophie konzentriert sich auf die Rolle der idealistischen Geschichtsphilosophie für romantische Literatur. Gemeinsame These ist, daß die Romantik und vor allem wiederum die Frühromantik als ein geschichtsphilosophisches Projekt zu verstehen ist, das seine Literarizität vollständig in den Dienst einer utopischen Zielbestimmung stelle. Daß unter dieser Perspektive weite Teile der romantischen Prosa wegen ihrer katastrophischen, diskontinuierlichen Struktur nicht in den Blick kommen, darauf hat Karl Heinz Bohrer wiederholt kritisch hingewiesen. Exemplarisch zu nennen sind: Hans Joachim Mähl, *Novalis und Plotin* (1963); ders., *Die Idee des goldenen Zeitalters im Werk des Novalis* (1965); Wilfried Malsch, *'Europa'. Poetische Rede des Novalis. Deutung der Französischen Revolution und Reflexion auf die Poesie in der Geschichte* (1965); Hans Robert Jauss, *Schlegels und Schillers Replik auf die 'Querelle des Anciens et des Modernes'* (1970); Peter Szondi, *Poetik und Geschichtsphilosophie II* (1974); Richard Faber, *Die Phantasie an die Macht* (1970).

Die Gegenwart der Romantik-Forschung. 1980er und 1990er Jahre

Die gegenwärtige Romantik-Forschung ist so breit gestreut, daß es schwer fällt, Systematisierungsvorschläge zu machen. Zu den zahlreichen theoretischen Neuansätzen der letzten 20 Jahre, die für sich genommen schon den Eindruck hinlänglicher Unübersichtlichkeit hinterlassen, treten die Ausläufer der im voranstehenden Abschnitt aufgeführten Theorietraditionen hinzu. Für die Neuansätze der letzten Jahre ist vereinfachend gesagt ein stärkerer Akzent auf die Literarizität der romantischen Texte kennzeichnend. Selbst die psychoanalytisch orientierten Lektüren romantischer Erzählungen halten eine offenkundige Nähe zur Differenz des Literarischen ein. Jacques Lacans Verbindung von Freuds Psychoanalyse und Saussures strukturaler Linguistik hat eine Lesart des Unbewußten als sprachlicher Struktur ermöglicht, die die signifikative Eigendynamik des literarischen Textes einer psychoanalytischen Interpretation prinzipiell offenhält. Exemplarisch sei hier Friedrich Kittlers Lektüre von Hoffmanns *Sandmann* erwähnt, die psychoanalytische Kategorien mit semiotischen verknüpft, ohne die einen auf die anderen zu reduzieren (vgl. Kittler 1977). Einen Überblick über literaturwissenschaftliche Adaptationen der Psychoanalyse gibt der von Urban und Kudszus herausgegebene Sammelband aus dem Jahre 1981: *Psychoanalytische und psychopathologische Literaturinterpretation*.

Lacans Verweis auf die literarische Schrift als Inszenierung eines Begehrens berührt sich mit einer diskursanalytischen Sicht auf die Materialität bzw. Medialität der literarischen Kommunikation: der Schrift. Im expliziten Bezug auf Foucault radikalisiert Kittler in *Aufschreibesysteme 1800-1900* den Diskursbegriff in der Weise, daß romantische Prosa als ein System der Informationsverarbeitung verstanden wird, als ein grundlegender Prozessor, der die konkreten Texte als Serieneffekte generiert. Die literarische Differenz der einzelnen Texte verflüchtigt sich in dieser generalisierenden Sicht zu einer mehr oder minder vernachlässigbaren, kontingenten Größe. Angeregt durch Kittlers Arbeiten sind zahlreiche Einzeluntersuchungen zur Prosa der Romantik, die in unterschiedlichen Mischungsverhältnissen diskursanalytische Interessen mit psychoanalytischen und semiotischen Aspekten verbinden (vgl. Schreiber 1983; Zons 1985; Schmidt 1991; Kremer 1993).

Gegenüber diesen Arbeiten im Grenzgebiet von Diskurstheorie, Psychoanalyse, strukturaler Semiologie und z.T. auch Dekonstruktion, die in bewußt methodenrelativistischer Manier die literarische Differenz romantischer Prosa mit ihrer technisch-medialen Funktionsweise ausbalancieren, hält ein Bereich der Romantikforschung, der sich nach wie vor als Kunstmetaphysik gibt, entsprechend an der allgemeinen Inkommensurabilität romantischer Literatur fest, die gegenüber den Funktionssystemen von Wissenschaft und Alltag den epiphanischen Ort des ganz Anderen bestimmen. Exemplarisch stehen hier die zahlreichen Arbeiten Bohrers, die eine bestimmte

Lesart Nietzsches, Benjamins, des Surrealismus und Adornos zu einem Forschungsprofil verarbeitet haben, das die romantische Prosa als Beginn einer ästhetischen Moderne sieht und in einer katastrophischen Wende der 'Plötzlichkeit' den ideologischen Universalitätsanspruch der Ästhetik tradiert. Unter ganz anderen Vorzeichen wird der Universalismus der Ästhetik bei Manfred Frank, George Steiner oder in der sogenannten Postmoderne-Diskussion bei Wolfgang Welsch fortgeschrieben.

Einen anderen Status nimmt das Ästhetische in der Dekonstruktion Derridas oder de Mans ein, die in der zeitgenössischen Forschung zur Romantik einen wichtigen, aber noch schwer zu bestimmenden Platz einnimmt. Ästhetik ist bei de Man nicht ontologischer Fixpunkt, sondern ein »notwendiges, wenn auch problematisches Bindeglied« (de Man 1993, 60), dessen sich die dekonstruktive Lektüre eines Textes bedient, um erstens Ästhetik als eine ideologische Funktion und zweitens den Text als einen rhetorischen Effekt gleichzeitig zu bestätigen und aufzulösen. De Mans Dekonstruktion beobachtet die literarischen und philosophischen Meistertexte aus der Zeit um 1800 als rhetorische Strategien der Selbstaufhebung, die Sinn produzieren und in selbstreferentiellen Schleifen wieder dementieren. Entsprechend wird die romantische Behauptung ästhetischer Autonomie gleichzeitig bestätigt und als ideologischer Effekt zurückgewiesen (vgl. ebd.). Ähnlich analysiert Derridas Projekt der Dissemination den je konkreten Text als sinnkonstituierenden und -dementierenden Schriftprozeß. Ausgehend von Derridas Dissemination arbeitet etwa Manfred Momberger (1986) die Modernität von Hoffmanns Erzählungen heraus.

2. Literarische Wirkung der romantischen Prosa

Fällt es schon schwer, die disziplinäre germanistische Forschungsgeschichte, zu systematisieren, so muß sich der Versuch, die literarische Rezeption der romantischen Prosa zu skizzieren, mit einigen wenigen exemplarischen Schlaglichtern begnügen. Die vorliegende Darstellung ist der These verpflichtet, daß in der Prosa der Romantik formale Grundlagen der Literatur der Moderne gelegt werden. Entsprechend muß man in nahezu allen literarischen Epochen oder Gruppenbildungen des 19. und 20. Jahrhunderts romantische Formen unterstellen. Stark vereinfachend läßt sich sagen, daß dieser romantische Anteil der literarischen Formensprache umso größer ausfällt, je stärker sich eine bestimmte Literatur Ausdrucksweisen des

Phantastischen, Surrealen, Grotesken nähert und je größeren Abstand sie zu realistischen Ausdrucksformen hält. Keine der nachfolgenden sich als modern oder gar avantgardistisch verstehenden Literaturbewegungen hat jedenfalls das selbstreflexive Niveau und die semiotische Komplexität der romantischen Prosa nachhaltig unterschreiten können.

Vermittelt über die Vorlesungen A.W. Schlegels hat die Prosa der deutschen Romantik zunächst eine starke Wirkung auf die verschiedenen europäischen Romantiken. Für die französische Romantik sind hier vor allem Victor Hugo, Alfred de Vigny und Gérard de Nerval zu nennen. Zu erinnern ist auch daran, daß Théophile Gautier der Jüngere einige Erzählungen Arnims übersetzt und 1856 zu einer Zeit veröffentlicht, als Arnim und die anderen Prosaschriftsteller der Romantik in Deutschland für längere Zeit beinahe vergessen sind. Offenkundig ist auch die durchweg positive Aufnahme der deutschen Romantik durch die russischen Romantiker, Alexander Puschkin etwa oder Nikolai Gogol, dessen Erzählung *Der Mantel* in ihrer durchgängigen Reflexion auf Schrift ins Zentrum der deutschen Romantik zurückführt (vgl. Hoffmeister 1990, 99ff). Ebenso sinnfällig ist Edgar Allan Poes Rückbezug auf die Prosa Hoffmanns. Neben der grundlegenden Bedeutung grotesker oder arabesker, jedenfalls phantastischer Darstellung für Poes Prosa liegt hier auch eine starke motivische Interdependenz vor: das Spiel der Doppelgänger und Masken, der traumatische, Schrecken erzeugende Blick in die Abgründe des menschlichen Unbewußten etc.

Über Baudelaires hymnische Feier von Hoffmanns *Prinzessin Brambilla* als »Katechismus der hohen Ästhetik« (Baudelaire I, 303) lassen sich Linien zur symbolistischen, ästhetizistischen und zur sog. Dekadenz-Literatur des ausgehenden 19. Jahrhunderts ziehen. Neben Mallarmés Begeisterung für das »absolute Buch« der Romantik, neben der Lyrik Verlaines, Mallarmés und Rimbauds steht die Prosa Villiers' de l'Isle-Adam, Joris Karl Huysmans, Oscar Wildes, Gabriele d'Annunzios und Dostojewskis, die so deutlich in einer Tradition romantischer Imaginationskultur stehen, daß es kaum nötig erscheint, auf die Parallelen im Motivischen hinzuweisen: etwa die phantastische Verwirrung von Normalität und Wahnsinn im Bild der Kriminalität, der Akzent auf Traumstrukturen, die Bedeutung mythischer und hermetischer Traditionen oder die Aufnahme und Zuspitzung der problematischen Beziehung des Künstlers zur Gesellschaft. Eben diese Themenkreise und Motive bestimmen neben den Opern Richard Wagners auch die deutsche Neuromantik um die Jahrhundertwende: Ricarda Huch, der frühe Thomas Mann, Hermann Hesse, Hugo von Hofmansthal, Rainer Maria Rilkes *Mal-*

te *Laurids Brigge* u.a. Neben Hesses Verniedlichung Hardenbergs (vgl. Hesses Erzählung *Der Novalis* (1907)) stehen Alfred Kubins phantastischer, surreale Strukturen vorwegnehmender Roman *Die andere Seite* (1909) und die groteske Phantastik Kafkas, die die romantische Überformung von Wahrnehmung radikalisiert und, ähnlich wie vorher Flaubert, das aus der deutschen Romantik geläufige Thema einer Erotik der Schrift variiert (vgl. Kremer 1989b). Die Bezugnahme auf die Sprachphilosophie der jüdischen Kabbala fällt hier wie in der Prosa der sogenannten Prager Deutschen Literatur (etwa Gustav Meyrinks *Der Golem* (1915)) weit intensiver aus als in der Romantik. Auch der neben Kafka andere Randgänger der deutschen Literatur im ersten Drittel des 20. Jahrhunderts, Robert Musil, nimmt Spuren der Romantik auf. Das enzyklopädische Projekt seines gleichzeitig universalen und fragmentarischen Großromans *Der Mann ohne Eigenschaften* unterhält ebenso Beziehungen zur Frühromantik wie seine Vorstellung einer 'taghellen Mystik'.

Daß der französische Surrealismus eine starke Affinität zur romantischen Poetik entwickelt, kann nach allem nicht weiter verwundern. Bretons *Nadja* (1928) schreibt ebenso das romantische und später ästhetizistische Thema von Künstler, Schrift, Erotik und spiritueller Frau fort, wie es sich auf mystische, wiederum aber, wie bei Musil, auf säkulare mystische Erfahrungen einläßt. Im Vorwort zur zweiten Auflage von Arnims *Contes bizarres* sieht Breton in der bizarren Phantastik Arnims eine Präfiguration surrealistischer Imagination (vgl. Breton 1970, 130): »Breton ist der erste moderne Schriftsteller, der die 'blendende Phantasie' Arnims, d.h. aber die Vorform der surrealistischen Imagination, für den progressiven Geist retten will« (Bohrer 1989, 53).

Für die Zeit nach dem Zweiten Weltkrieg sei ganz sporadisch auf zwei literarische Knotenpunkte verwiesen, die ihre Energie einer Theorie und Praxis romantischer Imagination verdanken. Schon das an sich zweifelhafte Etikett 'magischer Realismus' bindet einen wichtigen Teil der südamerikanischen Literatur nach 1945 an die romantische Inversion von Alltäglichkeit und Phantastisch-Wunderbarem zurück. Dies gilt für Márquez und Cortazar, ebenso für Vargas Llosa und Octavio Paz, um nur die Bekannteren zu nennen, und ebenso für Borges, der zwar nicht dem südamerikanischen 'magischen Realismus' zuzuordnen ist, dessen selbstreflexive Erkundung des Schriftmediums und seine profane literarische Kabbalistik jedoch ebenfalls auf die deutsche Romantik zurückverweist.

Zwei bedeutende europäische Prosaautoren der sogenannten Postmoderne, Italo Calvino und Cees Nooteboom, schreiben neben der Duplizität von Alltäglichkeit und Imagination ein anderes Projekt der deutschen Romantik fort: die wesentlich fragmentarische Struktur der Narration. Mustergültig führt dies Calvinos Roman *Wenn ein Reisender in einer Winternacht* (1979) durch, der keiner ist, dafür aber zehn Romane gleichzeitig. Voller motivischer Anspielungen auf Hoffmanns Erzählungen knüpft Calvino bei der Fragmentstruktur vor allem des *Kater Murr* an und löst eine einheitliche Handlungsführung in einem verwirrenden Spiel mit falschen Drukken, irreführenden Übersetzungen und, wie bei Hoffmann, fingierten Fehlleistungen des Druckers auf. Calvinos *Reisender* treibt das ironische Spiel der Romantik ins Extrem, indem er das Bedürfnis des Lesers nach prallen Geschichten gerade noch so weit befriedigt, daß der sich auf immer neue Handlungsfäden einläßt, die aber nirgends zu Ende erzählt werden, sondern unabgeschlossen liegen bleiben. Das organisierende Subjekt stand zwar schon in den romantischen Erzählungen auf vagem und wackeligem Boden, Calvino liquidiert es und hinterläßt nurmehr den Schein einer sich selbst schreibenden Schrift, eines verwirrenden, diskontinuierlichen Netzes von Handlungsfragmenten und eine weitgehende Auflösung der Simulation.

Ähnlich wie Calvino, aber weit weniger experimentierfreudig, konstruiert Cees Nooteboom seinen Kurzroman *Die folgende Geschichte* (1991) über eine Fragmentarisierung der Narration. Hier löst sich eine einheitliche Handlung nicht in einer Reihe von heterogenen Schichten auf, sondern sie ist zirkulär organisiert und bricht ab, als es spannend wird. Nootebooms Text baut auf der unhintergehbaren und für den Leser nicht auflösbaren Spannung von Traum und Realität und damit einhergehenden Verdoppelungen auf und endet mit der aus der Prosa der Romantik bekannten Aussicht auf die »phantastischsten Metamorphosen« (Nooteboom 1991, 146), die aber nicht mehr geschehen. Statt ihrer schließt der Text mit der Überschrift, mit der er begonnen hatte: »Die folgende Geschichte« (Nooteboom 1991, 147), die aber auch nur zitiert, nicht erzählt wird. Und damit könnte die Geschichte von vorn beginnen.

Literaturverzeichnis

I. Quellen

1. Romantik

Alexis, W., Gesammelte Werke, 20 Bde., Berlin 1874.

Arnim, A. v., Sämtliche Werke. Neue Ausg., 22 Bde., Hrsg. B. von Arnim, Berlin 1839-56 [Bd. 1-3, 5-8, Hrsg. W. Grimm, Berlin 1839-40; 1 Nachtragsbd. Gedichte II, Hrsg. H. R. Liedke/A. Anger, Tübingen 1976].

–, Sämtliche Romane und Erzählungen, 3 Bde., Hrsg. W. Migge, München 1962-65.

–, Werke, 6 Bde., Hrsg. P. M. Lützeler u. a., Frankfurt/Main 1989 ff (=Arnim Iff).

Brentano, C., Gesammelte Schriften, 9 Bde., Hrsg. C. Brentano, Frankfurt/Main 1852-55 [zus. mit E. Brentano u. J. Merkel].

–, Sämtliche Werke. Unter Mitwirkung von H. Amelung u. a., 10 Bde., München 1909-17 [unvollst.].

–, Werke, 4 Bde., Hrsg. W. Frühwald/F. Kemp u. a., München 1963-68 [erw. Aufl., München 1978] (=Brentano Iff).

–, Sämtliche Werke und Briefe. Hist.-krit. Ausg., veranstaltet vom Freien Deutschen Hochstift, Hrsg. J. Behrens u. a., Stuttgart/Berlin u.a. 1975 ff (=Brentano KA).

Chamisso, A., Werke, Hrsg. O. F. Walzel, Stuttgart [1892].

–, Gesammelte Werke in 4 Bänden, Hrsg. M. Koch, Stuttgart 1898-1906.

–, Sämtliche Werke in 2 Bänden, Hrsg. V. Hoffmann/J. Perfahl, München 1975.

Eichendorff, J. v., Sämtliche Werke, 6 Bde., Hrsg. H. von Eichendorff, Heidelberg ²1864.

–, Vermischte Schriften, 5 Bde., Paderborn 1866.

–, Hist.-krit. Ausg., Hrsg. W. Koch, A. Sauer, Bd. X, Regensburg 1911 (=Eichendorff KA X).

–, Werke und Schriften, 4 Bde., Hrsg. G. Baumann/S. Grosse, Stuttgart 1957-60.

–, Werke. Nach den Ausgaben letzter Hand [...], 5 Bde., München 1970-88 (=Eichendorff II).

–, Werke, 6 Bde., Hrsg. W. Frühwald u. a., Frankfurt/Main 1987-90.

Fouqué, F., Werke, Hrsg. W. Ziesemer, Berlin u.a. 1908 [Neudruck: Hildesheim 1973].

–, Undine und andere Erzählungen, Hrsg. R.-R. Wuthenow, Frankfurt/Main 1978.

–, Ritter und Geister. Romantische Erzählungen, Hrsg. G. de Bruyn, Frankfurt/Main 1981 (=Fouqué 1981).

–, Sämtliche Romane und Novellenbücher, 15. Bde., Hrsg. W. Möhrig, Hildesheim u. a. 1985-92 [Nachdruck].

Hauff, W., Sämtliche Schriften, 36 Bde., Hrsg. G. Schwab, Stuttgart 1830.

–, Sämtliche Werke, 5 Bde., Hrsg. C. G. von Maassen, München/Berlin 1923.

–, Werke, 2 Bde., Hrsg. B. Zeller, Frankfurt/Main 1969 (=Hauff If).

Hoffmann, E. T. A., Sämtliche Werke. Serapionsausgabe in 14 Bänden, Hrsg. L. Hirschberg, Berlin 1922.

–, Poetische Werke, 12 Bde., Hrsg. K. Kanzog, Berlin 1957-62.

–, Sämtliche Werke, 6 Bde., Hrsg. W. Müller-Seidel u. a., München 1960-81.

–, Briefwechsel, 3 Bde., Hrsg. H. von Müller/F. Schnapp, München 1967-69.

–, Tagebücher, Hrsg. F. Schnapp, München 1971.

–, Juristische Arbeiten, Hrsg. F. Schnapp, München 1973.

–, Gesammelte Werke in Einzelausgaben, 8 Bde., Hrsg. H.-J. Kruse u. a., Berlin/Weimar 1976–83 (Band 4/5 = Hoffmann, Serapionsbrüder I/II).

–, Sämtliche Werke, 6 Bde., Hrsg. W. Segebrecht/H. Steinecke, Frankfurt/ Main 1985 ff (=Hoffmann Iff).

Hölderlin, F., Sämtliche Werke, 2 Bde., Hrsg. C. T. Schwab, Stuttgart/Tübingen 1846.

–, Sämtliche Werke und Briefe, 5 Bde., Hrsg. F. Zinkernagel, Leipzig 1914-26.

–, Sämtliche Werke. Große Stuttgarter Hölderlin-Ausgabe, 8 Bde., Hrsg. F. Beißner u. a., Stuttgart 1943-85 (=Hölderlin SA Iff).

–, Sämtliche Werke. Frankfurter Ausg., 20 Bde., Hrsg. D. E. Sattler, Frankfurt/Main u. Basel 1975 ff (=Hölderlin FA Iff).

Hugo, V., Théatre Complet, Paris 1963 (=Hugo I).

Kleist, H. v., Gesammelte Schriften, 3 Tle., Hrsg. L. Tieck, Berlin 1826 [revid. Ausg., Berlin 1859].

–, Ausgewählte Schriften, 4 Bde., Hrsg. L. Tieck, Berlin 1846-47.

–, Sämtliche Werke und Briefe, 2 Bde., Hrsg. H. Sembdner, München 1952 [7. erg. u. revid. Aufl., München 1984] (=Kleist If).

–, Sämtliche Werke und Briefe in vier Bänden, Hrsg. I. M. Barth u. a., Frankfurt/Main 1986 ff.

[Klingemann, E. A.], Nachtwachen. Von Bonaventura, Penig/Sachsen 1804.

–, Nachtwachen von Bonaventura, München 1960.

Mörike, E., Hist.-krit. Ausg., Hrsg. H.-H. Krummacher/H. Meyer/B. Zeller, Bd. III, Stuttgart 1967 (=Mörike III).

Novalis, Die Werke Friedrich von Hardenbergs, Hrsg. P. Kluckhohn/R. Samuel, 4 Bde., Leipzig [1929], 3., nach den Handschriften erg. Aufl., Stuttgart 1977ff.

–, Werke, Tagebücher und Briefe, Hrsg. H.-J. Mähl/R. Samuel, München 1978-87 (=– If).

Schlegel, Fr., Kritische Friedrich-Schlegel-Ausg., 35 Bde., Hrsg. E. Behler u. a., München/Paderborn u. a., 1958 ff (=Schlegel KA).

–, Literarische Notizen, Hrsg. H. Eichner, Frankfurt/Main u. Berlin/Wien 1980 (=Schlegel, Literarische Notizen).

–, Studienausgabe in sechs Bänden, Hrsg. E. Behler, Paderborn 1988.

Schleiermacher, F. D. E., Werke, Hrsg. O. Braun/J. Bauer, Leipzig 1911 (=Schleiermacher IV).

Schubert, G. H., Ansichten von der Nachtseite der Naturwissenschaft, Dresden 1808.

–, Die Symbolik des Traumes, Bamberg 1814.

Tieck, L., Sämtliche Schriften, 12 Bde., Berlin 1799 [unrechtm. Druck].

–, Schriften, 28 Bde., Berlin 1828-54.

–, Werke in vier Bänden, Hrsg. M. Thalmann, München 1963ff (=Tieck MA Iff).

–, Franz Sternbalds Wanderungen, Studienausgabe nach der Erstausgabe, Hrsg. A. Anger, Stuttgart 1966 (=Tieck, Sternbald).

–, Schriften, 12 Bde., Hrsg. M. Frank u. a., Frankfurt/Main 1985 ff (=Tieck Iff).

Wackenroder, W. H., Werke und Briefe, Hrsg. L. Schneider, Heidelberg 1967 (=Wackenroder).

–, Sämtliche Werke und Briefe. Hist.-krit. Ausg., 2 Bde., Hrsg. S. Vietta/ R. Littlejohns, Heidelberg 1991.

2. Sonstige

Balzac, H. de, Die Suche nach dem Absoluten, Berlin/Weimar ²1986.

Baudelaire, Ch., Sämtliche Werke und Briefe, Hrsg. F. Kemp/C. Pichois, München 1977ff.

Böhme, J., Sämtliche Schriften, Hrsg. W.-E. Peuckert, Stuttgart 1958.

Condorcet, A. Marquis de, Entwurf einer historischen Darstellung der Forschritte des menschlichen Geistes, Hrsg. W. Alff, Frankfurt/Main 1976.

Goethe, J. W. v., Werke, Weimarer Ausgabe, Weimar 1887ff (=Goethe WA).

–, Goethes Gespräche, Hrsg. W. Herwig, Zürich 1969ff (=Herwig).

–, Werke, Hamburger Ausgabe, Hrsg. E. Trunz, München 1981 (=Goethe HA).

Hegel, G. W. F., Werke, Hrsg. E. Moldenhauer/ K. M. Michel, Frankfurt/ Main 1970.

Heine, H., Sämtliche Schriften, Hrsg. K. Briegleb, München 1976.

Moritz, K. Ph., Werke, Hrsg. H. Günther, Frankfurt/Main 1981.

Paracelsus, Sämtliche Werke, Hrsg. K. Sudhoff, München 1923ff.

Ranke, L. v., Über die Epochen der neueren Geschichte, Hrsg. Th. Schieder/H. Berding, (Aus Werk und Nachlaß, Bd. 2), München 1971.

–, Vorlesungseinleitungen, Hrsg. V. Dotterweich/W. P. Fuchs, (Aus Werk und Nachlaß, Bd. 4), München 1975.

Saint Martin, L. C. de, Vom Geist und Wesen der Dinge, Theil I und II., Leipzig 1812.

Schelling, F. W. J., Ausgewählte Schriften, Hrsg. M. Frank, Frankfurt/Main 1985.

Schiller, Fr., Werke, Nationalausgabe, Hrsg. J. Petersen/G. Fricke, Weimar 1943ff.

Wagner, R., Dichtungen und Schriften, Hrsg. D. Borchmeyer, Frankfurt/Main 1983 (=Wagner Iff).

II. Darstellungen

Albrecht, M. v., Die Verwandlung bei E. T. A. Hoffmann und bei Ovid, in: Antike und Abendland X (1961).

Alleman, B., Ironie und Dichtung, Pfullingen 1956.

Anker-Mader, E.-M., Kleists Familienmodelle - im Spannungsfeld zwischen Krise und Persistenz, München 1992.

Anton, H., Romantische Deutung griechischer Mythologie, in: Steffen 1978.

Anz, W., Kierkegaard und der deutsche Idealismus, Tübingen 1956.

Apel, F., Die Zaubergärten der Phantasie: zur Theorie und Geschichte des Kunstmärchens, Heidelberg 1978.

Appelt, H., Die leibhaftige Literatur. Das Phantasma und die Präsenz der Frau in der Schrift, Weinheim/Berlin 1989.

Arend, H., Vom »süßen Rausch« zur »stillen Neigung«. Zur Entwicklung der romantischen Liebeskonzeption, Pfaffenweiler 1993.

Arendt, D., Der »poetische Nihilismus« in der Romantik. Studien zum Verhältnis von Dichtung und Wirklichkeit in der Frühromantik, Tübingen 1972.

Arnold, H. L. (Hrsg.), Text und Kritik. Sonderband: E. T. A. Hoffmann, München 1992.

Assmann, A., Schriftspekulationen und Sprachutopien in Antike und früher Neuzeit, in: Kabbala und Romantik, Hrsg. E. Goodman-Thau/G. Mattenklott u. a., Tübingen 1994.

Auhuber, F., In einem dunklen Spiegel. E. T. A. Hoffmanns Poetisierung der Medizin, Opladen 1986.

Bachtin, M., Literatur und Karneval, Frankfurt/Main 1990.

–, Rabelais und seine Welt. Volkskultur als Gegenkultur, Frankfurt/Main 1987.

Bänsch, D. (Hrsg.), Zur Modernität der Romantik, Stuttgart 1977.

Barkhoff, J., Magnetische Fiktionen: Literarisierung des Mesmerismus in der Romantik, Stuttgart 1995.

Barthes, R., S/Z, Frankfurt/Main 1976.

Battafarano, I. M., Ludwig Tiecks Spätroman »Vittoria Accorombona«, in: Vietta 1994.

Becker-Cantarino, B., Schlegels »Lucinde«. zum Frauenbild der Frühromantik, in: Colloquia Germanica 10 (1976/77).

–, Priesterin und Lichtbringerin. Zur Ideologie des weiblichen Charakters in der Frühromantik, in: Die Frau als Heldin und Autorin, Hrsg. W. Paulsen, Bern/München 1979.

Béguin, A., Traumwelt und Romantik, Bern 1972.

Behler, C., Friedrich Schlegel (1772-1829), in: Christliche Philosophie im Katholischen Denken des 19. und 20. Jahrhunderts, Hrsg. E. Coreth, Bd. I: Neue Ansätze im 19. Jahrhundert, Graz 1987.

Behler, D., The Theory of the Novel in Early German Romanticism, Bern 1978.

Behler, E., Friedrich Schlegels Theorie der Universalpoesie, in: Jahrbuch der Deutschen Schillergesellschaft 1 (1957).

–, Friedrich Schlegel und Hegel, in: Hegel-Studien, Hrsg. F. Nicolin/O. Pöggeler, Bd. 2, Bonn 1963.

–, Klassische Ironie, romantische Ironie, tragische Ironie. Zum Ursprung dieser Begriffe, Darmstadt 1972.

–, Die Kunst der Reflexion. Das frühromantische Denken im Hinblick auf Nietzsche, in: Untersuchungen zur Literatur als Geschichte. Festschrift für Benno von Wiese, Hrsg. V. J. Günther, Berlin 1973.

–, Nietzsche und die Frühromantische Schule, in: Nietzsche-Studien, Hrsg. E. Behler/M. Montinari, Bd. 7, Berlin, New York 1978.

–, Friedrich Schlegels Rede über die Mythologie im Hinblick auf Nietzsche, in: Nietzsche-Studien 8 (1979).

–, Friedrich Schlegel: Lucinde (1799), in: Lützeler 1981.

–, Französische Revolution und Antikekult, in: Hrsg. K. R. Mandelkow , Europäische Romantik I, Wiesbaden 1982.

–, Die Zeitschriften der Brüder Schlegel. Ein Beitrag zur Geschichte der deutschen Romantik, Darmstadt 1983a.

–, Das Fragment, in: Prosakunst ohne Erzählen, Hrsg. K. Weissenberger, Tübingen 1985a.

–, Studien zur Romantik und zur idealistischen Philosophie, Paderborn 1988a.

–, Unendliche Perfektibilität - Goldenes Zeitalter. Die Geschichtsphilosophie Friedrich Schlegels im Unterschied zu der von Novalis, in: Geschichtlichkeit und Aktualität. Studien zur deutschen Literatur seit der Romantik. Festschrift für H.-J. Mähl zum 65. Geburtstag, Hrsg. K.-D. Müller, Tübingen 1988b.

–, Frühromantik, Berlin 1992a.

–, Natur und Kunst in der frühromantischen Theorie des Schönen, in: Athenäum. Jahrbuch für Romantik, Hrsg. E. Behler u. a.,2 (1992b).

Behler, E./J. Hörisch (Hrsg.), Die Aktualität der Frühromantik, Paderborn 1987.

Behrens, K., Friedrich Schlegels Geschichtsphilosophie (1794-1808). Ein Beitrag zur politischen Romantik, Tübingen 1984.

Bender, J./D. Wellbery, The Ends of Rhetoric. History, Theory, Practice, Stanford 1990.

Benjamin, W., Gesammelte Schriften, Hrsg. R. Tiedemann/H. Schweppenhäuser, Frankfurt/Main 1980.

Benz, R., Märchendichtung der Romantiker, Gotha 1908.

–, Die deutsche Romantik, Geschichte einer geistigen Bewegung, Leipzig 1937.

Bergson, L., »Eiron« und »Eironeia«, in: Hermes 99 (1971).

Bertaux, P., Hölderlin, Frankfurt/Main 1981.

Bertholet, A., Die Macht der Schrift in Glauben und Aberglauben, in: Abhandlungen der Deutschen Akademie der Wissenschaften in Berlin, Jahrgang 1948/49, Philosophisch-Historische Klasse, Berlin 1949.

Besser, K., Die Problematik der aphoristischen Form bei Lichtenberg, Friedrich Schlegel, Novalis und Nietzsche. Ein Beitrag zur Psychologie des geistigen Schaffens, Berlin 1935.

Beste, G., Bedrohliche Zeiten. Literarische Gestaltung von Zeitwahrnehmung und Zeiterfahrung zwischen 1810 und 1830 in Eichendorffs »Ahnung und Gegenwart« und Mörikes »Maler Nolten«, Würzburg 1993.

Beyer, U., Mythologie und Vernunft. Vier philosophische Studien zu Friedrich Hölderlin, Tübingen 1993.

Biedermann, H., Handlexikon der magischen Künste, Graz 1968.

–, Materia Prima. Eine Bildersammlung zur Geschichte der Alchemie, Graz 1973.

Blanchot, M., Das Athenäum, in: Bohn 1987.

Bloom, H., Kabbala. Poesie und Kritik, Frankfurt/Main 1989.

Blumenberg, H., Wirklichkeitsbegriff und Möglichkeit des Romans, in: Poetik und Hermeneutik I, Hrsg. H. R. Jauß, München ²1969.

–, Arbeit am Mythos, Frankfurt/Main 1979.

–, Die Lesbarkeit der Welt, Frankfurt/Main 1981.

Böckmann, P., Die romantische Poesie Brentanos und ihre Grundlagen bei Friedrich Schlegel und Tieck, in: JbFDH (1934/35).

Böhme, H., Romantische Adoleszenzkrisen. Zur Psychodynamik der Venuskultnovellen von Tieck, Eichendorff und E. T. A. Hoffmann, in: Literatur und Psychoanalyse, Hrsg. K. Bohnen, Kopenhagen 1981.

–, Denn nichts ist ohne Zeichen, in: ders., Natur und Subjekt, Frankfurt/Main 1988a.

–, Montan-Bau und Berg-Geheimnis. Zum Verhältnis von Bergbauwissenschaft und hermetischer Naturästhetik bei Novalis, in: Idealismus und Aufklärung. Kontinuität und Aufklärung der Aufklärung in Philosophie und Poesie um 1800, Hrsg. C. Jamme/ G. Kurz, Stuttgart 1988b.

–, Das Steinerne. Anmerkungen zur Theorie des Erhabenen aus dem Blick des »Menschenfremdesten«, in: Das Erhabene. Zwischen Grenzerfahrung und Größenwahn, Hrsg. C. Pries, Weinheim 1989.

Bohn, V. (Hrsg.), Romantik. Literatur und Philosophie, Frankfurt 1987.

Bohrer, K.H., Die Ästhetik des Schreckens. Die pessimistische Romantik und Ernst Jüngers Frühwerk, München/Wien 1978.

–, Friedrich Schlegels Rede über die Mythlogie, in: Mythos und Moderne. Begriff und Bild einer Rekonstruktion, Hrsg. K. H. Bohrer, Frankfurt/Main 1983.

–, Der romantische Brief. Die Entstehung ästhetischer Subjektivität, München/Wien 1987.

194

–, Die Kritik der Romantik. Der Verdacht der Philosophie gegen die literarische Moderne, Frankfurt/Main 1989.

– (Hrsg.), Ästhetik und Rhetorik. Lektüren zu Paul de Man, Frankfurt/Main 1993.

Bollacher, M., Wackenroder und die Kunstauffassung der frühen Romantik, Darmstadt 1983.

Böning, T., Widersprüche: Zu den »Nachtwachen. Von Bonaventura« und zur Theoriedebatte, Freiburg i. Br. 1996.

Bormann, A. v., Natura loquitur. Naturpoesie und emblematische Formel bei Joseph von Eichendorff, Tübingen 1968.

–, Philister und Taugenichts. Zur Tragweite des romantischen Antikapitalismus, in: Aurora 30/31 (1970/71).

–, Romantische Erzählprosa, in: Deutsche Literatur. Eine Sozialgeschichte, Hrsg. H. A. Glaser, Bd. 6: Biedermeier, Junges Deutschland, Demokraten 1815-1848, Hrsg. B. Witte, Reinbek 1980.

–, Joseph von Eichendorff: »Aus dem Leben eines Taugenichts« (1826), in: Lützeler 1983.

–, Wie aktuell ist die deutsche Romantik? Ein Umblick in der Forschung, in: Euphorion 78 (1984).

–, Die Bedeutung der Französischen Revolution im Werk Joseph von Eichendorffs, in: Fink 1989.

Bovenschen, S., Die imaginierte Weiblichkeit. Exemplarische Untersuchungen zu kulturgeschichtlichen und literarischen Präsentationsformen des Weiblichen, Frankfurt/Main 1979.

Braeuer-Ewers, I., Züge des Grotesken in den Nachtwachen des Bonaventura, Paderborn 1995.

Brecht, C., Die gefährliche Rede. Sprachreflexion und Erzählstruktur in der Prosa Ludwig Tiecks, Tübingen 1993.

Breton, A., Introduction aux »Contes bizarres« d'Achim d'Arnim, in: ders., Point du Jour, Paris 1970.

Brinkmann, D., Romantik und Tiefenpsychologie, in: Universitas 9 (1954).

Brinkmann, R., Romantische Dichtungstheorie in Friedrich Schlegels Frühschriften und Schillers Begriffe des Naiven und Sentimentalischen, in: DVjs 32 (1958).

–, Nachtwachen von Bonaventura: Kehrseite der Frühromantik?, Pfullingen 1966.

–, Deutsche Frühromantik und französische Revolution, in: Deutsche Literatur und Französische Revolution, Göttingen 1974.

– (Hrsg.), Romantik in Deutschland. Ein interdisziplinäres Symposion, Stuttgart 1978.

Brunsbach, W., Erlebnis und Gestaltung der Natur bei F. v. Hardenberg. Eine Studie zur Phänomenologie der Frühromantik, phil. Diss. Bonn 1951.

Bubner, R. (Hrsg.), Das älteste Systemprogramm. Studien zur Frühgeschichte des deutschen Idealismus, Bonn 1973.

–, Zur dialektischen Bedeutung romantischer Ironie, in: Behler/Hörisch 1987.

Buchholz, H., Perspektiven der Neuen Mythologie. Mythos, Religion und Poesie im Schnittpunkt von Idealismus und Romantik um 1800, Bern 1990.

Bürger, C., Leben Schreiben. Die Klassik, die Romantik und der Ort der Frauen, Stuttgart 1990.

Busch, W., Die notwendige Arabeske, Berlin 1985.

Butor, M., Die Alchemie und ihre Sprache, Frankfurt/Main 1990.

Chase, C., Decomposing Figures. Rhetorical Readings in the Romantic Tradition, Baltimore 1986.

Cixous, H., Prénoms de personne, Paris 1974.

Cramer, K., Bewußtseinsspaltung in E. T. A. Hoffmanns Roman »Die Elixiere des Teufels«, in: Mitteilungen der Hoffmann-Gesellschaft 16 (1970).

Cramer, Th., Das Groteske bei E. T. A. Hoffmann, München 1966.

Croce, B., Le Definizione del romanticismo, in: Critica 4 (1906).

Cysarz, H., Von Schiller zu Nietzsche, Berlin 1932.

Daemmrich, H., E. T. A. Hoffmann: Kater Murr (1820-22), in: Lützeler 1983.

Dahlhaus, C., Klassische und romantische Musikästhetik, Laaber 1988.

Dann, O., Gruppenbildung und gesellschaftliche Organisierung in der Epoche der deutschen Romantik, in: Brinkmann 1978.

Dannenberg, M., Schönheit des Lebens. Eine Studie zum »Werden« der Kritikkonzeption Friedrich Schlegels, Würzburg 1993.

Derrida, J., Grammatologie, Frankfurt/Main 1974.

Deterding, K., Die Poetik der inneren und äußeren Welt, Frankfurt/Main, Bern, New York 1991.

Dierkes, H., Ironie und System. Friedrich Schlegels »Philosophische Lehrjahre«, in: Philosophisches Jahrbuch 97 (1990).

Dilthey, W., Das Erlebnis und die Dichtung. Lessing, Goethe, Novalis, Hölderlin, Göttingen [14]1965.

–, Novalis (1865), in: ders., Das Erlebnis und die Dichtung, Göttingen 1965.

–, Die romantischen Dichter, in: Zur Geistesgeschichte des 19. Jahrhunderts, in: ders., Gesammelte Schriften, Bd. XV, Göttingen 1970.

Dischner, G., Bettina. Bettina von Arnim: Eine weibliche Sozialbiographie aus dem 19.Jahrhundert, Berlin 1977.

–, Caroline und der Jenaer Kreis. Ein Leben zwischen bürgerlicher Vereinzelung und romantischer Geselligkeit, Berlin 1979.

Dischner, G./Faber, R. (Hrsg.), Romantische Utopie - Utopische Romantik, Hildesheim 1979.

Dörner, K., Bürger und Irre. Zur Sozialgeschichte und Wissenschaftssoziologie der Psychiatrie, Frankfurt/Main 1969.

Dornseiff, F., Das Alphabet in Mystik und Magie, Berlin [2]1925.

Dotzler, B. J., »Dem Geist stehen die Geister bei«. Zur Gymnastik E. T. A. Hoffmanns, in: Diskurstheorien und Literaturwissenschaft, Hrsg. J. Fohrmann/H. Müller, Frankfurt/Main 1988.

Drewitz, I., Bettine von Arnim. Romantik, Revolution, Utopie, Düsseldorf/Köln 1969.

Drux, R., Marionette Mensch, München 1986.

Duden, B., Das schöne Eigentum. Zur Herausbildung des bürgerlichen Frauenbildes an der Wende des 18. zum 19. Jahrhundert, in: Kursbuch 47 (1977).

Dumont, A., Das Interessante - Theorie und narrative Praxis. Friedrich Schlegel und E. T. A. Hoffmann, in: WB 38 (1992).

Dunker, A./A. Lindemann, Achim von Arnim und die Auflösung des Künstler-Subjekts. Alchimistische und ästhetische Zeichensysteme in der Erzählung »Die drei liebreichen Schwestern und der glückliche Färber«, in: ZfdPh. 112, Sonderh. (1993).

Eichner, H., Thomas Mann und die deutsche Romantik, in: Das Nachleben der Romantik in der modernen deutschen Literatur, Hrsg. W. Paulsen, Heidelberg 1969.

–, Friedrich Schlegel, New York 1970.

Eilert, H. , Clemens Brentano: Godwi (1800-02), in: Lützeler 1981.

–, Theater in der Erzählkunst. Eine Studie zum Werk E. T. A. Hoffmanns, Tübingen 1977.

Elkuß, S., Zur Beurteilung der Romantik und zur Kritik ihrer Erforschung, Berlin 1918.

Emrich, W., Der Universalismus der deutschen Romantik, in: Abhandlungen der Akademie der Wissenschaften und der Literatur, Klasse der Literatur, Wiesbaden 1964.

Enders, C., Friedrich Schlegel. Die Quellen seines Wesens und Werdens, Leipzig 1913.

Engelhardt, D. v., Die Naturwissenschaft der Aufklärung und die romantisch-idealistische Naturphilosophie, in: Idealismus und Aufklärung. Kontinuität der Aufklärung in Philosophie und Poesie um 1800, Hrsg. C. Jamme/G. Kurz, Stuttgart 1988.

Esselborn, H., Poetisierte Physik. Romantische Mythologie in Klingsohrs Märchen, in: Aurora 47 (1987).

Faber, K.-G., Zur Machttheorie der politischen Romantik und der Restauration, in: Brinkmann 1978.

Faber, R., Novalis: Die Phantasie an die Macht, Stuttgart 1970.

Faivre, A./Zimmermann, R. Ch. (Hrsg.), Epochen der Naturmystik. Hermetische Tradition im wissenschaftlichen Fortschritt, Berlin 1978.

Feilchenfeldt, K., Geselligkeit: Salon und literarische Zirkel im späten 18. und frühen 19. Jahrhundert, in: Deutsche Literatur von Frauen, Hrsg. G. Brinker-Gabler, Bd. I: Vom Mittelalter bis zum Ende des 18. Jahrhunderts, München 1988.

Feldt, M., E. T. A. Hoffmann, Heidelberg 1982.

Fink, G.-L., Pygmalion und das belebte Marmorbild, in: Aurora 43 (1983).

Fischer, St., E. T. A. Hoffmanns »Prinzessin Brambilla«. Auf der Suche nach der verlorenen Lust, in: Mitteilungen der Hoffmann-Gesellschaft 34 (1988).

Fleig, H., Literarischer Vampirismus. Klingemanns »Nachtwachen von Bonavetura«, Tübingen 1985.

Fohrmann, J., Das Projekt der deutschen Literaturgeschichte. Entstehung und Scheitern einer nationalen Poesiegeschichtsschreibung zwischen Humanismus und Deutschem Kaiserreich, Stuttgart 1989.

Forget, P., Vom Geheimnis - Zeugen. Zu Kleists »Die Marquise von O...«, in: Athenäum 4 (1994).

Foucault, M., Die Ordnung der Dinge, Frankfurt/Main 1974.

Franck, A., La Kabbale ou la philosophie religieuse des Hébreux, Paris 1843.

Frank, M./G. Kurz (Hrsg.), Materialien zu Schellings philosophischen Anfängen, Frankfurt 1975.

Frank, M., Steinherz und Geldseele, in: ders.(Hrsg.), Das Kalte Herz, Frankfurt/Main 1978.

–, Das individuelle Allgemeine. Textstrukturierung und -interpretation nach Schleiermacher, Frankfurt/Main 1980.

–, Der kommende Gott. Vorlesungen über die Neue Mythologie, Frankfurt/Main 1982.

–, Die Dichtung als neue Mythologie, in: Bohrer 1983.

–, Das »fragmentarische Universum« der Romantik, in: Fragment und Totalität, Hrsg. L. Dällenbach/C. L. Hart Nibbrig, Frankfurt/Main 1984.

–, Einführung in die frühromantische Ästhetik. Vorlesungen, Frankfurt/Main 1989a.

–, Aufbruch ins Ziellose, in: ders., Kaltes Herz. Unendliche Fahrt. Neue Mythologie, Frankfurt/Main 1989b.

–, Das Problem »Zeit« in der deutschen Romantik. Zeitbewußtsein und Bewußtsein von Zeitlichkeit in der frühromantischen Philosophie und in Tiecks Dichtung, Paderborn ²1990.

–, Philosophische Grundlagen der Frühromantik, in: Athenäum 4 (1994).

Franke, C., Phillip Otto Runge und die Kunstansichten Wackenroders und Tiecks, Marburg 1974.

Freud, S., Das Unheimliche, in: ders., Gesammelte Werke, Bd. XII, London 1947.

Freund, W., Chaos und Phantastik. Der phantastische Erzähler E. T. A. Hoffmann, in: Die Horen 37 (1992).

Fried, J., »Umschließende Sfäre«. Frühromantische Mythologie und spätromantische Enttäuschung, in: Behler/Hörisch 1987.

Frühwald, W., Nachwort, in: Novalis, Heinrich von Ofterdingen, Stuttgart 1965.

–, Das Spätwerk Clemens Brentanos (1815-1842). Romantik im Zeitalter der Metternichschen Restauration, Tübingen 1977.

–, Die Auffassung von Liebe und Ehe in der deutschen Romantik, in: Selbstständigkeit und Hingabe. Frauen in der Romantik, Hrsg. W. Böhme, Karlsruhe 1980.

–, Achim von Arnim und Clemens Brentano, in: Handbuch der deutschen Erzählung, Hrsg. K. K. Pohlheim, Düsseldorf 1981.

–, Katholische Literatur im 19. und 20. Jahrhundert in Deutschland, in: Religiös-kulturelle Bewegungen im deutschen Katholizismus seit 1800, Hrsg. A. Rauscher, Paderborn 1986.

Frye, L., Mesmerism and Masks: Images of Union in Achim von Arnim's »Hollins Liebeleben« and »Die Majoratsherren«, in Euphorion 76 (1982).

Fuchs, P., Die Form romantischer Kommunikation, in: Athenäum 3 (1993).

Fühmann, F., Fräulein Veronika Paulmann aus der Pirnaer Vorstadt oder Etwas über das Schauerliche bei E. T. A. Hoffmann, Hamburg 1980.

Gaier, U., Krumme Regel. Novalis' Konstruktionsregel des schaffenden Geistes und ihre Tradition, Tübingen 1970.

Gajek, B., Homo Poeta. Zur Kontinuität der Problematik bei Clemens Brentano, Frankfurt/Main 1971.

Gallas, H., Romane und Erzählungen deutscher Schriftstellerinnen um 1800. Eine Bibliographie, Stuttgart/Weimar 1993.

Ganzenmüller, W., Die Alchemie im Mittelalter, Paderborn 1938 (Repr.: Hildesheim 1967).

Garmann, G., Die Traumlandschaften Ludwig Tiecks, Opladen 1989.

Gebelein, H., Alchemie, München 1991.

Gendolla, P., Anatomien der Puppe. Zur Geschichte der Maschinenmenschen bei Jean Paul, E. T. A. Hoffmann, Villiers de l'Isle Adam und Hanse Bellmer, Heidelberg 1992.

Geppert, H. V., Achim von Arnims Romanfragment »Die Kronenwächter«, Tübingen 1979.

Glaser, H. A. (Hrsg.), Deutsche Literatur. Eine Sozialgeschichte, Bd. 5: Zwischen Revolution und Restauration: Klassik, Romantik 1786-1815, Reinbek 1980.

Glück, H., Schrift und Schriftlichkeit, Stuttgart 1987.

Gnam, A., Die Rede über den Körper. Zum Körperdiskurs in Kleists Texten »Die Marquise von O...« und »Über das Marionettentheater«, in: TuK. Sonderbd. Heinrich von Kleist 1993.

Gockel, H., Die alte neue Mythologie, in: Vietta 1983.

–, Friedrich Schlegels Theorie des Fragments, in: Romantik. Ein literaturwissenschaftliches Studienbuch, Hrsg. E. Ribbat, Königstein/Ts. 1979a.

–, Mythos als Ontologie. Zum Mythosbegriff im 19. Jahrhundert, in: Mythos und Mythologie in der Literatur des 19. Jahrhunderts, Hrsg. H. Koopmann, Frankfurt/Main 1979b.

–, Poesie und Mythos. Zum Mythosbegriff in Aufklärung und Frühromantik, Frankfurt 1981.

Gönner, G., Von »zerspaltenen Herzen« und der »gebrechlichen Einrichtung der Welt«. Versuch einer Phänomenologie der Gewalt bei Kleist, Stuttgart 1989.

Graevenitz, G. v., Mythos. Zur Geschichte einer Denkgewohnheit, Stuttgart 1987.

Greif, S., Novelle/Erzählung, in: Schanze 1994.

Greis, J., Drama Liebe. Zur Entwicklungsgeschichte der modernen Liebe im Drama des 18. Jahrhunderts, Stuttgart 1991.

Grimm, D., Deutsche Verfassungsgeschichte 1776-1866, Frankfurt/Main 1988.

Grimminger, R. (Hrsg.), Deutsche Aufklärung bis zur Französischen Revolution 1680-1789, Hansers Sozialgeschichte der deutschen Literatur, München 1980.

–, Die Ordnung, das Chaos und die Kunst, Frankfurt/Main 1986.

Grob, K., Ursprung und Utopie. Versuche zu Herder und Novalis, Bonn 1976.

Groppe, S., Das Ich am Ende des Schreibens. Autobiographisches Erzählen im 18. und frühen 19. Jahrhundert, Würzburg 1990.

Haar, C., Joseph von Eichendorff. Aus dem Leben eines Taugenichts. Text, Materialien, Kommentar, München/Wien 1977.

Hahn, W., E. T. A. Hoffmanns »Prinzessin Brambilla«: Künstlerisches Selbstbewußtsein und schöpferischer Prozeß, in: Michigan Germanic Studies 12 (1986).

Halbfass, H., Komische Geschichte(n). Der ironische Historismus in Achim von Arnims Roman »Die Kronenwächter«, New York u.a. 1993.

Hammer, H., Fragen der Romantikforschung, in: WB 8 (1963).

Hanisch, E., Der »vormoderne« Antikapitalismus der politischen Romantik. Das Beispiel Adam Müller, in: Brinkmann 1978.

Harnischfeger, J., Die Hieroglyphen der inneren Welt. Romantikkritik bei E. T. A. Hoffmann, Opladen 1988.

Hart Nibbrig, Ch., Spiegelschrift, Frankfurt/Main 1987.

Härtl, H., Frühe Romantik - späte Aufklärung, in: WB 33 (1987).

Hartung, G., Zum Bild der deutschen Romantik in der Literaturwissenschaft der DDR, in: WB 22 (1976) 2.

Haslinger, J., Die Ästhetik des Novalis, Königstein/Ts. 1981.

Haustedt, B., Die Kunst der Verführung. Zur Reflexion der Kunst im Motiv der Verführung bei Jean Paul. E. T. A. Hoffmann, Kierkegaard und Brentano, Stuttgart 1992.

Haustein, B., Romantischer Mythos und Romantikkritik in Prosadichtungen Achim von Arnims, Göppingen 1974.

Haym, R., Die romantische Schule. Ein Beitrag zur Geschichte des deutschen Geistes, Berlin 1870.

Heftrich, E., Novalis. Vom Logos der Poesie, Frankfurt/Main 1969.

Heilmann, M., Die Krise der Aufklärung als Krise des Erzählens. Tiecks »William Lovell« und der europäische Briefroman, Stuttgart 1992.

Heine, R., Transzendentalpoesie: Studien zu Friedrich Schlegel, Novalis und E. T. A. Hoffmann, Bonn ²1985.

Heinrich, G., Geschichtsphilosophische Positionen der deutschen Frühromantik. Friedrich Schlegel und Novalis, Berlin 1976.

Henckmann, W., Symbol und Allegorie bei K. W. F. Solger, in: Brinkmann 1978.

Henkel, A., Was ist eigentlich romantisch?, in: Festschrift für Richard Alewyn, Hrsg. H. Singer/B. von Wiese, Köln/Graz 1967.

Hennemann, G., Naturphilosphie im 19. Jahrhundert, Freiburg i. Br. u. München 1959.

Henrich, D., Kunst und Natur in der idealistischen Ästhetik, in: Poetik und Hermeneutik I, Hrsg. H. R. Jauß, München ²1969.

– Der Grund im Bewußtsein: Untersuchungen zu Hölderlins Denken 1794-95, Stuttgart 1992.

Hermann, H. P., Zufall und Ich, in: Heinrich von Kleist. Aufsätze und Essays, Hrsg. W. Müller-Seidel, Darmstadt 1973.

Hertz, N., Freud and the Sandmann, in: Textual Strategies, Hrsg. J. Harari, Ithaca 1979.

Heselhaus, C., Die romantische Gruppe in Deutschland, in: Die Europäische Romantik, Hrsg. E. Behler, Frankfurt/Main 1972.

–, Diskussionsbeitrag, in: Poetik und Hermeneutik Bd. I, Hrsg. H. R. Jauß, München ²1969.

Heyden-Rynsch, V. v., Europäische Salons. Höhepunkte einer versunkenen weiblichen Kultur, München 1992.

Hoffmeister, G., Bonaventura: Nachtwachen (1804/05), in: Lützeler 1981.

–, Goethe und die europäische Romantik, München 1984.

–, Nachwort zu Eichendorff, Ahnung und Gegenwart, Stuttgart 1984.

–, Deutsche und europäische Romantik, Stuttgart ²1990.

–, Der romantische Roman, in: Schanze 1994.

Hohoff, U., E. T. A. Hoffmann »Der Sandmann«, Textkritik, Edition, Kommentar, Berlin 1988.

Holz, H., Vom Mythos zur Reflexion. Thesen zum Strukturgesetz der Entwicklung des abendländischen Denkens, Freiburg/München 1975.

Holzhausen, H.-D., Jacob Böhme und E. T. A. Hoffmann, in: Mitteilungen der Hoffmann-Gesellschaft 34 (1988).

Hörisch, J., Die fröhliche Wissenschaft von der Poesie. Der Universalitätsanspruch von Dichtung in der frühromantischen Poetologie, Frankfurt/Main 1976.

–, Gott, Geld und Glück. Zur Logik der Liebe, Frankfurt/Main 1983.

–, Der Mittler und die Wut des Verstehens. Schleiermachers frühromantische Anti- Hermeneutik, in: Behler/Hörisch 1987.

Huber, M., Die Chronika des fahrenden Schülers, Bern/München 1976.

Hübner, K., Die Wahrheit des Mythos, München 1985.

Huch, R., Die Romantik. Blütezeit, Ausbreitung und Verfall, Reinbek 1985.

Irigaray, L., Das Geschlecht, das nicht eins ist, Berlin 1979.

–, Speculum, Spiegel des anderen Geschlechts, Frankfurt/Main 1980.

Jacobs, J., Wilhelm Meister und seine Brüder. Untersuchungen zum deutschen Bildungsroman, München 1972.

Jaeschke, W./H. Holzhey (Hrsg.), Früher Idealismus und Frühromantik. Der Streit um die Grundlagen der Ästhetik (1795-1805), Hamburg 1990.

Jamme, C./H. Schneider, Mythologie der Vernunft. Hegels »ältestes Systemprogramm« des deutschen Idealismus, Frankfurt/Main 1984.

Jamme, C./G. Kurz, Idealismus und Aufklärung: Kontinuität und Kritik der Aufkärung in Philosophie und Poesie um 1800, Stuttgart 1988.

Jamme, Chr., »Gott an hat ein Gewand«. Grenzen und Perspektiven philosophischer Mythos-Theorien der Gegenwart, Frankfurt/Main 1991.

Janke, W., Einleitung zu: Fichte, J. G., Wissenschaftslehre 1804, Frankfurt/Main 1966.

Jansen, G., Die Nazarenerbewegung im Kontext der katholischen Restauration, Essen 1992.

Janz, M., Marmorbilder. Weiblichkeit und Tod bei Clemens Brentano und Hugo von Hofmannsthal, Königstein 1986.

Janz, R.-P., Autonomie und soziale Funktion der Kunst, Stuttgart 1973.

Japp, U., Theorie der Ironie, Frankfurt/Main 1983.

Jauss, H.-R., Schlegels und Schillers Replik auf die Querelle des Anciens et des Modernes (1967), in: ders., Literaturgeschichte als Provokation, Frankfurt/Main 1970.

Jennings, L. B., Blood of the Android: A Post-Freudian Perspective on Hoffmann's »Der Sandmann«, in: Seminar 22 (1986).

Jung, C. G., Psychologie und Alchimie, Zürich 1985.

Kaiser, G. R., E. T. A. Hoffmann, Stuttgart 1988.

Kanzog, K., Formel, Motiv, Requisit und Zeichen bei E. T. A. Hoffmann, in: Brinkmann 1978.

–, Zehn Jahre E. T. A. Hoffmann-Forschung. E. T. A. Hoffmann-Literatur 1970-1980. Eine Bibliographie, in: Mitteilungen der Hoffmann-Gesellschaft 27 (1981).

Kapitza, P., Die frühromantische Theorie der Mischung. Über den Zusammenhang von romantischer Dichtungstheorie und zeitgenössischer Chemie, München 1968.

Kastinger-Riley, H., Die weibliche Muse, Columbia 1986.

Käuser, A., Klang und Prosa. Zum Verhältnis von Musik und Literatur, in: DVjs 68 (1994).

Kayser, W., Das Groteske. Seine Gestaltung in Malerei und Dichtung, Oldenburg/Hamburg 1957.

Kessler, M./H. Koopmann (Hrsg.), Eichendorffs Modernität, Tübingen 1989.

Kieckhefer, R., Magic in the Middle Ages, Cambridge 1990.

Kilcher, A., Der Sprachmythos der Kabbala und die ästhetische Moderne, in: Poetica 25 (1993).

Kittler, F. A., »Das Phantom unseres Ichs« und die Literaturpsychologie: E. T. A. Hoffmann - Freud - Lacan, in: Urszenen, Hrsg. F. A. Kittler/H. Turk, Frankfurt/Main 1977.

–, Der Dichter, die Mutter, das Kind. Zur romantischen Erfindung der Sexualität, in: Brinkmann 1978.

–, Autorschaft und Liebe, in: ders. (Hrsg.), Die Austreibung des Geistes aus den Geisteswissenschaften, Paderborn 1980.

–, Aufschreibesysteme 1800-1900, München 1985a.

–, Literatur und Literaturwissenschaft als Word Processing, in: Germanistik. Forschungsstand und Perspektiven, 2. Teil, Hrsg. G. Stötzel, Berlin 1985b.

Kittler, W., Die Geburt des Partisanen aus dem Geist der Poesie. Heinrich von Kleist und die Strategie der deutschen Befreiungskriege, Freiburg 1987.

Kleßmann, E., E. T. A. Hoffmann oder die Tiefe zwischen Stern und Erde, Stuttgart 1988.

Kleuker, J. F., Über die Natur und den Ursprung der Emanationslehre bei den Kabbalisten, Riga 1786.

Klinger, C., Die Idee der neuen Mythologie. Zur Verhältnisbestimmung von Ästhetik und Politik in der Romantik, in: Identitätskrise und Surrogatidentitäten. Zur Wiederkehr einer romantischen Konstellation, Hrsg. C. Klinger/B. Stäblein, Fankfurt/New York 1989.

Klotz, V., Das europäische Kunstmärchen, Stuttgart 1985.

Kluckhohn, P., Die Auffassung der Liebe in der Literatur des 18. Jahrhunderts und in der deutschen Romantik, Halle 1922.

–, Die deutsche Romantik, Bielefeld 1924.

–, Persönlichkeit und Gemeinschaft. Studien zur Staatsauffassung der deutschen Romantik, Halle 1925.

–, Friedrich von Hardenbergs Entwicklung und seine Schriften, in: Novalis, Schriften, Bd. I, Leipzig 1929.

Kluge, F., Etymologisches Wörterbuch, Berlin [22]1989.

Knauer, B., Allegorische Texturen: Studien zum Prosawerk Clemens Brentanos, Tübingen 1995.

Koebner, Th., E. T. A. Hoffmann »Der Sandmann«, in: Erzählungen des 19. Jahrhunderts, Stuttgart 1988.

Koehler, B., Ästhetik der Politik. Adam Müller und die politische Romantik, Tübingen 1980.

Kofman, S., Vautour Rouge (Le double dans les »Elixirs du diable« d'Hoffmann), in: Mimesis des articulations, Hrsg. S. Agacinski u. a., Paris 1976.

–, Schreiben wie eine Katze, Graz/Wien 1985.

Kohlenbach, M., Ansichten von der Nachtseite der Romantik. Zur Bedeutung des animalischen Magnetismus bei E. T. A. Hoffmann, in: Saul 1991.

Köhn, L., Vieldeutige Welt, Tübingen 1966.

–, Entwicklungs- und Bildungsroman. Ein Forschungsbericht (I), in: DVjs 42 (1968).

Koopmann, H., Freiheitssonne und Revolutionsgewitter. Reflexe der Französischen Revolution im literarischen Deutschland zwischen 1789 und 1840, Tübingen 1989.

Köpke, R., Ludwig Tieck. Erinnerungen aus dem Leben des Dichters nach dessen mündlichen und schriftlichen Mitteilungen, Leipzig 1855.

Korff, H. A., Geist der Goethezeit, Leipzig [6]1964.

Koselleck, R., Kritik und Krise. Eine Studie zur Pathogenese der bürgerlichen Welt, Frankfurt/Main 1976.

Krauss, W., Französische Aufklärung und Deutsche Romantik, in: ders., Perspektiven und Probleme. Zur französischen und deutschen Aufklärung und andere Aufsätze, Neuwied/Berlin 1965.

Kremer, D., Wezel. Über die Nachtseite der Aufklärung, München 1985.

–, »Ein tausendäugiger Argus«, in: Mitteilungen der Hoffmann-Gesellschaft 33 (1987).

–, Kafka. Die Erotik des Schreibens, Frankfurt/Main 1989a.

–, Die Schrift des »Runenberg«. Literarische Selbstreflexion in Tiecks Märchen, in: Jahrbuch der Jean Paul Gesellschaft 24 (1989b).

–, Die Identität der Schrift. Flaubert und Kafka, in: DVjs 63 (1989c).

–, Identität und Selbstauflösung. Klinger und die »Nachtwachen von Bonaventura«, in: Der deutsche Roman der Spätaufklärung. Fiktion und Wirklichkeit, Hrsg. H. Zimmermann, Heidelberg 1990.

–, Romantische Metamorphosen. E. T. A. Hoffmanns Erzählungen, Stuttgart 1993.

–, Ästhetische Konzepte der »Mythopoetik« um 1800, in: Gesamtkunstwerk. Zwischen Synästhesie und Mythos, Hrsg. H. Günther, Bielefeld 1994a.

–, Alchemie und Kabbala. Hermetische Referenzen im »Goldenen Topf«, in: Hoffmann-Jahrbuch 2 (1994b).

–, Literarischer Karneval. Groteske Motive in E. T. A. Hoffmanns »Prinzessin Brambilla«, in: Hoffmann-Jahrbuch 3 (1995).

Kreuzer, I., Märchenform und individuelle Geschichte, Göttingen 1983.

Krüger, H., Über den Aphorismus als philosophische Form, München 1988.

Krüger, P., Eichendorffs politisches Denken, in: Aurora 28 (1968).

Kuhn, H. W., Der Apokalyptiker und die Politik. Studien zur Staatsphilosophie des Novalis, Freiburg 1961.

Kunz, J., Die deutsche Novelle zwischen Klassik und Romantik, Berlin ³1992.

Kurz, G., Zu einer Hermeneutik der literarischen Allegorie, in: Formen und Funktion der Allegorie, Hrsg. W. Haug, Sonderband DVjs, Stuttgart 1979.

Kurzke, H., Romantik und Konservatismus. Das »politische« Werk Friedrich von Hardenbergs (Novalis) im Horizont seiner Wirkungsgeschichte, München 1983.

Lacoue-Labarthe, Ph., L'imitation des modernes. Typographies II, Paris 1986.

Lämmert, E., Zur Wirkungsgeschichte Eichendorffs in Deutschland, in: Festschrift für Richard Alewyn, Hrsg. H. Singer/B. v. Wiese, Köln/ Graz 1967.

–, Romantheorie in Deutschland 1620-1880, Köln/Wien 1971.

Laußmann, S., Das Gespräch der Zeichen. Studien zur Intertextualität im Werk E. T. A. Hoffmanns, München 1992.

Lehmann, H. Th., Exkurs über E. T. A. Hoffmanns »Sandmann«. Eine texttheoretische Lektüre, in: Romantische Utopie. Utopische Romantik, Hrsg. G. Dischner/R. Faber, Hildesheim 1979.

Lehnerer, T., Die Kunsttheorie Friedrich Schleiermachers, Stuttgart 1987.

Lévi-Strauss, Mythologica, Bd. I-IV, Frankfurt/Main 1976.

Ley, H., Zum Naturbild der klassischen deutschen Philosophie und der Romantik, in: Naturphilosophie - von der Spekulation zur Wissenschaft, Hrsg. H. Hörz u. a., Berlin 1964.

Liebrucks, B., Irrationaler Logos und rationaler Mythos, Würzburg 1982.

Lill, R., Die Anfänge der katholischen Bewegung in Deutschland, in: Handbuch der Kirchengeschichte, Hrsg. H. Jedin, Bd. VI: Die Kirche in der Gegenwart, Freiburg i. Br. ²1978.

Link, H., Zur Fichte-Rezeption in der Frühromantik, in: Brinkmann 1978.

Lokke, K. E., Achim von Arnim and the Romantic Grotesque, in: Germanic Review 58 (1983).

Loquai, F., Künstler und Melancholie in der Romantik, Frankfurt/Main u. a. 1984.

Lovejoy, A. O., On the Discrimination of Romanticism, in: PMLA 39 (1924).

Luhmann, N., Gesellschaftsstruktur und Semantik Bd.2, Frankfurt/Main 1981.

–, Liebe als Passion. Zur Codierung von Intimität, Frankfurt/Main 1982.

–, Beobachtungen der Moderne, Opladen 1992.

Lukács, G., Die Zerstörung der Vernunft, Neuwied 1962.

–, Die Romantik als Wendung in der deutschen Literatur (1945), in: Romantikforschung seit 1945, Hrsg. K. Peter, Königstein/Ts. 1980.

Lüthi, K., Feminismus und Romantik. Sprache, Gesellschaft, Symbole, Religion, Wien/Köln/Graz 1985.

Lüthi, M., Märchen, Stuttgart [10]1996.

–, Volksmärchen und Volkssage. Zwei Grundformen erzählender Dichtung, Bern/München [2]1996.

Lützeler, P. M. (Hrsg.), Romane und Erzählungen der Romantik. Neue Interpretationen, Stuttgart 1981.

– (Hrsg.), Romane und Erzählungen zwischen Romantik und Realismus, Stuttgart 1983.

–, Die Geburt der Kunstsage aus dem Geist der Mittelalter-Romantik. Zur Gattungsbestimmung von Achim von Arnims »Die Kronenwächter«, in: Aurora 46 (1986).

–, Kommentar, in: Arnim II (1989).

Lypp, B., Ästhetischer Absolutismus und politische Vernunft. Zum Widerstreit von Reflexion und Sittlichkeit im Deutschen Idealismus, Frankfurt/Main 1972.

–, Poetische Religion, in: Früher Idealismus und Frühromantik. Der Streit um die Grundlagen der Ästhetik (1795-1805), Hrsg. W., Jaeschke/H. Holzhey, Hamburg 1990.

Magris, C., Die andere Vernunft. E. T. A. Hoffmann, Königstein/Ts. 1980.

Mähl, H.-J., Die Idee des goldenen Zeitalters im Werk des Novalis. Studien zur Wesensbestimmung der frühromantischen Utopie und zu ihren ideengeschichtlichen Voraussetzungen, Heidelberg 1965.

–, Novalis und Plotin. Untersuchungen zu einer neuen Edition und Interpretation des »Allgemeinen Brouillon«, in: Jahrbuch des Freien Deutschen Hochstifts (1963).

–, Friedrich von Hardenberg (Novalis), in: Deutsche Dichter der Romantik. Ihr Leben und Werk, Hrsg. B. v. Wiese, Berlin 1971.

Mahlendorf, U., Die Psychologie der Romantik, in: Schanze 1994.

Mahoney, D., Der Roman der Goethezeit 1774-1829, Stuttgart 1988.

Malsch, W., »Europa«. Poetische Rede des Novalis. Deutung der Französischen Revolution und Reflexion auf die Poesie in der Geschichte, Stuttgart 1965.

–, Revolution und Poesie bei Novalis, in: Fink 1989.

Man, P. de, Allegorie und Symbol in der europäischen Frühromantik, in: Typologia litterarum. Festschrift für M. Wehrli, Hrsg. S. Sonderegger/ A. M. Haas/H. Burger, Zürich 1969.

–, The Rhetoric of Romanticism, New York 1984.

205

–., Allegorien des Lesens, Frankfurt/Main 1988.

–, Rhetorik der Tropen (Nietzsche), in: Rhetorik, Bd. II, Hrsg. J. Kopperschmidt, Darmstadt 1991.

–, Die Ideologie des Ästhetischen, Hrsg. C. Menke, Frankfurt/Main 1993.

Mandelkow, K. R., Der Roman der Klassik und Romantik, in: Europäische Romantik I, Hrsg. K. R. Mandelkow, Wiesbaden 1982.

Marcuse, L., Reaktionäre und progressive Romantik, in: Monatshefte 44 (1952).

Marquard, O., Transzendentaler Idealismus, romantische Naturphilosophie, Psychoanalyse, Köln 1986.

Mason, E. C., The Aphorism, in: The Romantic Period in Germany, Hrsg. S. Prawer, New York 1970.

Matt, P. v., Die Augen der Automanten, Tübingen 1971.

–, »...fertig ist das Angesicht.« Zur Literaturgeschichte des menschlichen Gesichts, München 1983.

Mattenklott, G., Der Sehnsucht eine Form. Zum Ursprung des modernen Romans bei F. Schlegel (Lucinde), in: Bänsch 1977.

–, Romantische Frauenkultur. Bettina von Arnim zum Beispiel, in: Frauen, Literatur, Geschichte. Schreibende Frauen vom Mittelalter bis zur Gegenwart, Hrsg. H. Gnüg/R. Möhrmann, Stuttgart 1985.

Matussek, P., Aufhebung der Enzyklopädie im Expertensystem, in: Dialektik 16: Enzyklopädie und Emanzipation: das Ganze wissen, Hrsg. H. J. Sandkühler, Köln 1988.

Max, F. R., Der »Wald der Welt«. Das Werk Fouqués, Bonn 1980.

Mayer, H., Fragen der Romantikforschung, in: ders., Zur deutschen Klassik und Romantik, Pfullingen 1963.

–, Zur deutschen Klassik und Romantik, Pfullingen 1963.

Mecklenburg, N., »Die Gesellschaft der verwilderten Steine«, in: Deutschunterricht 34 (1982).

Mederer, W., Romantik als Aufklärung der Aufklärung?, Frankfurt/ Main 1987.

Meixner, H., Denkstein und Bildersaal in Clemens Brentanos »Godwi«. Ein Beitag zur romantischen Allegorie, in: Jahrbuch der Deutschen Schillergesellschaft 11 (1967).

–, Romantischer Figuralismus. Kritische Studien zu Romanen von Arnim, Eichendorff und Hoffmann, Frankfurt/Main 1971.

–, Politische Aspekte der Frühromantik, in: Vietta 1983.

Mennemeier, F. N., Fragment und Ironie beim jungen Friedrich Schlegel. Versuch der Konstruktion einer nicht geschrieben Theorie, in: Poetica 2 (1968).

Menninghaus, W., Nachwort zu: Friedrich Schlegel. Theorie der Weiblichkeit, Hrsg. W. Menninghaus, Frankfurt/Main 1983.

–, Unendliche Verdopplung. Die frühromantische Kunsttheorie im Begriff absoluter Selbstreflexion, Frankfurt/Main 1987.

Meyers Enzyklopädisches Lexikon, Mannheim 1971.

Miller, N., E. T. A. Hoffmanns doppelte Wirklichkeit, in: Literaturwissenschaft und Geschichtsphilosophie, Festschrift für W. Emrich, Hrsg. H.

Arntzen u. a., Berlin/New York 1975.

–, Ansichten vom Wunderbaren, in: Kleist Jahrbuch (1980).

Moering, R., Die offene Romanform von Arnims »Gräfin Dolores«, Heidelberg 1978.

Momberger, M., Sonne und Punsch. Die Dissemination des romantischen Kunstbegriffs bei E. T. A. Hoffmann, München 1986.

Mommsen, K., Kleists Kampf mit Goethe, Frankfurt/Main 1979.

Mosès, St., Spuren der Schrift. Von Goethe bis Celan, Frankfurt/Main 1987.

Mülher, R., »Prinzessin Brambilla«. Ein Beitrag zum Verständnis der Dichtung, in: E. T. A. Hoffmann, Hrsg. H. Prang, Darmstadt 1976.

Müller, H., Kleist, Paul de Man und Deconstruction. Argumentative Nachstellungen, in: Diskurstheorien und Literaturwissenschaft, Hrsg. J. Fohrmann/H. Müller, Frankfurt/Main 1988.

Müller, J., Romantikforschung, in: Deutschunterricht, Beilage zu Heft 4 (1963); 5 (1965); 2 (1968); 5 (1972).

Müller-Seidel, W., Kleists Aktualität. Neue Aufsätze und Essays 1966-1978, Darmstadt 1981.

Neubauer, J., Dr. John Brown (1735-88) and Early German Romanticism, in: Journal of the History of Ideas 28 (1967).

–, Intellektuelle, intellektuale und ästhetische Anschauung. Zur Entstehung der romantischen Kunstauffassung, in: DVjs 46 (1972).

Neumann, G. (Hrsg.), Heinrich von Kleist. Kriegsfall - Rechtsfall - Sündenfall, Freiburg i. Br. 1994.

Neumann, M., Unterwegs zu den Inseln des Scheins. Kunstbegriff und literarische Form in der Romantik von Novalis bis Nietzsche, Frankfurt/Main 1991.

Neumann, P. H., Wohin mit den Göttern. Eine klassische Frage und die Antworten der Romantiker, in: Aurora 51 (1991).

Neureuter, H. P., Das Spiegelmotiv bei Clemens Brentano, Frankfurt/Main 1972.

Nipperdey, T., Deutsche Geschichte 1800-1866. Bürgerwelt und starker Staat, München 1983.

Nüsse, H., Die Sprachtheorie Friedrich Schlegels, Heidelberg 1962.

Nygaard, L. C., Anselmus as Amanuesis: Motif of Copying in Hoffmanns »Der goldne Topf«, in: Seminar 19 (1983).

Oesterle, G., Entwurf einer Monographie des ästhetisch Häßlichen, in: Bänsch 1977.

–, E. T. A. Hoffmanns »Der Goldne Topf«, in: Erzählungen und Novellen des 19. Jahrhunderts, Stuttgart 1988a.

–, »Illegitime Kreuzungen«. Zur Ikonität und Temporalität des Grotesken in Achim von Arnims »Die Majoratsherren«, in: Études Germaniques 43 (1988b).

–, Arabeske Schrift und Poesie in E. T. A. Hoffmanns Kunstmärchen »Der Goldne Topf«, in: Athenäum. Jahrbuch für Romantik 1 (1991).

–, Dissonanz und Effekt in der romantischen Kunst. E. T. A. Hoffmanns »Ritter Gluck«, in: Steinecke 1993.

Oesterle, I., Ludwig Tieck: »Des Lebens Überfluß«, in: Lützeler 1983.

Oesterreich, P. L., Fundamentalrhetorik. Untersuchungen zur Person und Rede in der Öffentlichkeit, Hamburg 1990.

–, Ironie, in: Schanze 1994a.

Ostermann, E., Fragment/Aphorismus, in: Schanze 1994.

Paetzhold, H., Kunst als Organon der Philosophie. Zur Problematik des ästhetischen Absolutismus, in: Brinkmann 1978.

Paulin, R., Ludwig Tieck., Stuttgart 1987.

–, Ludwig Tieck. Eine literarische Biographie, München 1988.

Paulsen, W. (Hrsg.), Das Nachleben der Romantik in der modernen deutschen Literatur, Heidelberg 1969.

Perry, P., Möglichkeit am Rande der Wahrscheinlichkeit. Die »fantastische Situation« in der Kleistschen Novellistik, Köln 1989.

Peter, K., Idealismus als Kritik, Stuttgart 1973.

–, Friedrich Schlegel, Stuttgart 1978.

– (Hrsg.), Romantikforschung seit 1945, Königstein 1980.

–, Stadien der Aufklärung. Moral und Politik bei Lessing, Novalis und Friedrich Schlegel, Wiesbaden 1980.

Petersen, J., Die Wesensbestimmung der deutschen Romantik. Eine Einführung in die moderne Literaturwissenschaft, Leipzig 1926 (Neudruck: Heidelberg 1968).

Pfotenhauer, H., Exoterische und Esoterische Poetik in E. T. A. Hoffmanns Erzählungen, in: Jahrbuch der Jean Paul Gesellschaft 17 (1982).

Pikulik, L., Romantik als Ungenügen an der Normalität. Am Beispiel Tiecks, Hoffmanns, Eichendorffs, Frankfurt/Main 1979.

–, E. T. A. Hoffmann als Erzähler. Ein Kommentar zu den »Serapions-Brüdern«, Göttingen 1987.

–, Frühromantik. Epoche - Werke - Wirkung, München 1992.

Pöggeler, O., Die neue Mythologie. Grenzen der Brauchbarkeit des deutschen Romantik-Begriffs, in: Brinkmann 1978.

–, Idealismus und Neue Mythologie, in: Europäische Romantik I, Hrsg. K. R. Mandelkow, Wiesbaden 1982.

Polheim, K. K., Die Arabeske. Ansichten und Ideen aus Friedrich Schlegels Poetik, Paderborn 1966.

Pöschel, B., »Im Mittelpunkt der wunderbarsten Ereignisse«. Versuche über die literarische Auseinandersetzung mit der gesellschaftlichen Moderne im erzählerischen Spätwerk Ludwig Tiecks, Bielefeld 1994.

Poser, T., Das Märchen, in: Formen der Literatur in Einzeldarstellungen, Hrsg. O. Knörrich, Stuttgart ²1991.

Post, K. D., Der spätromantische Roman, in: Handbuch des deutschen Romans, Hrsg. H. Koopmann, Düsseldorf 1983.

Pott, H.-G. (Hrsg.), Eichendorff und die Spätromantik, Paderborn 1985.

Prang, H. (Hrsg.), Begriffsbestimmung der Romantik, Darmstadt 1968.

–, E. T. A. Hoffmann, Wege der Forschung, Darmstadt 1976.

Prawer, S., Mignons Genugtuung. Eine Studie über Mörikes Maler Nolten, in: Interpretationen, Bd. III: Deutsche Romane, Hrsg. J. Schillemeit, Frankfurt/Main 1966.

Praz, M., Liebe, Tod und Teufel, München 1960.

Preisendanz, W., Humor als dichterische Einbildungskraft, München 1963.

–, Zur Poetik der deutschen Romantik I: Die Abkehr vom Grundsatz der Naturnachahmung, in: Steffen 1970.

Quack, J., Künstlerische Selbsterkenntnis. Versuch über E. T. A. Hoffmanns »Prinzessin Brambilla«, Würzburg 1993.

Rank, O., Der Doppelgänger, in: Imago III (1914).

Rasch, W. D., Zum Verhältnis der Romantik zur Aufklärung, in: Ribbat 1979.

Read, J., The Alchemist in Life, Literature and Art, London 1947.

Reiss, H., Politisches Denken in der deutschen Romantik, Bern/München 1966.

Ribbat, E., Die Romantik. Wirkungen der Revolution und neue Formen literarischer Autonomie, in: Geschichte der deutschen Literatur vom 18. Jahrhundert bis zur Gegenwart, Bd. I, 2, Hrsg. V. Zmegac, Königstein/Ts. 1978.

–, Ludwig Tieck. Studien zur Konzeption und Praxis romantischer Poesie, Kronberg/Ts. 1978.

– (Hrsg.), Romantik. Ein literaturwissenschaftliches Studienbuch, Königstein/Ts. 1979.

–, Ludwig Tieck: Franz Sternbalds Wanderungen (1798), in: Lützeler 1981.

Ricklefs, U., Kunstthematik und Diskurskritik. Das poetische Werk des jungen Arnim und die eschatologische Wirklichkeit der »Kronenwächter«, Tübingen 1990.

Riedel, M., Nihilismus, in: Geschichtliche Grundbegriffe. Historisches Lexikon zur politisch-sozialen Sprache in Deutschland, Hrsg. O. Brunner u.a., Bd. IV, Tübingen 1978.

Riese, W., The Pre-Freudian Origins of Psychoanalysis, in: Science and Psychoanalysis, Hrsg. J. Masserman, New York 1958.

Ritter, J. (Hrsg.), Historisches Wörterbuch der Philosophie, Basel/Stuttgart 1971.

Roisch, U., Analyse einiger Tendenzen der westdeutschen bürgerlichen Romantikforschung seit 1945, in: WB 16 (1970) 2.

Roth, S., Friedrich Hölderlin und die deutsche Frühromantik, Stuttgart 1991.

Rothschuh, K. Ed., Naturphilosophische Konzepte der Medizin aus der Zeit der deutschen Romantik, in: Brinkmann 1978.

Ruder, K., Zur Symboltheorie des Novalis, Marburg 1974.

Rudinsky, M., Das Gesunde und das Kranke im Werk des Novalis, in: Impulse 6 (1983).

Rüsen, J., Konfigurationen des Historismus. Studien zur deutschen Wissenschaftskultur, Frankfurt/Main 1993.

Ryan, L., Hölderlins Lehre vom Wechsel der Töne, Stuttgart 1960.

Safranski, R., E. T. A. Hoffmann. Das Leben eines skeptischen Phantasten, München 1984.

Samuel, R., Die poetische Staats- und Geschichtsauffassung F. von Hardenbergs. Studien zur romantischen Geschichtsphilosophie, Frankfurt/Main 1925.

Sauder, G., Empfindsamkeit und Frühromantik, in: Die literarische Frühromantik, Hrsg. S. Vietta, Göttingen 1983.

Saul, N.(Hrsg.), Die deutsche literarische Romantik und die Wissenschaften, München 1991.

Schadwill, U., Poeta Judex. Eine Studie zu Leben und Werk des Dichterjuristen E. T. A. Hoffmann, Münster u.a. 1993.

Schanze, H., Romantik und Aufklärung. Untersuchungen zu Friedrich Schlegel und Novalis, Nürnberg 1966.

– (Hrsg.), Die andere Romantik, Frankfurt/Main 1967.

–, Romantik und Rhetorik. Rhetorische Komponenten der Literaturprogrammatik um 1800, in: Rhetorik. Beiträge zu ihrer Geschichte in Deutschland vom 16.-20. Jahrhundet, Hrsg. H. Schanze, Frankfurt/Main 1974.

–, Romantheorie der Romantik, in: Lützeler 1981.

–, »Leben als Buch«, in: Behler/Hörisch 1987.

–, Dorothea geb. Mendelssohn, Friedrich Schlegel, Philipp Veit - Ein Kapitel zum Problem Judentum und Romantik, in: Judentum, Antisemitismus und europäische Kultur, Hrsg. H. O. Horch, Tübingen 1988.

–, La Retorica romantica, in: Istituto Antonio Banfi. Annali 3 (1989/90).

– (Hrsg.), Romantik-Handbuch, Stuttgart 1994.

Scheffel, M., Die Geschichte eines Abenteuers oder das Abenteuer einer Geschichte? Poetische Autoreflextivität am Beispiel von E. T. A. Hoffmanns »Prinzessin Brambilla«, in: E. T. A. Hoffmann, Text und Kritik, Sonderband, Hrsg. H. L. Arnold, München 1992.

Scheuner, U., Der Beitrag der deutschen Romantik zur politischen Theorie, Opladen 1980.

Schillemeit, J., Bonaventura. Der Verfasser der »Nachtwachen«, München 1973.

Schings, H-J., Melancholie und Aufklärung. Melancholiker und ihre Kritiker in Erfahrungsseelenkunde und Literatur des 18. Jahrhunderts, Stuttgart 1977.

Schipperges, H., Krankwerden und Gesundsein bei Novalis, in: Brinkmann 1978.

Schlaffer, H., Frauen als Einlösung der frühromantischen Kunsttheorie, in: Jahrbuch der deutschen Schillergesellschaft 21 (1977).

–, Roman und Märchen. Ein formtheoretischer Versuch über Tiecks »Blonden Eckbert«, in: Peter 1980.

–, Poesie und Wissen. Die Entstehung des ästhetischen Bewußtseins und der philologischen Erkenntnis, Frankfurt/Main 1990.

Schmidt, A., Fouqué und einige seiner Zeitgenossen. Biographischer Versuch, Frankfurt/Main 1975.

Schmidt, H.-W., Erlösung der Schrift. Zum Buchmotiv im Werk Clemens Brentanos, Wien 1991.

Schmidt, J., »Der goldne Topf« als dichterische Entwicklungsgeschichte, in: E. T. A. Hoffmann, Der goldne Topf, Frankfurt/Main 1981.

Schmidt, P., Gesundheit und Krankheit in romantischer Medizin und Erzählkunst, in: Jahrbuch des Freien Deutschen Hochstifts (1966).

Schmitt, C., Politische Romantik, Berlin ⁴1982.

Schmitz-Emans, M., Naturspekulation als »Vorwand« poetischer Gestaltung, in: Mitteilungen der Hoffmann Gesellschaft 34 (1988).

Scholem, G., Zur Kabbala und ihrer Symbolik, Frankfurt/Main 1973.

–, Die jüdische Mystik in ihren Hauptströmungen, Frankfurt/Main 1980.

–, Judaica, Bd. IV, Frankfurt/Main 1984.

Scholtz, G., Die Philosophie Schleiermachers, Darmstadt 1984.

Schönert, J., Fragen ohne Antwort, in: Jahrbuch der deutschen Schillergesellschaft 14 (1970).

Schormann, S., Bettine von Arnim. Die Bedeutung Schleiermachers für ihr Leben und Werk, Tübingen 1993.

Schott, H., Der versteckte Poet in uns. Zur Sprachtheorie in der naturphilosophischen Seelenlehre von Gotthilf Heinrich Schubert (1780-1860), in: Sudhoffs Archiv 65 (1981).

– (Hrsg.), Franz Anton Mesmer und die Geschichte des Mesmerismus. Beiträge zum internationalen wissenschaftlichen Symposion anläßlich des 250. Geburtstages von Mesmer, Stuttgart 1985.

– (Hrsg.), Medizin, Romantik und Naturforschung, Bonn 1993.

Schreiber, J., Das Symptom des Schreibens, Frankfurt/Main u. a. 1983.

–, Die katholisch-deutsche Romantik, in: Christliche Philosophie im Katholischen Denken des 19. und 20. Jahrhunderts, Hrsg. E. Coreth , Bd. I: Neue Ansätze im 19. Jahrhundert, Graz 1987.

Schrey, D., Mythos und Geschichte bei Johann Arnold Kanne und in der romantischen Mythologie, Tübingen 1969.

Schröder, D., Fragmentpoetologie im 18. Jahrhundert und bei Friedrich von Hardenberg, Kiel 1976.

Schröder, R., Novelle und Novellentheorie in der frühen Biedermeierzeit, Tübingen 1970.

Schuller, M., Romanschlüsse in der Romantik. Zum frühromantischen Problem von Universalität und Fragment, München 1974.

Schulte, Chr., Kabbala in der deutschen Romantik. Zur Einleitung, in: Goodman-Thau/Mattenklott 1994.

Schulte-Sasse, J., Der Bergriff der Literaturkritik in der Romantik, in: Geschichte der deutschen Literaturkritik (1730-1980), Hrsg. P. U. Hohendahl, Stuttgart 1985.

Schultz, F., Romantik und romantisch als literaturhistorische Terminologie und Begriffsbildungen, in: DVjs 2 (1924).

Schultz, H. (Hrsg.), Clemens Brentano. 1778-1842. Zum 150. Todestag, Bern u.a. 1993

Schulz, G., Die Poetik des Romans bei Novalis, in: Jahrbuch des Freien Deutschen Hochstifts (1964).

– (Hrsg.), Novalis. Beiträge zu Werk und Persönlichkeit Friedrich von Hardenbergs, Darmstadt 1970.

–, Die deutsche Literatur zwischen Französischer Revolution und Restauration, Bd I: Das Zeitalter der Französischen Revolution 1789-1806, München 1983.

Schwarz, E., Joseph von Eichendorff: Ahnung und Gegenwart (1815), in: Lützeler 1981.

211

–, Wilhelm Hauff: »Der Zwerg Nase«, »Das kalte Herz« und andere Erzählungen (1826/27), in: Lützeler 1983.

Schweikert, U., Kommentar, in: Tieck XII (1986).

Schwering, M., Die Neue Mythologie, in: Schanze 1994 (Schwering 1994a).

–, Romantische Theorie der Gesellschaft, in: Schanze 1994 (Schwering 1994b)

–, Symbol und Allegorie in der deutschen Romantik, in: Schanze 1994 (Schwering 1994c).

–, Romantische Geschichtsauffassung - Mittelalterbild und Europagedanke, in: Schanze 1994 (Schwering 1994d).

Scott, W., The Novels of E. T. A. Hoffmann, in: Foreign Review (1827).

Segebrecht, W., Autobiographie und Dichtung, Stuttgart 1967.

– (Hrsg.), Ludwig Tieck, Darmstadt 1976.

–, Krankheit und Gesellschaft. Zu E. T. A. Hoffmanns Rezeption der Bamberger Medizin, in: Brinkmann 1978.

Seidlin, O., Eichendorffs symbolische Landschaft, in: Eichendorff heute. Stimmen der Forschung mit einer Bibliographie, Hrsg. P. Stöcklein, München 1960.

Sengle, F., Biedermeierzeit. Deutsche Literatur im Spannungsfeld zwischen Restauration und Revolution 1815-1848, Bd. I, Stuttgart 1971.

Slessarev, H., E. T. A. Hoffmanns »Prinzessin Brambilla«; a Romanticist's Contribution to the Aesthetic Education of Man, in: Studies in Romanticism 9 (1970).

Sommer, W., Schleiermacher und Novalis. Die Christologie des jungen Schleiermacher und ihre Beziehung zum Christusbild des Novalis, Bern u.a. 1973.

Sommerhage, C., Hoffmanns Erzähler. Über Poetik und Psychologie in E. T. A. Hoffmanns Nachtstück »Der Sandmann«, in: Zeitschrift für deutsche Philologie 106 (1987).

Sørensen, B. A., Allegorie und Symbol, Frankfurt/Main 1972.

Spies, B., Politische Kritik, psychologische Hermeneutik, ästhetischer Blick. Die Entwicklung bürgerlicher Subjektivität im Roman des 18. Jahrhunderts, Stuttgart 1992.

Stadelmann, R., Die Romantik und die Geschichte, in: Romantik. Ein Zyklus Tübinger Vorlesungen, Hrsg. T. Steinbüchel, Tübingen 1948.

Stadler, U., Die Auffassung vom Gelde bei Friedrich von Hardenberg (Novalis), in: Brinkmann 1978.

Staiger, E., Ludwig Tieck und der Ursprung der deutschen Romantik, in: ders., Stilwandel, Zürich 1963.

Stanslowski, V., Natur und Staat. Zur politischen Theorie der deutschen Romantik, Opladen 1979.

Starobinski, J., Ironie et mélancolie (II): La »Princesse Brambilla« de E. T. A. Hoffmann, in: Critique 22 (1966).

–, Ironie und Melancholie. Gozzi - E. Th. A. Hoffmann - Kierkegaard, in: Der Monat 18 (1966).

Steffen, H. (Hrsg.), Die deutsche Romantik. Poetik, Formen und Motive., Göttingen 1970.

Steinecke, H., Kommentar, in: Hoffmann V (1992).

- (Hrsg.), E. T. A. Hoffmann. Deutsche Romantik im europäischen Kontext, Berlin 1993.
Stockinger, L., Religiöse Erfahrungen zwischen christlicher Tradition und romantischer Dichtkunst bei Friedrich von Hardenberg (Novalis), in: Religiöse Erfahrung. Historische Modelle in christlicher Tradition, Hrsg. W. Haug/D. Mieth, München 1992.
Stopp, E., Zur bibliographischen Erschließung der Romantik, in: Deutsche Forschungsgemeinschaft 3 (1981).
Strack, F., Ästhetik und Freiheit. Hölderlins Idee von Schönheit, Stittlichkeit und Geschichte in der Frühzeit, Tübingen 1976.
–, Die »göttliche« Kunst und ihre Sprache. Zum Kunst- und Religionsbegriff bei Wackenroder, Tieck und Novalis, in: Brinkmann 1978.
Strich, F., Die Mythologie in der deutschen Literatur, Halle 1910.
–, Deutsche Klassik und Romantik: oder Vollendung und Unendlichkeit, München 1922.
Striedter, J., Die Fragmente des Novalis als »Präfigurationen« seiner Dichtung, München 1985.
Strohschneider-Kohrs, I., Die romantische Ironie in Theorie und Gestaltung, Tübingen 1960.
–, Zur Poetik der deutschen Romantik II. Die romantische Ironie, in: Steffen 1970.
Swales, M., »Die Reproduktionskraft der Eidexen«. Überlegungen zum selbstreflexiven Charakter der Lebens-Ansichten des Katers Murr, in: HoffmannJb. 1 (1993).
Szondi, P., Poetik und Geschichtsphilosophie, Frankfurt/Main 1974.
–, Friedrich Schlegel und die romantische Ironie, in: Satz und Gegensatz, Frankfurt/Main 1976.
Tatar, M., Spellbound. Studies on Mesmerism and Literature, Princeton 1978.
Techi, B., E. T. A. Hoffmanns »Prinzessin Brambilla«, in: Weltbewohner und Weimaraner, Hrsg. B. Reifenberg/E. Staiger, Zürich 1960.
Thalmann, M., Das Märchen und die Moderne. Zum Begriff der Surrealität im Märchen der Romantik, Stuttgart 1961.
–, Ludwig Tieck. Der romantische Weltmann aus Berlin, München 1955.
–, Romantik und Manierismus, Stuttgart 1963.
–, Nachwort, in: Tieck MA I (1966).
–, Zeichensprache der Romantik, Heidelberg 1967.
Timm, H., Die heilige Revolution. Das religiöse Totalitätskonzept der Frühromantik. Schleiermacher – Novalis – Friedrich Schlegel, Frankfurt/Main 1978.
Tismar, J., Kunstmärchen, Stuttgart ³1996.
Titzmann, M., Strukturwandel der philosophischen Ästhetik 1800-1880. Der Symbolbegriff als Paradigma, München 1978.
–, Allegorie und Symbol im Denksystem der Goethezeit, in: Formen und Funktionen der Allegorie, Hrsg. W. Haug, Stuttgart 1979.
Todsen, H., Über die Entwicklung des romantischen Kunstmärchens, Berlin 1906.

Totten, M., Zur Aktualität der Romantik in der DDR: Christa Wolf und ihre Vorläuferinnen, in: ZfdPh 101 (1982).

Träger, C., Historische Dialektik der Romantik und Romantikforschung, in: WB 24 (1978) 4.

–, Ursprünge und Stellung der Romantik (1975), in: Romantikforschung seit 1945, Hrsg. K. Peter, Königstein/Ts. 1980.

Tunner, E. (Hrsg.), Romantik - eine lebenskräftige Krankheit: ihre literarischen Nachwirkungen in der Moderne, Amsterdam 1991.

Ueding, G., Klassik und Romantik. Deutsche Literatur im Zeitalter der Französischen Revolution 1789-1815, Hansers Sozialgeschichte der deutschen Literatur, Bd. 4, München 1987.

Uerlings, H., Friedrich von Hardenberg, genannt Novalis. Werk und Forschung, Stuttgart 1991.

Ullmann, R./ Gotthard, H., Geschichte des Begriffs »Romantisch« in Deutschland, Berlin 1927.

Unger, R., Hamann und die Aufklärung. Studien zur Vorgeschichte des romantischen Geistes im 18. Jahrhundert, Bd. 1, Jena 1911.

Urban, B./W. Kudszus (Hrsg.), Psychoanalytische und psychopathologische Literaturinterpretationen, Darmstadt 1981.

Usener, H., Götternamen. Versuch einer Lehre von der religiösen Begriffsbildung, Bonn 1896.

Vietta, S., Frühromantik und Aufklärung, in: Die literarische Frühromantik, Hrsg. S. Vietta, Göttingen 1983.

–, Die literarische Moderne. Eine problemgeschichtliche Darstellung der deutschsprachigen Literatur von Hölderlin bis Thomas Bernhard, Stuttgart 1992.

– (Hrsg.), Romantik und Renaissance: die Rezeption der italienischen Renaissance in der deutschen Romantik, Stuttgart 1994.

Vitt-Maucher, G., Träumer und Phantast als narratives Medium bei Hoffmann, Poe, Dostojewski und Stolper, in: Steinecke 1993.

Vordtriede, W., Achim von Arnims »Kronenwächter«, in: Neue Rundschau 73 (1962).

–, Novalis und die französischen Symbolisten, Stuttgart 1963.

Walzel, O., Deutsche Romantik, Leipzig 1908.

Wawrzyn, L./R. Safranski, Die Romantik im Zeitalter der Napoleonischen Kriege und der Restauration, in: Geschichte der deutschen Literatur vom 18. Jahrhundert bis zur Gegenwart, Bd. I, 2, Hrsg. V. Zmegac, Königstein/Ts. 1978.

Wegmann, N., Zurück zu Philologie? Diskurstheorie am Beispiel einer Geschichte der Empfindsamkeit, in: Diskurstheorien und Literaturwissenschaft, Hrsg. J. Fohrmann/H. Müller, Frankfurt/Main 1988.

Wehler, H.-U., Deutsche Gesellschaftsgeschichte, Bd. I: 1700-1815; Bd. II: 1815-1845/49, München 1987.

Weibel, O., Tiecks Renaissancedichtung in ihrem Verhältnis zu Heinse und C. F. Meyer, Bern 1925.

Weigel, S., Wider die romantische Mode. Zur ästhetischen Funktion des Weiblichen in Friedrich Schlegels »Lucinde«, in: Die verborgene Frau.

Sechs Beiträge zu einer feministischen Literaturwissenschaft, Hrsg. I. Stephan/S. Weigel, Berlin 1983.

Weinholz, G., Heinrich von Kleist. Deutsches Dichtergenie. Kämpfender Humanist. Preußisches Staatsopfer, Essen 1993.

Wellbery, D., Rhetorik und Literatur. Anmerkungen zur poetologischen Begriffsbildung bei Friedrich Schlegel, in: Behler/Hörisch 1987.

Wellek, R., Der Begriff der Romantik in der Literaturgeschichte, in: ders., Grundbegriffe der Literaturkritik, Stuttgart 1965.

Wernz, C., Sexualität als Krankheit. Der medizinische Diskurs zur Sexualität um 1800, Stuttgart 1993.

Wesollek, P., Ludwig Tieck oder der Weltumsegler seines Inneren. Anmerkungen zur Thematik des Wunderbaren in Tiecks Erzählwerk, Wiesbaden 1984.

Wiese, B. v., Zur Wesensbestimmung der frühromantischen Situation, in: Zeitschrift für Deutschkunde 42 (1928).

–, Kritik und Überwindung der Romantik in der deutschen Literatur des 19. Jahrhunderts, in: ders., Der Mensch und die Dichtung, Düsseldorf 1958.

–, Novelle, Stuttgart 1965.

– (Hrsg.), Deutsche Dichter der Romantik. Ihr Leben und Werk, Berlin 1983.

Wiethölter, W., Die Schule der Venus. Ein diskursanalytischer Versuch zu Eichendorffs »Marmorbild«, in: Kessler/Koppmann 1989.

Wilson, J. E., Schellings Mythologie, Stuttgart 1993.

Wingertszahn, Ch., Ambiguität und Ambivalenz im erzählerischen Werk Achim von Arnim, St. Ingbert 1990.

Würker, A., Das Verhängnis der Wünsche. Unbewußte Lebensentwürfe in Erzählungen E. T. A. Hoffmanns. Mit Überlegungen zu einer Erneuerung der psychoanalytischen Literaturinterpretation, Frankfurt/Main 1993.

Wuthenow, R.-R., Revolution und Kirche im Denken Friedrich Schlegels, in: Deutscher Katholizismus und Revolution im frühen 19. Jahrhundert, Hrsg. A. Rauscher, Paderborn 1975.

Wuthenow, R.-R., Romantik als Zeitgeist?, in: Athenäum 3 (1993).

Zabka, Th., Rede und Rhetorik in der deutschen Frühromantik, in: Rhetorik. Ein internationales Jahrbuch 12 (1993).

Zehl Romero, Ch., M. G. Lewis' »The Monk« and E. T. A. Hoffmanns »Die Elixiere des Teufels« - Two Versions of Gothic, in: Neophilologus 63 (1979).

Zelle, C., Die doppelte Ästhetik der Moderne. Revisionen des Schönen von Boileau bis Nietzsche, Stuttgart 1995.

Ziegner, T. G., Ludwig Tieck - Studien zur Geselligkeitsproblematik. Die soziologisch-pädagogische Kategorie der Geselligkeit als einheitsstiftender Faktor im Leben und Werk des Dichters, Frankfurt/Main 1987.

Zimmermann, H. D., Kleist, die Liebe und der Tod, Frankfurt/Main 1989.

–, »Der junge Mann leidet an chronischem Dualismus«. Zu E. T. A. Hoffmanns Capriccio »Prinzessin Brambilla«, in: E. T. A. Hoffmann, Text und Kritik, Sonderband, Hrsg. H. L. Arnold, München 1992.

Zimmermann, R., Zur Erkenntnisfunktion des Fragments. Friedrich Schlegel und Novalis, in: Zeitschrift für Ästhetik und Allgemeine Kunstwissenschaft 31 (1986).

Zons, R. St., Schweifen. Eichendorffs »Ahnung und Gegenwart«, in: Eichendorff und die Spätromantik, Hrsg. H.-G. Pott, Paderborn 1985.

Zovko, J., Verstehen und Nichtverstehen bei Friedrich Schlegel. Zur Entstehung und Bedeutung seiner hermeneutischen Kritik, Stuttgart/Bad Cannstatt 1990.

Zwetz, U., Schreiben als Passion. Poesie des Inzestes und Inzest der Poesie bei Clemens Brentano, Bielefeld 1996 (Ms.).

Personenregister

Angaben zum Autor

Detlef Kremer, geb. 1953; Professor für Neuere Deutsche Literatur und Ästhetik in Münster. Bei J.B. Metzler sind erschienen: »Romantische Metamorphosen. E.T.A. Hoffmanns Erzählungen«. 1993. »Peter Greenaways Filme. Vom Überleben der Bilder und Bücher«. 1995.

Sammlung Metzler

Printed in the United States
By Bookmasters